区域港口群物流网络系统协同优化机制研究

屈莉莉 著

本书为国家社会科学基金项目"区域港口群物流网络系统协同优化机制研究"(项目编号：13CJL059)研究成果

科学出版社

北京

内容简介

本书按照"区域港口群物流网络构成主体→网络结构设计→网络结构优化→协同管理机制"的研究脉络,对解决区域港口群物流网络系统的关键核心问题展开全面深入的研究。

本书可作为管理科学与工程、交通运输工程、物流工程与港口管理等专业的学者和研究生的参考资料,也可作为向交通运输与海事管理等政府决策部门、各级港口主管部门、港口集团等提供咨政建议的理论依据。

图书在版编目(CIP)数据

区域港口群物流网络系统协同优化机制研究 / 屈莉莉著. —北京:科学出版社,2020.11

ISBN 978-7-03-064897-6

Ⅰ.①区… Ⅱ.①屈… Ⅲ.①港口-物流-系统优化-研究 Ⅳ.①U695.2

中国版本图书馆 CIP 数据核字(2020)第 064598 号

责任编辑:杨慎欣 韩海童 / 责任校对:樊雅琼
责任印制:吴兆东 / 封面设计:无极书装

*科学出版社*出版
北京东黄城根北街 16 号
邮政编码:100717
http://www.sciencep.com

北京厚诚则铭印刷科技有限公司 印刷
科学出版社发行 各地新华书店经销
*
2020 年 11 月第 一 版 开本:720×1000 1/16
2020 年 11 月第一次印刷 印张:12 1/4
字数:247 000
定价:99.00 元
(如有印装质量问题,我社负责调换)

本书由

大连市人民政府资助出版

The published book is sponsored
by the Dalian Municipal Government

前　言

本书是在国家社会科学基金项目"区域港口群物流网络系统协同优化机制研究"（项目编号：13CJL059）的资助下开展各项研究工作的成果。该国家社会科学基金项目的各项预期研究内容已经全部完成，经国家哲学社会科学规划办公室聘请同行专家鉴定，结项等级为"良好"。本书相关研究得到了大连市支持高层次人才创新创业项目（项目编号：2016RQ039）和辽宁省社会科学规划基金重点项目（项目编号：L19AJL005）的持续支持。

本书系统解决"区域港口群物流网络系统协同优化机制"的四个关键问题。

第1部分——港口产业与区域经济发展的协同性分析。定量分析港口产业与区域经济发展之间的多维关联性，是研究区域港口群物流网络系统的前提与基础。本部分主要内容包括基于投入产出法测度港口对区域经济的直接、间接与波及贡献；提炼港口产业与经济发展的互动影响因素；测算港口产业与区域经济的时空关联；分析港城协同发展的匹配程度；并基于系统动力学仿真港城协同发展的演化进程。上述研究使读者形成对区域港口群物流系统中港口产业与腹地经济两个核心主体的深刻认识。

第2部分——港口群物流系统结构。基于网络视角的港口群物流系统布局结构分析。以港口战略联盟为主体进行规划与决策，进行两阶段的港口群物流网络结构布局模式分析。港口群的"主轴"是通过港口联盟或组合港形式，建设环境友好、资源节约的绿色港口群系统。港口群的"辐射范围"随着港口与其内陆腹地和海向腹地之间的联系日益增强。因此，第一阶段（第3章）研究港口群内的多港口差异化定位；第二阶段（第4章）设计港口辐射腹地的空间网络布局，重点研究区域枢纽港的腹地布局以及具有交叉腹地的多港口群陆向物流节点布局。

第3部分——区域港口群物流网络优化。规划港口群物流网络系统。根据港口群物流系统模式，结合各港口的物流能力约束与腹地物流需求，实现对港口群海运物流系统的优化。建立由港口群海向航线网络及陆向物流网络关键节点构成的整合双层规划。同时，研究高效的优化方法，利用仿生学中的蚁群算法和遗传算法，处理规划模型存在变量空间大、目标函数复杂、约束条件众多及含有不确定因素等问题。

第4部分——港口群物流系统协同机制。港口群物流系统的协同机制与策略。

基于正和博弈设计有效的港口群物流网络系统中各参与港口的合作联盟利益协同机制。设计港口物流服务供应链的委托代理模型，实现核心港口与物流服务提供商之间的激励相容、风险共担、利益共享，保障港口群物流优化系统的可持续协同发展。

针对上述 4 个关键问题，本书共分为 8 章，以"区域港口群物流网络构成主体→网络结构设计→网络结构优化→协同管理机制"为研究主线。首先，第 1 章为全书的开篇——绪论。第 2 章对港口群物流网络构成主体——港口产业与经济腹地之间的多维关联性进行全面分析，将港口群物流系统结构的构建分为两个阶段。第 3 章介绍港口群内的多港口差异化定位；第 4 章介绍港口辐射腹地的空间网络布局。然后，通过第 5 章和第 6 章实现对区域港口群物流网络优化问题的系统性研究。最后，从水平协同（第 7 章）和垂直协同（第 8 章）两个视角形成对港口群物流系统协同机制的全方位设计。

本书各章节内容的撰写结构均保持一致，按照"相关文献综述→相关基础理论→分析问题→建立模型→解决方法→案例应用→建议举措"的过程展开研究成果的阐述，逻辑清晰，过程完整，数据翔实。

感谢大连市学术专著资助出版评审委员会的评审专家对本书提出的宝贵意见。

作者在本书写作过程中，借鉴了国内外部分有代表性的文献，在此向这些专家学者表示感谢。由于作者学识有限，书中难免会有不足之处，恳请各位读者批评指正。

屈莉莉

2020 年 1 月 20 日

目　　录

第 1 章　绪论 ……………………………………………………………………… 1

1.1　研究背景与意义 …………………………………………………………… 1
1.1.1　研究背景 …………………………………………………………… 1
1.1.2　研究意义 …………………………………………………………… 2
1.2　研究对象界定 ……………………………………………………………… 2
1.2.1　港口产业 …………………………………………………………… 2
1.2.2　区域港口群及腹地物流网络 ……………………………………… 5
1.2.3　港口产业与区域经济统筹发展 …………………………………… 10
1.2.4　港口产业与区域经济的典型指标 ………………………………… 12
1.3　主要研究内容 ……………………………………………………………… 15
1.4　基本观点与创新 …………………………………………………………… 15
1.4.1　基本观点 …………………………………………………………… 15
1.4.2　创新 ………………………………………………………………… 16
本章小结 ………………………………………………………………………… 16

第 1 部分　港口产业与区域经济发展的协同性分析

第 2 章　港口产业与区域经济的多维关联性分析 ……………………………… 19

2.1　基于投入产出法测度港口的经济贡献 …………………………………… 20
2.1.1　相关文献综述 ……………………………………………………… 20
2.1.2　相关基础理论 ……………………………………………………… 21
2.1.3　测度港口经济贡献的投入产出法 ………………………………… 26
2.2　港口产业与经济发展互动影响因素 ……………………………………… 29
2.2.1　相关文献综述 ……………………………………………………… 29
2.2.2　相关基础理论 ……………………………………………………… 31
2.2.3　港口与腹地互动影响的动态分析 ………………………………… 31
2.3　港口产业与区域经济的时空关联测算 …………………………………… 39
2.3.1　相关文献综述 ……………………………………………………… 39

  2.3.2 相关基础理论 ·· 40
  2.3.3 基于灰色关联度的时空多维关联算法 ································ 41
2.4 基于模糊聚类的港城匹配分析 ··· 50
  2.4.1 相关文献综述 ·· 50
  2.4.2 相关基础理论 ·· 51
  2.4.3 港城协同性的聚类分析 ··· 53
2.5 基于系统动力学的港城协同演化仿真 ······································· 56
  2.5.1 相关文献综述 ·· 56
  2.5.2 相关基础理论 ·· 58
  2.5.3 港城关联性的系统动力学分析 ··· 59
本章小结 ··· 65

第 2 部分　港口群物流系统结构

第 3 章　港口群内的多港口差异化定位 ································· 69

3.1 集成化的港口群物流网络设计 ··· 69
  3.1.1 集成化的港口群物流网络 ·· 69
  3.1.2 两阶段的港口群物流网络构建过程 ··································· 71
3.2 测算港口群能级指标 ··· 72
  3.2.1 相关文献综述 ·· 72
  3.2.2 相关基础理论 ·· 73
  3.2.3 港口群能级测算方法 ··· 73
3.3 港口群层次划分的聚类方法 ·· 79
  3.3.1 相关文献综述 ·· 79
  3.3.2 相关基础理论 ·· 80
  3.3.3 基于聚类分析的港口群层次定位 ······································ 80
本章小结 ··· 85

第 4 章　港口辐射腹地的空间网络布局 ································· 87

4.1 圈层和点轴相结合的枢纽港陆向腹地布局 ································ 87
  4.1.1 相关文献综述 ·· 87
  4.1.2 相关基础理论 ·· 88
  4.1.3 基于聚类分析的港口腹地布局 ··· 89

4.2 具有交叉腹地的多港口陆向物流网络 95
    4.2.1 相关文献综述 95
    4.2.2 相关理论基础 96
    4.2.3 港口群陆向腹地布局的烟羽模型 97
本章小结 104

第3部分　区域港口群物流网络优化

第5章 区域港口群水运网络优化 107

5.1 相关文献综述 107
    5.1.1 国内外研究现状 107
    5.1.2 国内外研究现状评述 108

5.2 相关基础理论 108
    5.2.1 海运网络基础 108
    5.2.2 蚁群算法概论 110

5.3 港口群水运物流网络结构优化 110
    5.3.1 建立网络结构优化模型 111
    5.3.2 基于蚁群算法的模型求解 112
    5.3.3 港口群水运网络优化的实例 114

本章小结 117

第6章 基于双层规划的港口群物流网络优化 118

6.1 相关文献综述 118
    6.1.1 国内外研究现状 118
    6.1.2 国内外研究现状评述 119

6.2 相关基础理论 120
    6.2.1 双层规划的一般模型 120
    6.2.2 遗传算法理论 120

6.3 港口群物流网络规划建模方法 121
    6.3.1 背景问题描述 121
    6.3.2 港口群物流网络的双层规划模型 122
    6.3.3 模型分析与求解思路 125

6.4 辽宁港口群海陆物流网络优化求解 126
    6.4.1 模型初始量值的确定 126

6.4.2　双层规划模型的计算 139
　　6.4.3　基于优化模型的对策建议 144
本章小结 146

第4部分　港口群物流系统协同机制

第7章　港口联盟合作博弈与协同管理机制 149

7.1　相关文献综述 149
　　7.1.1　国内外研究现状 149
　　7.1.2　国内外研究现状评述 151
7.2　相关基础理论 151
　　7.2.1　竞合理论 151
　　7.2.2　博弈论 152
7.3　基于利益协同的港口合作联盟博弈 152
　　7.3.1　港口合作联盟博弈模型 152
　　7.3.2　港口合作联盟博弈算例 156
7.4　区域港口群协同管理策略 161
本章小结 163

第8章　港口物流服务供应链协同机制设计 164

8.1　相关文献综述 164
　　8.1.1　国内外研究现状 164
　　8.1.2　国内外研究现状评述 166
8.2　相关基础理论 166
　　8.2.1　港口物流服务供应链 166
　　8.2.2　委托代理理论 168
8.3　基于利益分配的港口供应链协同机制 169
　　8.3.1　港口物流服务供应链的委托代理关系 169
　　8.3.2　委托代理相关角色和参数定义 169
　　8.3.3　港口物流服务供应链的委托代理模型 172
　　8.3.4　港口物流服务供应链协同机制 173
本章小结 177

参考文献 178

第1章

绪　　论

本章从研究背景与意义、研究对象界定、研究内容与技术路线、基本观点与创新四个主要方面进行阐述，使读者对本书的结构形成整体认识。

■ 1.1　研究背景与意义

1.1.1　研究背景

党的十九大报告明确提出："坚持陆海统筹，加快建设海洋强国。"[1]发展海洋经济是实现我国由海洋大国迈向海洋强国的必由之路。《全国沿海港口布局规划》确定我国沿海将形成五大区域港口群，以增强海洋经济对国民经济的拉动作用，促进沿海、沿江区域经济协调发展[2]。因此，应科学定量地统筹规划区域港口群的优化格局模式，实现可持续发展的港口群生产力布局。

在全球经济一体化和供应链管理集成化发展的大趋势下，港口与经济腹地所构成的多式联运系统中的各个环节联系越来越紧密[3-4]。基于现代港口与供应链管理思想，"港口区域化"成为港口发展的一个新阶段[5]。港口区域化发展使得港口从传统概念中的"点"扩展到"区域"，打破地域限制，将港口的生产与运营全过程发散辐射到整个区域腹地之中。在空间上港口与腹地融为一体，在经济上港口成为区域发展的推动力量。而这一发展趋势对区域港口物流供应链网络系统的研究提出了新要求。同时，在一定区域内的若干港口通过"差异化竞合"创新改革，形成"布局合理、层次分明、资源集成、整体协同"的区域港口群体系，不仅能够促进区域经济和对外贸易的发展，而且将优化区域临港产业布局和运输资源配置。

综上所述，研究"区域港口群物流网络系统协同优化机制"显得尤为重要，将促使港口实现动态网络化运作，实现区域港口供应链网络系统的整体优化与协同，提升区域港口群及区域腹地的一体化竞争实力。

1.1.2 研究意义

1. 理论研究意义

本书针对区域港口群物流网络规划机理与优化机制进行研究，将深化港口物流网络研究的理论与方法，为应对现代港口发展的新阶段、新模式"区域化港口群竞合一体化"奠定理论基础，为沿海区域经济协调发展提供理论支撑；也可作为发展港口群区域化网络模式的理论依据。本书提出优化港口物流网络布局的数学规划模型与求解方法，可为多式联运网络的衔接与构建、面向复杂货流的综合运输规划与组织优化等问题的研究提供借鉴。

关于区域港口群物流网络系统协同优化机制的研究，对降低港口群整体物流运输总成本，提高港口供应链网络运作效率，实现各港口与港口服务提供商的利益激励相容，提升区域港口群及腹地经济的一体化竞争实力具有重要的现实意义与借鉴价值。

2. 实践应用价值

本书结合东北腹地经济发展走势对港口的需求，优化辽宁及我国其他港口群的投资结构和运输资源配置，加快面向现代化港口的战略提升与转型，为指导港口的现代化管理与科学发展提供支持。

本书对于港口产业与区域发展协同水平的多维综合测度，可应用在港城互动发展战略中，对港口所在区域优化资源配置，发挥港口对区域经济的拉动等方面起到政策引导作用，进而影响该区域的产业结构布局和发展模式调整。

区域港口群物流网络构建及协同优化方法可以为港口区域化发展提供重要的策略支撑，可应用在战略、战术与运作层面的港口物流综合管理之中，为港口当局和管理部门制定现代化港口发展战略提供有效支持。

■ 1.2 研究对象界定

为了规范本书后续章节研究内容和界定研究范畴，本节对港口产业、区域港口群及腹地物流网络、港口产业与区域经济统筹发展、港口产业与区域经济的典型指标等几个方面进行阐述。

1.2.1 港口产业

港口产业随着世界贸易的发展而受到越来越多的关注，从而迅速发展起来。社会经济的发展促使社会对港口产业的需求猛增，特别是各地不断出台关于加快推动保税港区、自由贸易港建设的方案，作为现代物流系统中的重要节点，港口已经发展成为综合的供应链物流服务体系。各界专家对港口物流与港口产业的发展展开研究。

1. 港口的定义

海洋运输在国际物流运输中占有着重要的一席之地。据相关统计，国际贸易中有66%以上的货物都是通过海上运输方式进行的，而这个数据在我国的货物进出口总量中更是高达90%。港口作为国际物流的一个重要结点，成为铁路、公路、内河和海运的转运枢纽与集散中心。

专家学者从地理区域、港口功能、社会经济、国际航运、船舶营运、港口管理、港口物流、法律法规等不同的角度对港口进行了不同的定义。其中，从2004年1月1日起实施的《中华人民共和国港口法》（最新版是2018年修正版）中明确规定："港口是具有船舶进出、停泊、靠泊、旅客上下、货物装卸、驳运、储存等功能，具有相应的码头设施，由一定范围的水域和陆域组成的区域"[6]。"港口是人和货物转载交通工具的场所，港口不仅是交通运输的枢纽，也是现代物流的集散地。"综合多种定义的共同之处，本书认为港口是交通运输的枢纽和现代物流的集散地。

2. 中国港口的基本情况

我国海岸线绵延不断、资源丰富，拥有众多港口。通商港口最早在春秋战国时期应运而生，随后水上运输业不断发展。从《清明上河图》可以看出宋代水上通商空前繁华。鸦片战争时期，由于受到西方列强势力的压制，我国丧失了港口和海关的控制权，中国港口几乎瘫痪。新中国成立之后，中国港口恢复并稳步发展，获得新生[7]。截至2017年6月，我国年吞吐量过亿吨的大港数量达34个（前10位的沿海港口排名参见表1.1）。

表1.1 2017年中国前10位沿海港口货物吞吐量

排名	港口	统计值/万 t	为上年同期/%
1	宁波-舟山港	100711	109.2
2	上海港	70563	109.4
3	广州港	56619	108.4
4	唐山港	56540	108.6
5	青岛港	50799	101.5
6	天津港	50284	91.3
7	大连港	45105	103.3
8	营口港	36239	102.9
9	日照港	36002	102.8
10	烟台港	28560	107.6

数据来源：交通运输部发布的《全国规模以上港口2017年生产快报》

2017年,全国规模以上港口生产运行总体保持稳步增长态势,除天津港外,其他港口的货物吞吐量、集装箱吞吐量等主要增速指标均高于2016年。根据交通运输部的数据统计,2017年全国十大集装箱港口排名顺序依次为:上海港、深圳港、宁波-舟山港、广州港、青岛港、天津港、厦门港、大连港、营口港、苏州港(数据不含港澳台)。这个顺序与2016年情况相同,表明我国大型港口发展较为稳定。

2017年,集装箱吞吐量世界排名前10位的港口中(表1.2),中国港口占有7席。我国港口建设发展已走在了世界前列,中国成为世界海运贸易大国之一。

表1.2　2017年世界集装箱吞吐量排名前10位港口　　　　单位:万TEU

排名	港口	集装箱吞吐量	港口特点描述
1	上海港	3653	上海港是中国乃至全球的主要枢纽港;地处长江东西运输通道与中国海上南北运输通道的交汇点
2	新加坡港	3059	新加坡港位于新加坡南部沿海,西临马六甲海峡,是亚太地区最大的转口港。此港扼太平洋及印度洋之间的航运要道,具有十分重要的战略地位
3	深圳港	2420	深圳港位于珠江三角洲南部,毗邻香港。有东西两港,经香港龙鼓水道可达国内沿海及世界各港口
4	宁波-舟山港	2062	宁波-舟山港是以水水中转为主要功能的深水良港,与日本、韩国、新加坡、马来西亚、美国、俄罗斯及中东地区均有贸易往来
5	香港港	1946	香港港是中国天然良港,远东的航运中心,全球国际贸易的主要枢纽港。港口装卸效率高
6	釜山港	1943.4	釜山港位于韩国东南沿海,是韩国最大的集装箱港口,它是韩国海陆空交通的枢纽,又是金融和商业中心
7	广州港	1762	广州港是中国第四大港(排名不含港澳台),曾居世界第5大港,从3世纪30年代开始成为海上丝绸之路的主港口,唐宋时期成为中国第一大港,明清两朝时期是中国唯一对外开放的贸易大港,是世界史上唯一一个2000多年仍长盛不衰的国际大港
8	青岛港	1751	青岛港位于山东半岛的胶州湾内,始建于1892年,已有128年历史,是重要的国际贸易口岸和运输枢纽
9	迪拜港	1559	迪拜港位于阿联酋东北沿海,濒临波斯湾南侧。又名拉希德港,是阿联酋最大的港口,地处欧亚非三大洲的交汇点,是中东地区最大的自由贸易港,尤以转口贸易而著称
10	天津港	1410	天津港位于天津市海河入海口,该港是在淤泥质浅滩上挖海建港、吹填造陆建成的世界航道等级最高的人工深水港。天津港是京津冀城市群和环渤海经济圈汇合点,是中国北方最大的综合性对外贸易口岸

数据来源:2017年10月英国劳氏日报

3. 港口的分类

根据港口的职能,港口可分为枢纽港、干线港、喂给港等基本类型的港口。其中枢纽港是指区位优势明显,货物量大,集疏运系统发展良好,在区域港口群中占有主导地位的港口。枢纽港大致有三种类型:中转型、腹地型以及复合型。①中转型枢纽港:该类型的枢纽港没有明显的陆向腹地,直接陆向货物喂给不足以支撑枢纽港的形成与发展，但此类的枢纽港有强大的海向腹地，例如新加坡港，其中转量占其总吞吐量的80%。②腹地型枢纽港：该类型的枢纽港具有明显的陆向腹地，其直接陆向货物喂给足以支撑枢纽港的形成与发展。例如，纽约港、汉堡港等港口。③复合型枢纽港：该类型的枢纽港具有中转型和腹地型的共同特征，其早期发展具有明显的腹地型特征，但随着枢纽港地位的形成，逐步实现中转运输，陆向与海向腹地共同发展。例如，鹿特丹港、上海港等。

4. 港口产业的代际划分

世界港口的发展代际大体可划分为五代：纯粹的运输中心→运输中心+服务中心→国际物流中心→港口社区服务中心→联营合作子母港群。目前，全球主要港口仍以第三代港口为发展主流，一些大型港口开始向第四代、第五代港口转型[8]。第四代港口功能定位为"港口社区服务中心"，评价标准改变为集装箱运力，功能定位转向为组织经贸活动的调度。第五代港口功能定位为"联营合作子母港群"，以实现区域港口群物流网络的协同与竞合为主要目标[9]。

1.2.2 区域港口群及腹地物流网络

1. 区域港口群

"港口群"是进行港口规划经营时使用的一个重要概念，由一些地理位置相近、共有部分腹地、部分功能可以相互取代并互为竞争对手的港口聚集组成。这些港口为辐射腹地提供货物装卸运输和物流仓储服务而相互合作依存[10]。

"区域港口群"则更加强调地理学的概念，是指其所在的经济区域范围相同，并且具有相同的经济腹地（地理位置），之间存在竞合关系，一方面相互扶持，另一方面相互制约的多个港口所组成的港口群体系[11]，如图1.1所示。

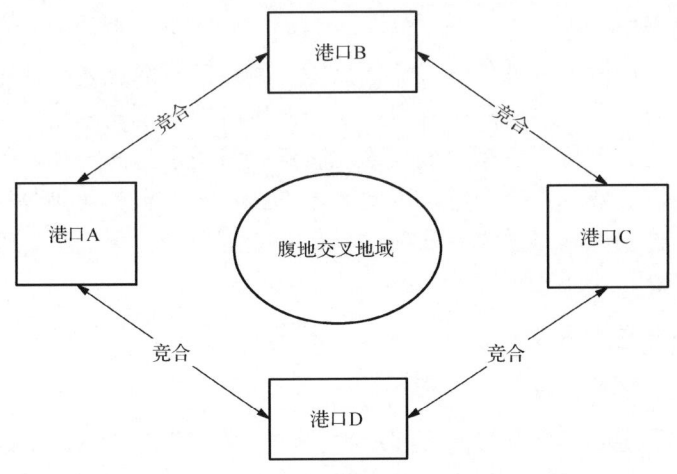

图 1.1　区域港口群系统的示意图

国外早已意识到区域港口之间的竞争、港口过度建设均会造成港口资源的浪费以及闲置等恶性反应，都相继采取不同的合作方法，实现资源共享、错位发展，竞争转化为竞合，增强港口群一体化的集成竞争力[12]。

中国海洋资源丰富，属于多港口国家，大小不一的主要港口超过 160 个。港口群的划分不能受行政区划的限制，必须按经济规律办事作全面权衡。国家对港口规划十分重视，交通运输部颁发《全国沿海港口布局规划》，为区域港口的发展方向指明了道路。将沿海港口划分为五大港口群，即环渤海港口群、长江三角洲港口群、东南沿海港口群、珠江三角洲港口群、西南沿海港口群[13]。《水运"十三五"发展规划》中指出：要进一步完善港口集疏运体系，统筹港口与区域经济、产业、城市等协调发展。

环渤海港口群地区的港口群主要由辽宁、津冀和山东地区沿海港口组成；长江三角洲港口群现阶段是以上海港、宁波-舟山港、连云港为主；东南沿海港口群以厦门港、福州港为主；珠江三角洲港口群由粤东和珠江三角洲地区港口组成[14]；西南沿海港口群由粤西、广西沿海和海南省的众多港口组成。

从上述阐述可知，各级政府管理部门和港口产业均已意识到港口群及港口布局在港口发展中的重要指导性作用。但目前，港口群内部各港口的功能定位并不十分明确，规模经济效益不够理想。随着港口的飞速发展，港口之间的竞争愈加激烈，甚至采取不断降低运费的方式来争夺货源，港口整合进程缓慢，存在重复建设严重、产能过剩、资源浪费等情况。因此，需要积极研究并解决"区域港口群物流网络系统协同优化机制"相关问题，促进港口群协同发展，提升港口群综合实力。

2. 辽宁港口群与腹地区域

辽宁主要港口为大连港、营口港、丹东港、锦州港、盘锦港、葫芦岛港等六个港口。合理布局港口区域化网络、优化港口网络的资源配置等问题将在辽宁省实施振兴东北老工业基地、辽宁沿海经济带开发开放等国家战略中起到重要的支撑作用，需在空间上将辽宁港口群与东北腹地经济发展融为一体，使港口成为推动东北区域经济发展的重要力量。因此，本书在后续章节的实例分析部分大多是针对辽宁港口群物流网络系统展开的（少数章节因研究对象的针对性，还可能涉及环渤海港口群和长江三角洲港口群）。

3. 辽宁各大港口基本情况

（1）大连港基本情况。

大连港位于辽东半岛南端的大连湾内，自然条件优越，港口港阔水深，不淤不冻，万吨货轮畅通无阻。大连是哈大线的终点，以东北三省为经济腹地，是东北的门户，也是东北经济区最重要的综合性外贸口岸。大连港位居西北太平洋的中枢，是转运远东、南亚、北美、欧洲货物最便捷的港口之一，位于东北亚经济圈的中心位置，是我国进入太平洋面向世界的重要海上门户。

中共中央、国务院正式印发的《关于实施东北地区等老工业基地振兴战略的若干意见》，明确表示要把大连建设成为东北亚重要的国际航运中心。大连港作为东北经济区第一大港口，理应首当其冲。大连港近几年的港口货物吞吐量一直排在全国前列（第七位）。

（2）营口港基本情况。

营口港是全国重要的综合性主枢纽港，是东北三省及内蒙古东部地区最近的出海港，东北经济区最大的货物运输港，辽东湾经济区的核心港口。营口港目前主要包括营口、鲅鱼圈和仙人岛三个港区，其港口地理条件优越、区位优势明显，海铁联运线路遍及东北各主要城市，运量连年排名全国前列（2017年全国第八位）。在运距方面，营口港比大连港更接近东北经济区核心地带，可成为其降低内陆集疏运单位运输成本的重要影响因素，因此近年来两港竞争态势激烈。

（3）锦州港基本情况。

锦州港重点服务于辽西方向的城市，是东北经济区中西部乃至西伯利亚地区最便捷的进出海口。锦州港目前拥有10万t级散杂货泊位和可停靠第六代集装箱船作业的集装箱专用泊位，发展前景良好。2017年锦州港完成港口货物吞吐量1.07亿t，集装箱吞吐量123万TEU。

（4）丹东港基本情况。

丹东港位于辽宁省的东北部，是我国东北经济区与日本、韩国、朝鲜等国家和地区经济、文化、进出口贸易交流与融合的前沿地带。同时，丹东的货源结构多种多样，目前已经初步形成了由煤矿、粮食作物等构成的多资源结构。丹东港现已同俄罗斯、韩国、日本等多个国家和地区开辟了海上航线。总体战略目标是把丹东港建设成为东北东部出海新通道、区域物流中心，中国与朝鲜半岛开放合作的战略先导区。

（5）葫芦岛港基本情况。

葫芦岛港素有北方不冻良港之称，其位于葫芦岛西南的渤海辽东湾内，因港口地貌形状似葫芦而得名。港口交通便捷，可以直通102国道和沈山高速公路，是环渤海经济圈的一个能源大港。

（6）盘锦港基本情况。

盘锦港位于松辽平原南部，拥有辽阔的海岸线。盘锦港交通通达，紧靠沈大高速、京沈高速、盘海营高速等。现有陆地面积约23万m^2，其中仓库面积约5000 m^2，拥有3000 t级多功能码头一座以及其他各种大型码头，货场约为2万 m^2，储油罐区约为12万 m^3。

4. 辽宁港口群的腹地情况

港口腹地的划分是一项庞大的工程，辽宁港口群主要直接经济腹地大致为黑龙江、吉林、辽宁以及内蒙古东部地区（简称"蒙东"，主要指内蒙古自治区的兴安、锡林郭勒、通辽、呼伦贝尔、赤峰五市（盟））。

（1）辽宁港口群腹地经济情况。

辽宁省、吉林省、黑龙江省以及蒙东地区皆属于东北经济区。根据最新的国家规划纲要，明确提出要把东北经济区建设成为具有国际竞争力的重要战略基地。国家经济改革力度的加强与充分的政策支持东北经济的复苏与提升。

（2）辽宁港口群腹地工业情况。

2007~2016 年，东北经济区轻重工业部门资本额发生了细微变化，该地区的产业正向重工业略微转移（工业增加值见表 1.3）。通过查阅资料可知，蒙东地区的工业以能源矿产为主，其主要变化原因是西部大开发战略方针的推行。吉林省、辽宁省和黑龙江省在振兴东北老工业基地政策的推行下则以发展重工业为主。

表 1.3 2007~2016 年东北三省及内蒙古的工业增加值　　单位：亿元

年份	辽宁	黑龙江	吉林	内蒙古
2007	4892.45	3326.90	2170.74	2781.78
2008	6359.43	3866.43	2688.37	3879.42
2009	6925.63	3549.73	3054.60	4503.33
2010	8789.27	4429.31	3929.31	5618.40
2011	10696.54	5234.64	4917.95	7101.60
2012	11605.07	5240.65	5582.48	7735.78
2013	12300.70	5090.34	6059.28	7944.40
2014	12656.83	4783.88	6424.88	7904.40
2015	11270.82	4053.77	6112.05	7739.18
2016	6818.320	3647.14	6070.07	7233.00

数据来源：国家统计局

（3）辽宁港口群腹地进出口贸易情况。

港口是外贸进出口物资的集散地，因此进出口贸易的发展对港口发展提出了更高的要求。出口贸易被称为拉动中国经济增长的三辆马车之一；进口贸易则有助于资金要素流动，拉动内需，吸引外来优质资源等优势。2007~2016 年东北三省及内蒙古目的地和货源地进出口总额详细数值见表 1.4。

表 1.4 2007~2016 年东北三省及内蒙古目的地和货源地进出口总额

单位：亿美元

年份	辽宁	黑龙江	吉林	内蒙古
2007	651.80	184.29	251.91	90.91
2008	821.64	204.20	270.37	104.34

续表

年份	辽宁	黑龙江	吉林	内蒙古
2009	698.47	133.61	199.79	94.64
2010	952.92	183.39	192.41	116.82
2011	1129.51	261.62	230.52	148.23
2012	1183.38	282.13	244.78	139.69
2013	1213.61	273.96	251.91	143.89
2014	1253.89	294.24	270.37	152.95
2015	1070.73	163.24	199.79	139.06
2016	961.28	139.42	192.41	132.25

数据来源：国家统计局

5. 港口群物流网络

港口群物流网络系统是以港口作为依托点，将腹地、港口、公路、铁路等要素有机结合起来，实现人员、商品及其他各种货物要素高效流动的复杂物流网络系统[15-16]。

由地理位置相近，存在共同腹地，港口功能可相互替代的若干个港口组成港口群网络系统，系统示意图参见图1.2。该系统需运用现代流通理论和技术，有效整合港口及港口周边资源，在港口群内形成科学合理、高效畅通的物流平台，实现商品及各种要素的优化流动和配置，提高港口物流竞争力。在港口群物流网

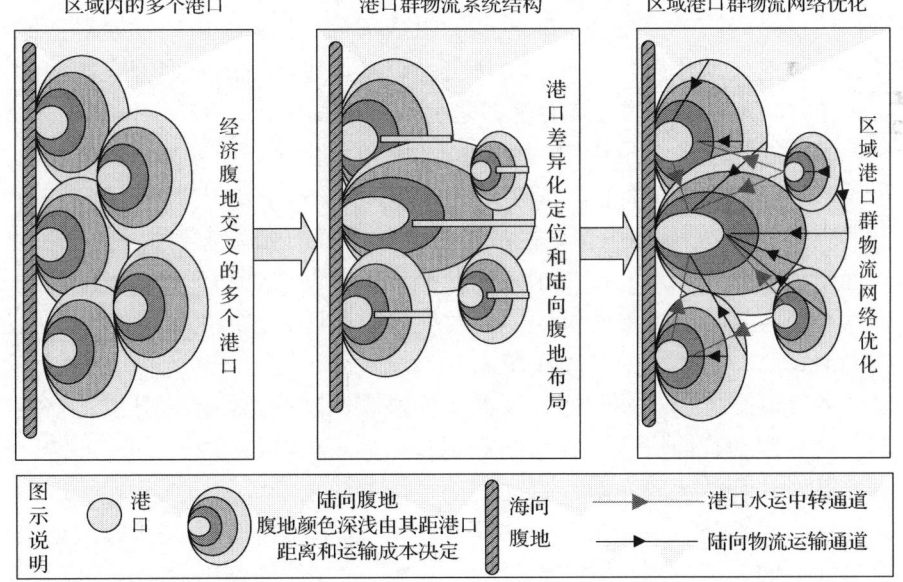

图1.2　港口群物流网络系统示意图

络系统中，中心港口城市要利用其自身的口岸优势，以先进的软硬件环境为基本条件，充分强化其对港口周边物流活动的辐射力，突出港口的集货、存货、配货等特长，以临港产业为基础，以信息技术为支柱，以整合优化港口资源为目标，带动整个港口群系统的发展。

1.2.3 港口产业与区域经济统筹发展

1. 区域经济与腹地经济

区域经济的好坏是一个国家综合国力强弱程度的重要体现，更是关乎国计民生的主要因素之一。因此，针对区域经济发展的研究是存在于我国经济社会发展中的一个重要内容。应根据不同区域的特点，最大限度地利用其相对优势来充分发展区域经济[17]。

"腹地"是为港口提供服务的区域，港口也会把腹地生产的商品和货物运出去，同时把腹地所需的商品和货物运入，使商品和货物实现双向扩散。根据港口能够影响辐射范围的大小，可以将腹地划分为直接腹地、间接腹地和潜在腹地三种。因此，在区域经济中有一类特殊问题——腹地经济。腹地经济是一种经济系统，它由一定港口辐射的区域范围内多种经济活动相互作用而形成，其中经济活动包括经济发展要素和各地域要素等。

2. 港城互动与海陆统筹发展

港口经济是我国国民经济非常重要的组成部分，港口经济的发展对其他行业来说具有较强的带动作用，并且对市场贸易以及地区经济的发展都有较强的正向冲击。同样的，区域经济的发展对港口也有巨大的影响，为港口的发展提供货源、发展空间等相关的服务。早在20世纪30~40年代，德国学者高兹就创立了"海港区位论"。研究者伯德曾建立"港口通用模型（Any Port）"用以研究港口和城市之间的空间联系①。如今港口与区域经济之间两者的互动被学术界越来越重视，成为管理学界的研究热点。在我国，港口海运业的发展带动了城市经济的蓬勃发展，但在整个相互促进发展的过程中，发现港口与区域发展并不是完全协同的。

（1）港口对腹地经济的带动作用。

港口的发展会促进临港产业的发展，促进腹地产业结构优化升级。临港产业通过产业链向腹地延伸，带动腹地产业崛起，形成以港口为主导的产业链。通过发挥区位及对外开放优势，港口带动腹地经济参与全球贸易与国际竞争。世界上的国际航运中心都是港口城市，是依托港口发展起来的，且围绕国际航运中心形成了世界知名的大都市圈，如日本东京都市圈、美国纽约都市圈都是"以港兴腹"

---

① Bird J H. Seaports and seaport terminals[M]. London: Hutchinson University Library, 1971.

的典型代表。此外，依托港口特殊的功能优势，如保税港区政策优势，引领腹地在更高层次、更宽领域实现对外开放。

（2）腹地经济对港口发展的推动作用。

一是腹地为港口提供了货源及经济支持与需求。腹地一般来说资源丰富，产业发展有一定基础，是港口货源的生成地，为港口运输提供不间断的货源。没有腹地，便没有货源。同时，通过港口的转运功能，腹地也是货物的主要承接地。

二是腹地为港口经济发展提供了充足的发展空间。随着港口功能和作用的不断增强，临港经济的快速发展，港口及所依托的城市发展空间有限，于是产业布局便沿着集疏运通道向腹地转移。腹地经济的发展，对港口的发展有推动作用。腹地经济发展迅速，经济实力强，港口建设、港口经济发展相应的就越迅速。

（3）港口产业与区域经济互动协同。

港口是腹地城市发展的引擎，腹地城市是港口发展的动力依托。港口与区域经济之间的关系是密不可分的，两者之间相互制约、相互促进。港口推进区域经济的发展，起到改善腹地生产布局、转变区域生产方式以及拉动区域经济增长的作用。腹地又拉动港口的运输需求，提升港口运输需求结构及发展水平。

港口与腹地互动协同发展形成港腹联动格局，相互依存，共同进退。港口与区域经济间的关系状态主要包括：滞后、平衡和超前等三种状态。港口一般来说应适度超前发展，以满足腹地经济未来发展的货物运输需要，而腹地经济也会因港口的发展而不断优化升级。

（4）基于国家战略继续提升港腹联动。

在党的十九大报告中提出要"加快建设海洋强国"。加快建设世界一流的海洋港口、完善的现代海洋产业体系、绿色可持续的海洋生态环境，为海洋强国建设作出贡献。

在国民经济和社会发展第十三个五年规划中也明确将"海陆统筹"纳入国家战略的范畴。统筹，即为统一筹划，通盘考虑。20世纪50年代末，毛泽东提出了统筹兼顾的思想[18]，将统筹发展作为工作的重要指导方针。海洋的经济发展离不开陆地提供的信息、技术、物流等要素的支持；陆地经济的发展也离不开海洋的资源与航道的开发。想要单一地发展海洋经济或者陆地经济，存在着一定的局限性。海陆统筹，是综合海、陆两个既相对独立，却又密不可分的经济系统，利用两者资源关联、生产要素关联、技术关联等联系，起到海陆优势互补、协调发展的良性循环的作用。广义的"海陆统筹"概念，指的是把海洋与陆地作为一个整体考虑，协调海陆关系，平衡海陆发展，将海洋统合到经济发展与维护民族利益中去的一种战略思想。而狭义的"海陆统筹"概念属于区域经济范畴，目的在于加强海陆经济系统之间生产要素的流通，达到协调发展的目标[19]。而针对狭义的海陆统筹正是本书关于海陆区域经济展开的研究。

"一带一路"（丝绸之路经济带和21世纪海上丝绸之路）倡议是继续深化我国

对外经济开放的重大举措[20]。港口作为陆上丝绸之路经济带和 21 世纪海上丝绸之路的衔接点，在建设畅通安全的"一带一路"大通道中地位凸显，也成为落实国家战略的重要环节[21]。"一带一路"倡议使港口肩负着更加重大的使命与责任，港口与区域一体化趋势日益加强[22]。

上述这些重要战略举措的出台均表明"港腹联动"或"港城互动"已经上升为国家战略。因此，港口和腹地互动协调发展，相互依存，互利共赢，进而推动区域经济实现一体化。构建区域港口群物流网络，形成海陆统筹的发展新格局成为我国当前经济与社会发展的重中之重。

1.2.4 港口产业与区域经济的典型指标

1. 指标选取的基本原则

为了使本书研究的内容更具有效性和保障结果的真实性，在选取代表港口产业与区域经济典型指标[23-24]时主要遵循以下六个基本原则。

（1）科学性原则。

衡量港口群能级的指标众多，所选取的指标必须含义清楚，内容真实，能够科学计算，反映港口综合实力的特征。因此所确定的指标必须符合科学性原则。

（2）相关性原则。

所选取指标必须与港口群物流系统具有一定的关联特性。需要从经济、政治、地理、交通等多个学科的知识融合中，综合提炼出与港口产业、腹地经济相关的众多指标因素。而那些与港口产业和经济系统没有任何直接、间接联系的指标不应被纳入指标体系当中。

（3）代表性原则。

由于港口产业与腹地经济系统均是复杂的系统形态，因此根据上面的相关性原则，可能会得到众多的相关联指标。但在分析具体问题时，需要进一步根据代表性原则，抽取最具有代表性的若干指标。

（4）综合性原则。

所选择指标必须能够全面多角度地反映港口与城市系统各个部分的特征，对于形成系统性的研究成果非常重要。

（5）定量与定性原则。

应选用定性指标与定量指标相结合的方式，综合全面地对港口群物流系统进行分析与计算。定量指标获取和采集的渠道要规范可靠，而对于定性指标的权重或者打分要权威科学。

（6）可获得性原则。

在信息搜寻成本可接受的范围内，重点通过各级政府部门的统计年鉴，港口行业统计公报、上市港口企业财务报告等信息获得途径，以及可靠的互联网信息来源，综合利用数据进行分析。

2. 指标选取的范围依据

1）从"港口对区域经济的作用"角度考虑经济指标的选取

（1）直接创造产值。

港口产业主要包括日常维护、船舶靠泊、货物装卸、港口建设、信息通信等经济活动。港口相关产业作为国民经济部门之一，其自身的生产活动所创造的产值作为国民生产总值的一部分，为国家的国内生产总值（gross domestic product, GDP）做出了经济贡献。

（2）增加就业岗位。

港口的主要功能是货物的运输，为了保障运输系统的正常运行，需要多个部门协同合作。港口的运维、货物的集散及加工生产等活动诱发了港务部门、集散部门和工业部门等基本部门的经济活动。而这些经济活动需要大量的人才和劳动力，创造了大量的工作岗位。

（3）港口的商贸运输带动了城市产业聚集，改变了产业结构。

由于不同国家和地区的自然物质、资金及劳动力等资源拥有量不同，在各个产业之间的分配情况会有所不同。产业结构反映了资源的配比情况，体现了社会经济开发利用的效果。基于运输成本，一些重工业、采集业等需要运输数量多、体积大、重量重的原材料或产品时，都会选择水上运输。而随着港口的发展，港口的吞吐能力增强，使得这些依赖水上运输的产业得到更好的发展。同时促进了对外贸易，使得一些金融业、信息服务业等第三产业也得到发展，港口周边会逐渐形成商业服务行业、基础设施建设行业以及金融服务行业的聚集形态，城市的职能得到了扩展，向多元化发展，从而使国家产业结构得以优化。

（4）区域是港口货物的主要生成地，区域政策措施对港口发展起指导作用。

港口主要的陆向腹地是与港口相关联的区域，区域内大量产品的进出口主要通过港口完成，因此区域总体的对外贸易状况、经济发展水平及进出口贸易需求等对港口的吞吐量有着密不可分的影响。另外，区域会依据当地的发展与港口建设出台相关政策，这些政策往往能对邻近港口的建设发展方向起到指导作用。

通过上述分析，本书后续研究均是从表1.5中各类型区域经济代表性指标中进行的选择，并根据每个研究的侧重点以及指标之间包含关系或者自相关性，进一步科学筛选。

表 1.5　各类型的区域经济代表性指标

一级指标	分指标
经济状况	地区生产总值（地区 GDP）、人均地区生产总值；第一产业总值、第一产业增加值；第二产业总值、第二产业增加值；第三产业总值、第三产业增加值；地方财政一般预算内收入、地方财政一般预算内支出；就业人口、户籍人口数；城镇居民人均可支配收入；社会消费品零售总额；社会固定资产投资
交通状况	货运总量（地区货运量）、铁路货运量、公路货运量；地区客运量、铁路客运量、公路客运量；公路里程、铁路里程；城市人均拥有道路面积
工业状况	工业总产值、工业增加值；规模以上工业企业本年应交增值税；工业企业数；工业从业人员年平均人数
对外贸易	出口总额、进口总额；进出口贸易额（对外贸易进出口总额）
区域政策创新	科学研究与试验发展经费支出；信息化管理水平；政府教育事业支出占财政总支出比重；高新技术产值；政府科技事业支出占财政总支出比重

注：在各类型经济指标中，某些指标具有包含关系或者自相关性，需要在进行具体研究时再进行科学筛选

2）从"区域经济对港口的作用"角度考虑港口产业指标的选取

（1）区域贸易是港口货物的主要来源，影响港口货物吞吐量及运输货类。

从古至今，货物运输一直是港口的主要业务之一，所以货运运输量在港口的建设发展中占有不可替代的重要地位。港口运输主要用于运输大量的原材料及工业产品，因此临港产业的发展会影响港口运输的货物种类。区域经济的发展也能引导港口的发展方向。例如，靠近能源供给与需求的港口，会发展成为专业化的散杂货港口；而处于国际贸易进出口汇聚点的港口，会发展成为专业化的集装箱港口或者国际货物中转港口。因此，港口在很大程度上都受到了区域经济的影响。港口相邻区域对外贸易产生的进出口货物是港口的主要货物来源。

（2）为港口产业提供发展空间，促进港口硬件基础设施的建设。

港口发展需要金融、信息、技术、通信等相关服务业支持。服务的质量与效率的不足会成为阻碍港口发展的主要因素。港口要从经济全球化的进程中获得更多的信息流、货物流、客流和资金流，必须加强港口的运营安全和通航安全，重视港口码头、岸基设施、港口信息化等方面的建设。

通过上述分析，后续研究均是从表 1.6 中的港口产业代表性指标中进行选择的，并根据每个研究的侧重点以及指标之间的包含关系或自相关性，进一步科学筛选。

需要说明，在本书研究和撰写过程中，由于部分区域的相关指标数据开始统计时间较晚，且 2016 年、2017 年部分地区数据尚未统计完毕，本着数据选取的真实性和准确性原则，不同对象的数据选取存在时间跨度上的区别。因此，本书的相关研究大部分是对 2015 年（或 2016 年）港口产业与经济腹地的相关数据收

第 1 章 绪 论

集、整理与分析。同时，为了计算某些指标的增长率，还涉及 2014 年和 2016 年相关数据。

表 1.6 各类型港口产业代表性指标

一级指标	分指标
货类货量指标	港口货物吞吐量、集装箱吞吐量、外贸吞吐量、矿石吞吐量、煤炭吞吐量、油品吞吐量
港口硬件指标	港口码头长度、泊位数、港口生产性泊位数指标、万吨级码头泊位数、仓库场地面积、主航道宽度、水域面积、岸线总长
港口经济指标	港口经营总收入、港口净资产收益率、年度利润总额

注：在各类型港口产业指标中，某些指标具有包含关系或者自相关性，需要在进行具体研究时，再进行科学筛选。

1.3 主要研究内容

本书主要研究港口群物流网络系统的优化设计，以及在求得优化策略之后应采取何种协同机制保障该优化体系的有效实施与可持续发展。因此，将主要研究内容归纳为四个部分。第 1 部分关于港口产业与区域经济发展的协同性分析，第 2 章定量分析港口产业与区域经济发展之间的多维关联性，作为研究区域港口群物流网络系统的前提与基础。第 2 部分基于网络视角的港口群物流系统布局结构分析，第 3 章研究港口群内的多港口差异化定位，第 4 章设计港口辐射腹地的空间网络布局。第 3 部分优化区域港口群物流网络，第 5 章研究优化港口群海运物流系统的模型与算法，第 6 章建立由港口群海向航线网络及陆向物流网络关键节点构成的整合双层规划模型。第 4 部分设计港口群物流系统协同机制，第 7 章设计港口群联盟的利益协同机制，第 8 章设计港口物流服务供应链的利益共享机制。

1.4 基本观点与创新

1.4.1 基本观点

依据上述研究内容和研究方法，本书所涉及的基本观点如下。

1. 通过港口群物流系统的合理规划来提升海洋产业对国民经济的贡献

港口是国民经济的重要基础设施，促进沿海内陆开放与优势互补，实现港口群物流系统的优化布局，对沿海沿江区域经济发展具有重要的辐射拉动作用。

2. 区域港口群物流网络系统协同优化将保障区域经济协调发展

各港口之间以及港口与区域腹地之间物流联系越来越紧密，避免区域内多港口之间严重的同质化发展趋势和激烈争夺交叉腹地货源的恶性竞争现象，需统筹规划区域港口群物流网络系统。

3. 协同化的港口群物流系统将促进海洋经济持续健康发展

通过设计以利益相容为基础的双向激励监督机制，发挥港口相关企业与港航市场的积极主动性，提升港口群综合物流能力，稳固差异化竞合的一体化发展格局，保障港口群优化布局的实现与持续实施。

1.4.2 创新

1. 解决港口发展的长期战略决策问题

港口群物流系统结构设计是影响区域经济长期发展的重要战略问题，因此对区域港口群系统层级划分与腹地区域布局的研究将为我国及各级地方政府制定国民经济和社会发展规划提供理论支持。

2. 解决港口群物流复杂运输网络规划问题

本书提出较为完善的双层规划模型，选取有效的运筹求解方法，解决由多出发港、多目的港、多运输方式组成的港口群物流网络系统协同优化问题。

3. 研究港口群良性运作的协同管理机制

基于港口群物流运输网络关键主体，设计港口群联盟与港口物流供应链的利益协同机制，制定港口群网络的协同管理策略。

以上三个方面的创新之处，分别对应本书的第 2、3、4 部分的研究内容。

■ 本章小结

构成区域港口群需要满足三个基本条件：一是具有相近或共同的运输网络和经济腹地范围；二是具有相似的区位整体优势和国内外市场区域；三是该区域内各个港口竞争激烈，存在利益冲突。而为了有效化解这种同质化竞争，如何对区域港口群进行协同管理具有十分重要的研究意义。

因此，本书在开篇绪论中阐述了研究背景与意义，界定了主要研究对象，汇集各类典型指标；形成"网络构成要素→网络结构设计→网络结构优化→协同管理机制"的体系化研究内容与关键研究路线；阐明本书的基本观点并指出这些研究内容所具有的创新贡献。

第1部分　港口产业与区域经济发展的协同性分析

　　港口与其腹地是构成港口群物流系统的两个核心主体。此部分对两者之间的互动关系进行全面的定量刻画。首先，从投入产出角度计算港口对区域经济的直接、间接与波及贡献，明确港口对经济发展具有推动作用。其次，采用计量经济学的方法提炼港口产业与经济发展互动影响中的主要因素。再次，基于上述主要因素测算港口产业与区域经济的时空关联。然后，分析港腹关联发展的匹配程度，识别港城发展的协同性。最后，对港腹协同发展的演化进程进行仿真及预测。

第 2 章
港口产业与区域经济的多维关联性分析

现代港口区域化的发展趋势是港口与其腹地之间的联系日益紧密，港口产业与其他产业之间的投入产出联系更加复杂，港口物流与区域经济之间的关联更加深化[25]。因此本章将定量测算区域经济与港口产业之间的互动协同关系。

如图 2.1 所示，本章将通过 5 个方面递进展开相关研究。分别针对 5 个问题，主要包括：港口产业对经济发展起到怎样的作用（2.1 节），影响这两个主体之间

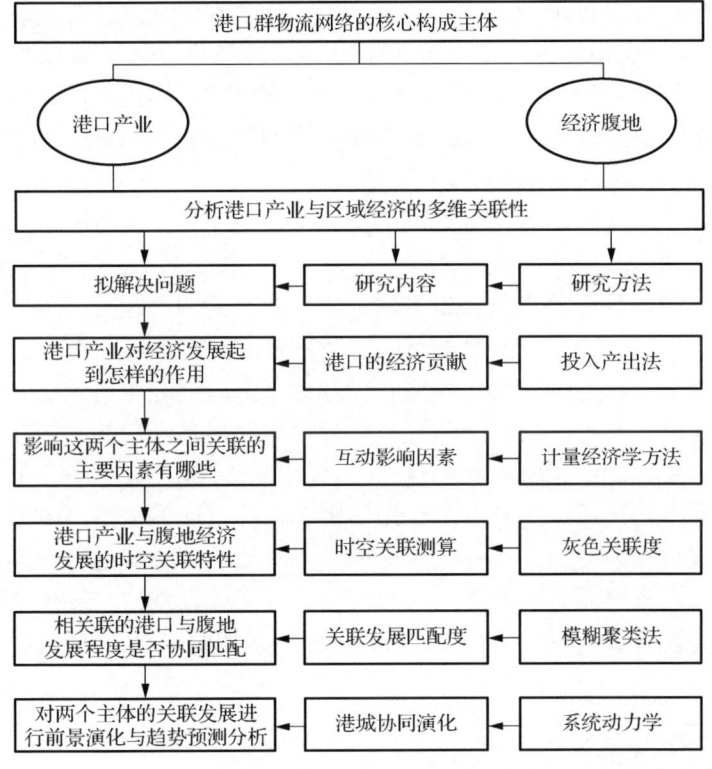

图 2.1　本章各研究内容之间的逻辑联系

关联的主要因素如何确定（2.2 节），港口产业与腹地经济发展的时空关联特性（2.3 节），相关联的港口与腹地发展程度是否协同匹配（2.4 节），对两个主体的关联发展进行前景演化与趋势预测分析（2.5 节）。

2.1 基于投入产出法测度港口的经济贡献

2.1.1 相关文献综述

港口经济作为国民经济的重要组成部分，其发展带动了其他行业的发展，正向冲击区域经济。区域经济的发展也大大影响港口经济的发展，为港口经济的发展提供物资、发展空间等相关服务[26]。因此港口产业与区域经济之间的互动被学术界越来越重视，是如今的研究热点问题[27]。

1. 国内外研究现状

Chang 等[28]通过投入产出法分析港口如何影响南非的经济情况，其数据研究得出结论，港口经济每损失一个单位，就会造成整个经济 0.17 个单位的损失。Coto-Millán 等[29]使用投入产出法分析了港口对经济及相关产业的影响。Danielis 等[30]针对意大利的弗留利-威尼斯朱利亚大区的港口，利用投入产出法分析港口在区域经济发展中的角色定位。Lee 等[31]对韩国的捕捞渔业和水产养殖部门在国民经济的作用进行了投入产出分析。

申勇锋等[32]以盐田港和深圳地区为例，利用投入产出表，从定量分析的角度，研究了港口对城市的经济贡献度，进一步论证了"港以城兴，港为城用"的观点。苏永生[33]借鉴国内外经济贡献评价方法，以上海港为例，运用投入产出模型定量分析其经济贡献度，论证了上海港对地区经济发展的重大推动作用。叶宣丹[34]同样以上海港为例，基于投入产出模型实证分析了上海港综合贡献度，并为上海港口的转型升级提供参考，指出绿色港口的建设与发展是港口的发展趋势。吴国付等[35]把港口对城市经济的影响分为直接、间接和波及贡献三部分进行研究。李健[36]分析了港口发展对区域经济具有的作用与影响，并以江苏省沿海的连云港、南通和盐城等三城市作为案例，进行定量化的计算与检验，表明港口发展对区域经济存在显著的正向作用，但这种正向影响程度具有区域化差异。黄佳伟[37]运用协同学理论结合定量模型对宁波-舟山港与腹地经济的发展之间存在的动态关系进行了深入研究。

2. 国内外研究现状评述

国内外众多学者将投入产出法用于研究港口产业的经济贡献，研究成果丰富，也说明了在研究某一产业经济贡献的定量计算时,投入产出法非常有效。

但可进入国民经济统计核算的产业部门有上百个,使得利用投入产出法的计算规模较大;而且随着统计数据的不断更新,计算过程需要不断重复。因此,针对港口产业的投入产出计算,通过开发数据库并编制算法程序,能够简化该方法的操作过程并降低计算复杂度。

2.1.2 相关基础理论

1. 港口产业对经济贡献的定性分析

1)港口产业发展对区域经济的直接促进作用

港口产业主要是指港口的服务业,其中包括港口日常维持性活动、货物的装卸、港通信等。这些港口活动为区域创造了大量的就业岗位,并提高了相应的工资总额以及税收,直接体现了港口产业发展对区域经济直接的促进作用。

2)港口的发展促进了临港地区产业的聚集

港口城市在区域经济发展中具有靠近运输结点的优势,因此运输成本较低,如果需要大量的进口或出口的产品,一定首选在港口地区聚集。首先是利用海岸线资源发展的工业,例如造船厂、热电厂等。其次是利用河海运输条件发展的工业,如进口矿石、原油、钢铁、石油化工等。然后是服务于港口运输和港口工业,例如修船厂、捕捞用具厂等。最后是内陆相关的出口加工厂等。另外,港口很好地将内外两个区域相联结,优异的自然环境及人文环境会吸引大量的先进技术、资金及人才的流入,带来更加广阔的市场以及更深层次的发展。

3)港口投资对区域经济的波及乘数影响

港口产业属于国家的基础产业,投资港口的发展既会对港口产业本身的发展带来巨大的推动力,同时也会带来大量生产要素的需求,引起港口周边产业产量增加,出现社会消费的不断增长,进而实现社会经济的新一轮增长,这种影响会产生牛鞭效应,不断地波及下去,形成投资的乘数作用。

可将上述三类影响,归纳为港口对经济的直接、间接和波及影响。

2. 港口贡献的含义与分类

港口贡献也就是港口经济贡献,指的是港口所在地区发生的经济活动给该地区带来的经济收益。

港口通常用于运输货物和运载旅客,除了装载还有生产、存储等活动。根据这些活动与港口之间关系的密切程度,通常将不同程度的经济活动所带来的经济收益给予划分,分为直接经济贡献、间接经济贡献和波及经济贡献。其关系如图2.2所示。

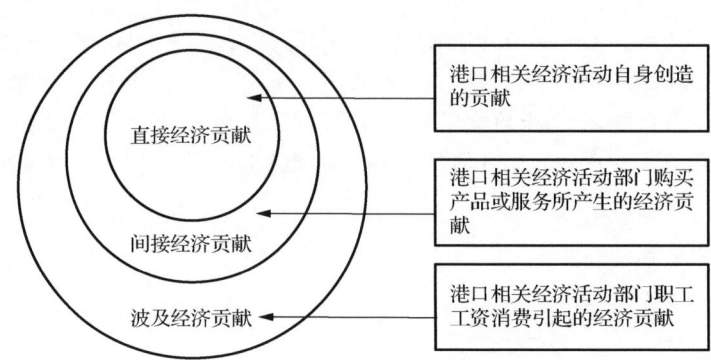

图 2.2　三种港口经济贡献关系结构图

1）直接经济贡献

直接经济贡献是指港口为完成其核心功能所引发的经济活动产生的经济贡献。这种核心经济活动多在港口内完成，多为运输服务业，如表 2.1 所列。这种经济活动本身所带来的收益就是直接经济贡献。

表 2.1　港口直接经济贡献所包含的相关经济活动

序号	经济活动分类	主要经济活动构成
1	水上运输	货运
2	水上旅游	客运
3	装卸搬运和其他运输服务	生产调度指挥、装卸、港内流动机械作业、港内堆存等
4	道路运输业	提供港口集疏运的集装箱公路运输公司等
5	临港工业	临近港口发展的工业，如钢铁厂、炼油厂等
6	港口建设	港口设施和运输设备等固定资产的建造和购置活动及与之有联系的工作
7	航运服务业	货代、船代、航运金融、保险、海事咨询业等
8	行政管理	海关、海事等
9	仓储业	港口区域外的仓储中心、堆存中心和物流中心等

2）间接经济贡献

其他经济部门为了要购进产品货物、技术、服务等商品，与港口相关经济活动产生联系，从而产生的经济收益，就是间接经济贡献。间接经济贡献覆盖多个行业，覆盖范围较广，对国民经济所产生的影响较大。

3）波及经济贡献

波及经济贡献与直接经济贡献、间接经济贡献的最大区别在于其循环性。从事核心经济活动和间接经济活动的职工，在获取到他们的劳动工资之后，通过消费刺激了国民经济。通过这种如海浪般呈波浪形扩散的消费，不断累加对地区经济的影响就是波及经济贡献。波及效应产生原理如图 2.3 所示。

第 2 章 港口产业与区域经济的多维关联性分析

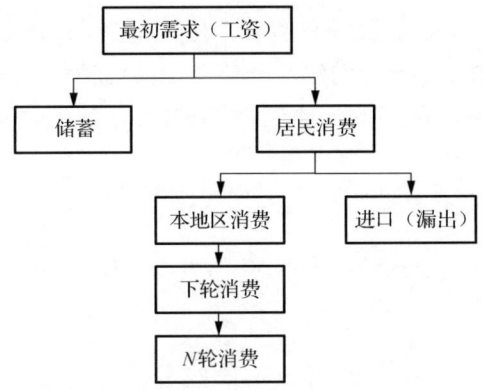

图 2.3 波及效应产生原理

4）港口贡献的衡量指标

本书使用投入产出法对港口经济贡献进行分析，参考投入产出法的核心思想，分别以直接效益、间接乘数效益（包括前向乘数效益与后向乘数效益）和消费乘数效益作为直接贡献度、间接贡献度及波及贡献度的衡量指标。

3. 投出产业法

投入产出法由美国经济学家里昂惕夫首先提出，它反映了经济体系中部门之间产品生产与分配、投入与产出之间的技术经济联系[38]。

1）投入产出表的基本形式

按照《国民经济行业分类》制定的标准，将我国的全部经济活动划分为多个生产部门及其子部门。投入产出表（简化的投入产出表如表 2.2 所示）是按照某年的统计资料编制而成的一张平衡表格，用于分析产品生产过程中，投入资源与产出产品使用去向之间的关系。

表 2.2 简化的投入产出表

投入	产品				居民消费	总产出
	中间产品					
	部门 1	部门 2	...	部门 n		
中间投入	x_{11}	x_{12}	...	x_{1n}	y_1	q_1
	x_{21}	x_{22}	...	x_{2n}	y_2	q_2
	...	...	...	...	...	...
	x_{n1}	x_{n2}	...	x_{nn}	y_n	q_n
增加值	n_1	n_2		n_n		
总投入	q_1	q_2	...	q_n		

上述投入产出表中，设国民经济有 n 个生产部门，x_{ij} 表示 i 部门分配给 j 部门使用的中间产品，也表示 j 部门为生产一定总产品而消耗 i 部门的价值量；q_i 表示 i 部门的总产出；y_i 表示 i 部门的居民消费；q_j 表示 j 部门的总投入，n_j 表示 j 部门的增加值。

直接消耗系数可表示为式（2.1）的形式：

$$a_{ij} = \frac{x_{ij}}{q_j}, \quad i=1,2,\cdots,n; \quad j=1,2,\cdots,n \tag{2.1}$$

式（2.1）可表示为以下矩阵：

$$\begin{bmatrix} a_{11} & a_{12} & \cdots & a_{1n} \\ a_{21} & a_{22} & \cdots & a_{2n} \\ \vdots & \vdots & & \vdots \\ a_{n1} & a_{n2} & \cdots & a_{nn} \end{bmatrix} = \begin{bmatrix} x_{11} & x_{12} & \cdots & x_{1n} \\ x_{21} & x_{22} & \cdots & x_{2n} \\ \vdots & \vdots & & \vdots \\ x_{n1} & x_{n2} & \cdots & x_{nn} \end{bmatrix} \begin{bmatrix} q_1 & 0 & \cdots & 0 \\ 0 & q_2 & \cdots & 0 \\ \vdots & \vdots & & \vdots \\ 0 & 0 & \cdots & q_n \end{bmatrix} \tag{2.2}$$

记为

$$A = X \cdot q^{-1} \tag{2.3}$$

式中，A 为直接消耗系数矩阵；X 为重点产品流量矩阵；q^{-1} 为总产品对角的逆矩阵。

2）投入产出基本模型

（1）产业直接关联模型。

利用投入产出表，通过计算中间产品需求系数 w_i 和中间产品投入系数 u_i 分别考察产业之间的前向直接关联和后向直接关联。

前向直接关联，中间产品需求系数计算公式为

$$w_i = \frac{\sum_{j=1}^{n} x_{ij}}{q_i}, \quad i=1,2,\cdots,n \tag{2.4}$$

后向直接关联，中间产品投入系数计算公式为

$$u_i = \frac{\sum_{j=1}^{n} x_{ij}}{q_j}, \quad i=1,2,\cdots,n \tag{2.5}$$

关联度分析（以 0.5 为界）：若前向直接关联度与后向直接关联度均较大，说明该产业属于中间投入型制造业；若前向直接关联度与后向直接关联度均较小，说明该产业属于最终需求型产业。

（2）产业间接关联模型。

影响力系数和感应度系数是用来分析、比较国民经济中各产业部门的地位及其对其他部门推动作用的重要指标。影响力系数和感应度系数在判别产业性质、

确定主导产业方面有着重要作用。这两个系数均可由里昂惕夫逆矩阵 $C = (I - A)^{-1}$ 也被称为完全需要系数矩阵，计算所得。

影响力系数计算公式为

$$B_j = \frac{\sum_{i=1}^{n} c_{ij}}{\frac{1}{n}\sum_{i=1}^{n}\sum_{j=1}^{n} c_{ij}} \tag{2.6}$$

式中，c_{ij} 是里昂惕夫逆矩阵 c 中元素。

影响力系数分析：

$B_j > 1$ 时，表示 j 部门的生产对其他部门生产的影响程度大于社会平均影响力水平，影响力系数越大，对其他的部门需求越大，即拉动作用越大。

$B_j = 1$ 时，表示 j 部门的生产对其他部门生产的影响程度等于社会平均影响力水平。

$B_j < 1$ 时，表示 j 部门的生产对其他部门生产的影响程度小于社会平均影响力水平。

感应度系数计算公式为

$$F_i = \frac{\sum_{j=1}^{n} c_{ij}}{\frac{1}{n}\sum_{i=1}^{n}\sum_{j=1}^{n} c_{ij}} \tag{2.7}$$

感应度系数分析：

$F_i > 1$ 时，表示各部门对 i 部门的需求程度大于社会平均需求程度，影响力系数越大，各部门对 i 部门需求越大，即 i 部门感应性强，受其他部门影响大。

$F_i = 1$ 时，表示各部门对 i 部门的需求程度等于社会平均需求程度。

$F_i < 1$ 时，表示各部门对 i 部门的需求程度小于社会平均需求程度。

3）产业经济贡献模型

投入产出模型是计算效益乘数，也就是经济贡献度的基础，经济贡献度指的是某产业每增加一个单位的产值，能够带来的社会经济效益的多少。

（1）直接经济贡献。

直接经济贡献由直接效益 ΔDB 考察，其计算公式为

$$\Delta DB = V \cdot \Delta X \tag{2.8}$$

式中，V 为净产值系数矩阵；ΔX 为总产值增量矩阵。计算公式分别为

$$V = \begin{pmatrix} V_1 & V_2 & \cdots & V_n \end{pmatrix} \tag{2.9}$$

$$V_i = \frac{y_i}{q_i}, \quad i = 1, 2, \cdots, n \tag{2.10}$$

$$\Delta X = \begin{pmatrix} 0 & 0 & \cdots & \Delta X'_i & \cdots & 0 & 0 \end{pmatrix}^{\mathrm{T}} \quad (2.11)$$

$$\Delta X'_i = \frac{\Delta X_i}{\Delta X_0}, \quad i=1,2,\cdots,n \quad (2.12)$$

式中，ΔX_i 为第 i 产业在投入产出表中对应的总投入，即 q_j；ΔX_0 为该产业对应的总投入，即为 q_0。

（2）间接经济贡献。

间接经济贡献由前向乘数效益 $\Delta \mathrm{FB}$ 和后向乘数效益 $\Delta \mathrm{AB}$ 考察：

$$\Delta \mathrm{FB} = V\cdot C\cdot \Delta X \quad (2.13)$$

$$\Delta \mathrm{AB} = V\cdot C\cdot \Delta X - \Delta \mathrm{DB} \quad (2.14)$$

式中，ΔX 为总产值增量矩阵，表示某产业增加 1 单位产值时，其他产业的产值增加量。表示如下：

$$\Delta X = \begin{pmatrix} \Delta X'_1 & \Delta X'_2 & \cdots & 1 & \cdots & \Delta X'_n \end{pmatrix}^{\mathrm{T}} \quad (2.15)$$

（3）波及经济贡献。

波及经济贡献由消费乘数效益 $\Delta \mathrm{CB}$ 考察，其公式为

$$\Delta \mathrm{CB} = (\Delta \mathrm{DB} + \Delta \mathrm{FB} + \Delta \mathrm{AB})\frac{c}{1-c} \quad (2.16)$$

式中，c 为消费乘数，计算公式如下：

$$c = \frac{\sum_i y_i}{\sum_j n_j} \quad (2.17)$$

2.1.3 测度港口经济贡献的投入产出法

通过收集港口与经济活动的相关数据，构建投入产出模型，用此模型进行必要的相关计算，得出港口产业对社会经济的贡献度。我国从 1987 年起，全国 30 个省（区、市）（香港、澳门、台湾、西藏数据未列）开始与国家同步编制投入产出表，并且每五年编制一次，即每逢 2、7 年份编制投入产出基准表，导致利用该方法对产业贡献的分析时间跨度较大。因此，本书将基于 2014 年由国家统计局发布的《中国 2012 年投入产出表》进行计算。

1. 港口产业的投入产出表

借鉴多位专家学者的研究结论，港口产业的经济活动主要包括港口生产、港口服务、港口管理与港口建设等。而根据《国民经济行业分类》规定，港口产业主要属于水上运输业、仓储业、道路运输业、铁路运输业和建筑业[39]，如表 2.3 所示。

第2章 港口产业与区域经济的多维关联性分析

表2.3 港口产业活动及其隶属经济部门

港口产业活动	具体范围	隶属经济部门
港口生产	装卸、堆存、调度、理货、拖驳等	水上运输业
港口服务	仓储、配送、船代、货代、集疏运等	仓储业、水上运输业、道路运输业、铁路运输业
港口管理	海关、海事等	源于港口而生，故隶属于水上运输业
港口建设	维护、规划、设计、勘察、建设等	建筑业

因此，本书在对港口产业进行投入产出分析的过程中，将以上提及的水上运输、仓储业、道路运输业、铁路运输业、建筑业等港口相关产业从139个国民经济部门中分离出来，重新划分定义为港口建筑业、港口运输服务业，形成了五类产业及所属经济部门，如表2.4所示。

表2.4 五类产业及所属经济部门

产业	所属经济部门
第一产业	农产品；林产品；畜牧产品；渔产品；农、林、牧、渔服务
第二产业	煤炭采选产品；石油和天然气开采产品；……；建筑装饰和其他建筑服务等97个经济部门
第三产业	批发和零售；铁路运输；……；公共管理和社会组织等37个经济部门
港口建筑业	房屋建筑；土木工程建筑；建筑安装；建筑装饰和其他建筑服务
港口运输服务业	铁路运输；道路运输；水上运输；仓储

设139个部门投入产出表中间使用流量矩阵为$M_{139\times139}$，最终使用流量矩阵为$L_{139\times3}$，最初投入流量矩阵为$F_{3\times139}$；而五类产业投入产出表中间使用流量矩阵为$M'_{5\times5}$，最终使用流量矩阵为$L'_{5\times3}$，最初投入流量矩阵为$F'_{3\times5}$，产业转换系数矩阵为$R_{5\times139}$。故有

$$M'_{5\times5} = R_{5\times139} M_{139\times139} R^{\mathrm{T}}_{139\times5} \quad (2.18)$$

$$L'_{5\times3} = R_{5\times139} L_{139\times3} \quad (2.19)$$

$$F'_{3\times5} = F_{3\times139} R^{\mathrm{T}}_{139\times5} \quad (2.20)$$

再将港口运输服务业与港口建筑业合并定义为港口产业，最终形成四类经济产业，因此本节主要是分析港口产业对其他经济产业的影响。

为了科学地确定上述港口建筑业和港口运输服务业在组成港口产业中所占的权重，根据德尔菲法要求，选取来自国家统计局、各省统计局等机构，代表交通运输领域、统计领域等学术、应用和管理水平的几十位专家，经过反复调查研究所得到的被业界认可和广泛使用的港口产业转换系数[40]，如表2.5所示。

表 2.5　港口产业转换系数

产业	转换系数/%
建筑业→港口建筑业	0.06
水上运输业→港口运输服务业	96.00
铁路运输业→港口运输服务业	2.00
道路运输业→港口运输服务业	8.00
仓储业→港口运输服务业	5.00

2. 港口产业的投入产出分析

1）港口产业的直接关联度

基于投入产出表和产业直接关联模型，分别计算出各产业之间的前向直接关联与后向直接关联度（表 2.6）。

表 2.6　各产业之间的直接关联度

产业部门	前向直接关联度	后向直接关联度
第一产业	0.729688891	0.414470735
第二产业	0.715494184	0.770675723
第三产业	0.529595955	0.45949745
港口产业	0.637387854	0.671443751

由此可知，港口产业的前向直接关联度大于 0.5，说明港口产业对第一产业、第二产业及第三产业的供给度较高；其后向直接关联度大于 0.5，说明港口产业对其他产业的需求较大。综合来说，港口产业与其他产业之间的关系密切，前向直接关联度与后向直接关联度均大于 0.5，说明港口产业处于中间投入型制造业，对其他产业的生产起着重要的推动作用。

2）港口产业的间接关联度

基于投入产出表和产业间接关联模型，分别计算出各产业部门之间的影响力系数与感应度系数（表 2.7）。

表 2.7　各产业的间接关联度

产业部门	影响力系数	感应度系数
第一产业	0.807678169	1.064107277
第二产业	1.280337288	0.906554237
第三产业	0.835026888	1.054991037
港口产业	1.076957655	0.974347448

港口产业的影响力系数约为 1.077，在四类产业中居第二位，说明港口产业的生产对其他产业的需求率大，对其他产业生产的影响程度较大；而港口产业的感应度系数小于 1，在四类产业中位居第三，说明港口产业的感应性较弱，对其他产业部门的需求程度小于社会平均程度，也就是说受其他部门影响较低。而产业部门的影响力系数越大，该部门越具有加工产业的性质，即其有较强的制造业性质；感应度系数越小的产业部门，越具有最终产品的性质。综上所述，港口产业的发展会在很大程度上影响到其他产业，与其他产业的发展息息相关。

3）港口产业的经济贡献度

利用投入产出表，结合乘数模型，分别计算出各产业部门的直接效益、前向乘数效益、后向乘数效益、消费乘数效益及总效益（表 2.8）。

表 2.8　各产业部门经济贡献度

产业部门	直接效益	前向乘数效益	后向乘数效益	消费乘数效益	总效益
第一产业	0.585529267	1.000000003	17.3254857	11.07129639	29.98231136
第二产业	0.229324278	1.000000004	1.275974574	1.466706374	3.972005231
第三产业	0.540502551	1.000000002	3.102589046	2.718259351	7.36135095
港口产业	0.328556244	0.999999997	186.3646146	109.8834054	297.5765762

根据上述数据中港口产业的经济贡献度计算其比例，如表 2.9 所示。

表 2.9　港口产业各类别经济贡献比例

项目	直接效益	前向乘数效益	后向乘数效益	消费乘数效益
港口产业效益	0.328556244	0.999999997	186.3646146	109.8834054
港口产业效益比例/%	0.11	0.34	62.63	36.93

由以上计算结果可知，港口产业每增加 1 单位的产值，可为社会经济带来约 297.577 个单位的收益，而这些效益大部分来自港口产业的间接效益。与其他三大产业相比，港口产业的效益远远大于其他产业，说明港口相关业对于社会经济的发展起着重要的推动作用。

2.2　港口产业与经济发展互动影响因素

2.2.1　相关文献综述

1. 国内外研究现状

国内外专家学者关于港口问题的研究，已经从仅关注港口内部的运营、生产、调度等问题，提升为从产业经济与区域整体联系的角度，对港口产业和腹地经济之间的影响因素进行综合分析。

Deng 等[41]使用结构方程建模工具软件建立结构方程模型,分析了港口与港口之间的关系,指出港口需求量对港口起到至关重要的作用,同时港口供应也扮演着重要角色。Bottasso 等[42]指出港口对当地国内生产总值产生不小的影响,而这个巨大的影响发生在港口所在地区之外,表明港口辐射范围和影响延伸较远。

中国学者也将港口与国民经济互动等相关问题作为研究热点之一。戴金山[43]结合结构方程模型(structural equation modeling, SEM)和计算软件,对港口的物流能力、绩效和竞争优势之间的关系进行分析研究[44-46]。

陈再齐等[47]通过适当选取若干城市经济指标和港口经济指标,选取 18 个城市经济指标和 25 个港口经济指标,以广州港为例,系统全面地分析广州港经济情况,采用相关分析与回归分析计算方法定量化地研究广州港与广州经济发展之间的互动关系。

徐惠蓉[48]分析港口、港口城市和腹地经济三个主体之间的复杂关系,指出港口贸易对所在城市的发展、周边地区的政治经济格局的演变,商品贸易网络以及交通运输线路等多个方面均具有一定的推动作用。给出结论:以内外贸易为纽带,港口将与周边地区、内陆省份之间形成"互补互动"的密切联系。

郎宇等[49]分析了区域经济一体化的主要动力构成与成因分析,提出"四力"概念,即区域经济与生产力发展作为根本原动力,区域外向型建设需求作为内在推动力,世界经济全球化作为外在推动力,区域竞争力与要素集聚力持续提升作为综合推动力。并总结了港口腹地区域阶段性协同演进、演化规律。

祝勇等[50]从协整分析和格兰杰因果关系的角度分析了泰州港口物流增长会对泰州市经济增长起到促进作用。陈志良[51]利用向量自回归模型、格兰杰因果检验和脉冲响应得出集装箱吞吐量对经济增长的贡献比全部货物吞吐量的贡献更加明显的研究结论。熊勇清等[52]利用格兰杰因果检验、Johansen 协整检验和面板数据回归模型,分析了海上丝绸之路上港口与港口城市的互动发展机制,其研究结果表明:港口物流与港口城市经济之间存在长期的、平稳变化的紧密联系。因此,发展和促进重点港口城市经济发展与港口物流发展意义重大。郭建科等[53]认为揭示港城交互作用是港口城市研究中的难点问题之一,因此通过脉冲响应函数对港城驱动模式进行系统分析,对于港城关系内在机理的认识做出了有益尝试。

2. 国内外研究现状评述

总体上看,国内外对港口产业与区域经济之间互动关系的研究已经较为深入,认可港口产业的重要作用。目前利用计量经济学的相关方法展开研究主要集中在结构方程模型和协整分析两个方面。从模型的建立到计量方法的运用均得到快速发展,尤其在"港腹关系""港口发展进程""港口演化规律"等方面都取得了重要的研究成果。

但是仍然存在一定问题,例如:对复杂经济活动模拟不足,对港口与腹地所形成的复杂经济活动抽象不足,影响因素辨识较为有限,无法全面体现经济元素的分布和层面。因此,本书将从经济状况、工业状况、交通状况以及对外贸易状况等四个主要方面研究港口与腹地经济之间的宏观影响因素,通过向量自回归模型和脉冲响应函数分析港口物流与区域经济发展的动态相关性。

2.2.2 相关基础理论

向量自回归(vector autoregression,VAR)模型是在数据统计性质上建立的模型。

模型构造的机理为:将系统中的内生变量作为系统中所有内生变量滞后值的函数,从而将单变量自回归的模型推广到由多元时间序列组成的向量自回归模型。该模型的一般表达式为

$$y_t = A_1 y_{t-1} + A_2 y_{t-2} + \cdots + A_p y_{t-p} + Bx_t + \varepsilon_t, \quad t=1,2,\cdots,T \quad (2.21)$$

式中,y_t 是 k 维的内生变量;x_t 是 d 维的外生变量;p 是滞后阶数;T 是样本个数;$k \times k$ 维矩阵 $A_1, A_2, \cdots, A_p$ 和 $k \times d$ 维矩阵 B 是要被估计的系数矩阵,ε_t 是 k 维扰动变量,它们相互之间同期相关,但是不与自己的滞后值相关,也跟等式右边的变量不相关。

上述的 VAR 模型可以通过 EViews 软件系统提供的相关工具完成模型参数的确定、检验、计算等一系列工作。EViews 是一款基于 Windows 平台的复杂数据分析、回归以及预测的工具。

2.2.3 港口与腹地互动影响的动态分析

通过向量自回归模型、格兰杰因果检验、脉冲响应函数,分析港口物流与区域经济发展的互动相关性。具体过程如下:使用 EViews 计量经济学软件,分析港口货物吞吐量、集装箱吞吐量和区域经济之间的潜在联系,将这些指标的数据进行 VAR 建模和格兰杰因果检验了解三个指标之间的因果关系;之后通过脉冲响应分析,观察当其中一个指标受到冲击后对其他指标的影响;最后的方差分析,更加准确地计算了每个指标真正的贡献率大小及指标之间潜在的相互影响与推动关系。

1. 动态相关性分析过程

1) 港口与区域经济指标选择

能够体现港口发展指标的数据很多,按指标重要性原则,此处选用港口货物吞吐量(port cargo throughput, PCT)以及集装箱吞吐量(port container handling, PCH)作为港口的分析指标,因这两个指标最能体现港口发展的现状。而在区域经济方面选择了该区域的 GDP 作为经济量化指标。上述指标的数据可以从各省(区、市)的统计年鉴中获取。某港口城市的数据参见表 2.10。

表 2.10　1996～2016 年某港口货物吞吐量与港口城市 GDP 数据

年份	PCT/万 t	PCH/万 TEU	GDP/亿元
1996	5321	7.9	316.42
1997	5850	12.5	463.51
1998	6853	16	602.65
1999	7638	20.2	750.91
2000	8220	25.7	897.43
2001	8707	35.3	973.44
2002	9660	60.1	1041.74
2003	11547	90.2	1144.57
2004	12852	121.3	1312.68
2005	15398	185.9	1500.34
2006	18543	277.2	2158.04
2007	22586	400.5	2449.31
2008	26881	520.8	2449.31
2009	30969	706.8	2874.44
2010	34519	935	3435
2011	36185	1084.6	3964.05
2012	38384	1042	4329.3
2013	41217	1300.4	5163
2014	43339	1451.2	6059.24
2015	45300	1567	6582.2
2016	49600	1677.4	7100

为了消除异方差以及数据之间的波动，使用 EViews 6.0 软件先将数据转化为自然对数。先将数据导入 EViews 6.0，数据集命名为 PCT、PCH、GDP，使用 genr series $y=\log(x)$ 语句对数据进行自然对数处理，形成新的数据集 LNPCT、LNPCH、LNGDP。

2）单位根检验

在模型实践应用中遇到的一些经济数据大都是非平稳的时间序列。这些时间序列的一些数字特征都是随着时间变化而变化的，因此难以通过序列值的信息去掌握时间序列整体上的随机性。如港口的吞吐量是没有一定时间规律的，存在较大的随机性。为了防止伪回归现象的出现，首先要将一个非平稳时间序列通过某种方法转换为一个平稳序列，对本算例中的数据可以通过差分运算得到一个平稳的单整序列。

使用单位根的检验方法增广迪基-富勒检验（augmented Dickey-Fuller test, ADF），通过在回归方程右边加入因变量 y_t 的滞后差分项来控制高阶序列相关。在 ADF 检验中有以下两个问题：①为回归定义合理的滞后阶数；②选择常数形式还是线性时间趋势。同时采用赤池信息量准则（Akaike information criterion, AIC）来判断检验滞后阶数，用 Mackinnon 临界值来确定是否有单位根。单位根检验结果列入表 2.11。

表 2.11 单位根检验结果

差分形式	变量	ADF	趋势	准则	滞后阶数	5%临界值	检验P值	检验结果
水平值	GDP	-3.527132	T&I	AIC	1	-3.673616	0.065	不平稳
水平值	PCH	0.985297	T&I	AIC	0	-3.658446	0.9996	不平稳
水平值	PCT	-1.821260	T&I	AIC	1	-3.673616	0.9916	不平稳
一阶差分	GDP	-3.632406	T&I	AIC	1	-3.690814	0.0554	不平稳
一阶差分	PCH	-2.690829	T&I	AIC	0	-3.673616	0.2502	不平稳
一阶差分	PCT	-2.12018	I	AIC	0	-3.673616	0.503	不平稳
二阶差分	GDP	-4.711969	I	AIC	1	-3.052169	0.002	平稳
二阶差分	PCH	-4.451754	I	AIC	1	-3.052169	0.0033	平稳
二阶差分	PCT	-4.929994	I	AIC	0	-3.040391	0.0011	平稳

注：T（trend）代表序列含趋势项；I（intercept）代表序列含截距项；T&I 代表含趋势项和截距项；I 代表仅含截距项。

从表 2.11 的检验结果可以看出，原数据以及其一阶差分的 ADF 统计值都大于 5%检验水平的临界值，因此接受原假设，说明它们都存在单位根，是非平稳序列。但是经过二阶差分之后，得到的数据在 5%检验水平下，都是拒绝原假设，达到平稳。由此可知三个变量都是二阶单整序列，之间存在可能的协整关系。

3）基于 VAR 的模型分析

在二阶差分的条件下，该港口指标和区域经济指标之间可以满足相应的协整检验条件，需要通过 Johansen 方法对时间序列进行进一步的协整分析。

在此之前先要确定 VAR 模型。对 LNGDP、LNPCT、LNPCH 进行估计向量回归模型之前，先要通过 AIC、施瓦兹准则（Schwartz criterion, SC）、汉南-奎因（Hannan-Quinn, HQ）准则等信息准则确定 VAR 的滞后阶数，如图 2.4 所示。

Lag	LogL	LR	FPE	AIC	SC	HQ
0	-0.819673	NA	0.000300	0.402071	0.551193	0.427308
1	84.40277	134.5617*	1.00e-07*	-7.621344*	-7.024856*	-7.520394*
2	88.89489	5.674261	1.76e-07	-7.146830	-6.102977	-6.970169

* indicates lag order selected by the criterion
LR: sequential modified LR test statistic (each test at 5% level)
FPE: Final prediction error
AIC: Akaike information criterion
SC: Schwarz information criterion
HQ: Hannan-Quinn information criterion

图 2.4 确认 VAR 的滞后阶数

在上述运算结果图中可以看出，AIC、SC、HQ 准则等信息准则都在滞后阶数为 1 的那一栏数据上出现"*"图标，由此确定 VAR 的滞后阶数为 1。在 EViews 输入内生变量和外生变量，根据之前的数据建立 VAR(1)的模型，如图 2.5 所示。

	LNGDP	LNPCT	LNPCH
LNGDP(-1)	0.612965 (0.11160) [5.49233]	-0.052337 (0.05301) [-0.98725]	-0.105268 (0.16244) [-0.64806]
LNPCT(-1)	0.467376 (0.21780) [2.14588]	0.561920 (0.10346) [5.43134]	-0.689716 (0.31700) [-2.17574]
LNPCH(-1)	-0.026815 (0.08331) [-0.32187]	0.198224 (0.03957) [5.00901]	1.284628 (0.12126) [10.5944]
C	-1.368748 (1.51486) [-0.90355]	3.746851 (0.71958) [5.20700]	6.302980 (2.20483) [2.85872]
R-squared	0.994096	0.998227	0.996997
Adj. R-squared	0.992989	0.997895	0.996434
Sum sq. resids	0.079219	0.017875	0.167816
S.E. equation	0.070365	0.033424	0.102413
F-statistic	898.0652	3002.666	1770.690
Log likelihood	26.93395	41.82216	19.42741
Akaike AIC	-2.293395	-3.782216	-1.542741
Schwarz SC	-2.094248	-3.583069	-1.343594
Mean dependent	7.614638	9.844852	5.409018
S.D. dependent	0.840385	0.728423	1.715004

Determinant resid covariance (dof adj.)	5.36E-08
Determinant resid covariance	2.74E-08
Log likelihood	88.98345
Akaike information criterion	-7.698345
Schwarz criterion	-7.100906

图 2.5　VAR(1)模型结果图

如图 2.5 所示，建立三个指标的 VAR(1)模型，即

LNGDP=0.612865 LNGDP(-1)+0.467376 LNPCT(-1)-0.026815 LNPCH(-1)-1.368748
　　　（0.11160）　　　　　（0.21780）　　　　　（0.08331）　　　　　（1.151486）
　　　R^2=0.994　s.e.=0.070　logL=26.933　　　　　　　　　　　　　　　　　（2.22）

LNPCT=0.561920 LNPCT(-1)-0.052337 LNGDP(-1)+0.198224 LNPCH(-1)+3.746851
　　　（0.10346）　　　　　（0.5301）　　　　　　（0.03957）　　　　　（0.71958）
　　　R^2=0.998　s.e.=0.0334　logL=41.816　　　　　　　　　　　　　　　　　（2.23）

LNPCH=1.284628 LNPCH(-1)-0.105268 LNGDP(-1)-0.689716 LNPCT(-1)+6.302980
　　　（0.12126）　　　　　（0.16244）　　　　　（0.31700）　　　　　（2.20483）
　　　R^2=0.997　s.e.=0.102　logL=19.427　　　　　　　　　　　　　　　　　（2.24）

4）模型稳定性检验

VAR 模型稳定的充分必要条件是"模型所有特征方程根都要在单位圆以内或者特征值都要小于 1"。运用 EViews 软件计算 AR 特征多项式的特征根图，如图 2.6 所示，模型的单位根都在圆形图内，说明该模型很稳定。

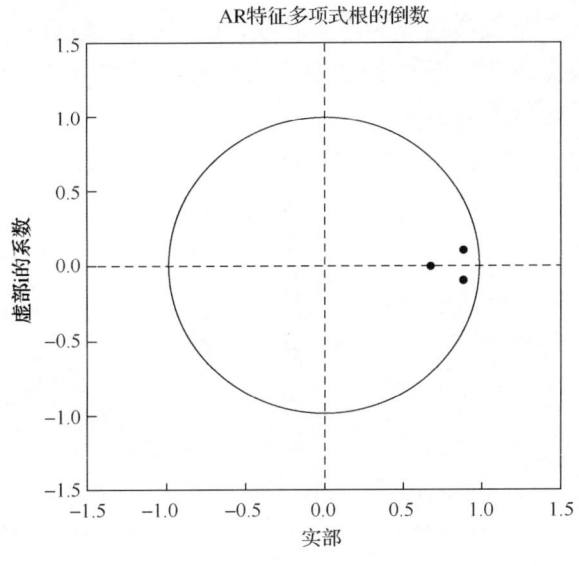

图 2.6　特征根检验

5）格兰杰因果检验

VAR 模型另一个较为重要的应用就是分析经济时间序列变量之间的因果关系。如果一个变量受到其他变量的滞后影响，则它们之间具有格兰杰因果关系。格兰杰因果检验的结果如图 2.7 所示。

```
Pairwise Granger Causality Tests
Date: 06/17/15   Time: 21:29
Sample: 1993 2013
Lags: 1

Null Hypothesis:                          Obs   F-Statistic   Prob.

LNPCH does not Granger Cause LNGDP        20    4.54057       0.0480
LNGDP does not Granger Cause LNPCH              2.41804       0.1384

LNPCT does not Granger Cause LNGDP        20    10.5615       0.0047
LNGDP does not Granger Cause LNPCT              3.5E-07       0.9995

LNPCT does not Granger Cause LNPCH        20    7.51957       0.0139
LNPCH does not Granger Cause LNPCT              24.1515       0.0001
```

图 2.7　格兰杰因果检验结果

从图 2.7 中可以看出，LNPCH 和 LNPCT 之间存在着双向因果关系。

同时，LNPCH、LNPCT 与 LNGDP 之间分别存在单向的因果关系。因此，在 5% 的显著水平下，港口货物吞吐量和集装箱吞吐量都是区域经济增长的格兰杰原因，反之则不成立。

6）脉冲响应分析

通过在模型的扰动项中添加一个标准差的冲击，并观察这一冲击对内生变量当前值以及未来几个阶段所造成的影响和取值的变化。采用广义脉冲函数进行脉冲响应分析的结果见图 2.8。图中虚线表示的是两倍标准误差后的走势，实线表示各变量受到冲击后正常的走势。

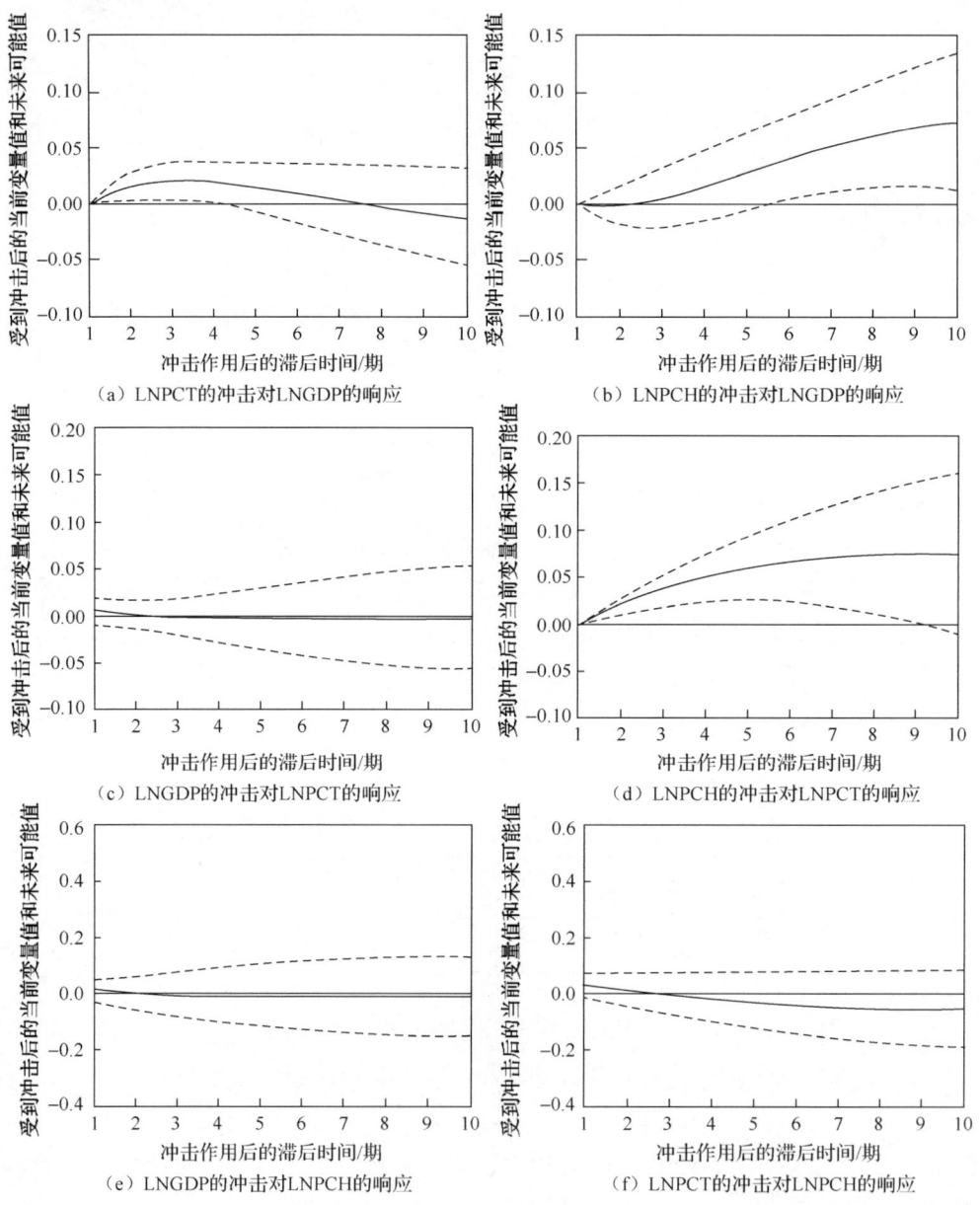

图 2.8 港城关系的脉冲响应结果图

(1) LNGDP 的脉冲响应结果。

港口货物吞吐量在本期受到 GDP 的正冲击之后，在第 3 期的时候达到最大值，而从第 3 期之后开始保持稳定的下降，到第 8 期的时候变为负值，说明当该港口的货物吞吐量受到冲击之后能给当地的区域经济造成一个正向的增长，但是这一增长的幅度不大，而且持续时间较短。如果给集装箱吞吐量一个冲击之后，区域经济经过短时间的下降，从第 2 期开始迅速增加，并且增加的速度在不断地增快，但是从第 7 期开始放缓。

(2) LNPCT 的脉冲响应结果。

本期的区域经济 GDP 受到冲击后，对港口货物吞吐量的影响微乎其微，基本就在本来的水平上徘徊；但与之相反的是，当集装箱货物受到冲击后，港口货物吞吐量也开始迅速的增加，这样的同向冲击持续到第 8 期，之后开始慢慢加速放缓。

(3) LNPCH 的脉冲响应结果。

本期的区域经济 GDP 受到冲击后，对港口集装箱吞吐量不会造成本质的影响。而当港口货物吞吐量增加时，将造成集装箱吞吐量的负向减少。说明港口货物的增多会对集装箱货物造成不好的影响，使集装箱货物减少。

7) 方差分析

与脉冲响应函数不同的是方差分析计算每一个结构对内生变量变化的贡献度，评价不同变量对结构冲击重要性的不同。从图 2.9 中可以看出，到了第 10 期左右，集装箱吞吐量对区域经济的贡献率达到 62%左右，而港口货物的吞吐量对区域经济的贡献率在第 4 期的时候达到最大，接近于 11%，表明集装箱吞吐量对经济发展具有绝对的推动力和贡献率。

除此以外，集装箱吞吐量对港口货物吞吐量具有重要的影响，从图 2.9 中不难发现，集装箱吞吐量在第 4 期和第 5 期达到最高，对港口货物吞吐量的贡献率达到 83%左右，可以说在港口货物中占绝对的比重，表明发展集装箱港口是未来港口发展的主要趋势。

2. 互动影响因素结果分析

1) 港口物流主要因素对区域经济发展影响分析

从 VAR 计量结果可知，该港口的货物及集装箱吞吐量与区域经济增长之间相互影响，且呈现长期稳定的动态线性关系。从港口物流对区域经济影响的角度分析，集装箱吞吐量对区域经济的发展具有绝对的贡献率以及良好的促进作用；相比于港口货物吞吐量，前者对经济增长所产生的影响力差异较大，作用的实效也基本不同。港口货物吞吐量对经济增长的影响正在不断地减弱，而港口集装箱吞吐量对经济的正向作用正在增强。因此，需顺应现代港口发展的内在规律，加强国际集装箱业务，大力发展多式联运，提高港口及航运效率。

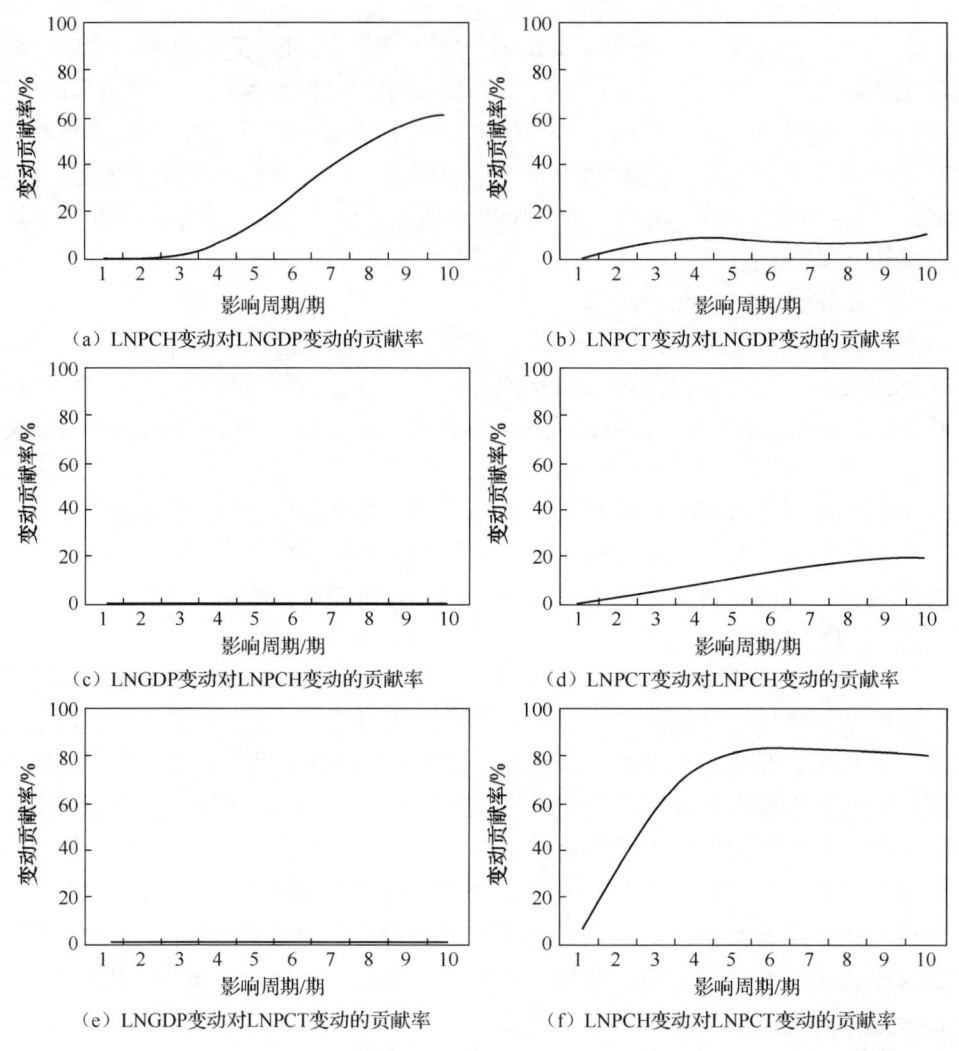

图 2.9　方差分析结果图

2）区域经济对港口物流发展影响分析

从上述分析结果可知，区域经济的发展水平和临港产业聚集，以及相关的政策都会给港口的发展带来极其重要的影响。不仅如此，区域经济的发展还影响港口的集装箱操作量和集装箱班轮的密度。如果区域经济发展得越好，则货物资源的转运就会越多，但是根据脉冲响应的结果可知，这些都是缓慢的影响，并不会在短期内快速见效，需要多周期的动态分析。

2.3　港口产业与区域经济的时空关联测算

基于 1.2.4 节和 2.2 节的影响因素分析，本节选择典型的区域经济指标以及港口发展的影响因素指标，采用灰色关联度分析方法，对港口物流与区域经济之间的协同发展关系进行进一步探讨。

2.3.1　相关文献综述

1. 国内外研究现状

Cho[54]指出许多国家正试图通过港口成为连接全球贸易的物流中心并在竞相建造集装箱港口，从国家的宏观层面分析集装箱港口的物流服务成本与腹地区域交通量之间的动态关系。

Merkel[55]分析了欧洲主要港口区域之间的差异程度，利用 2000～2014 年五个欧洲港口区域的 92 个港口空间依赖模型，发现主要港口区域呈现出竞争和互补共存的态势。

Roh 等[56]阐述东盟港口群与东盟各国政府在发展港口方面开展的相关工作，认为港口当局应在社会、经济和环保等方面寻找有效地港口管理方法，实现港口的可持续发展。此外，还讨论了越南港口面临的挑战、机遇和管理问题。

Akhavan[57]指出许多建筑学、城市规划学、交通学、地理学、经济学、社会学等领域的学者从不同的角度对港口城市进行了研究；并以迪拜港为例，收集 1900～2010 年的数据，研究迪拜港口与城市之间的相互关系，认为迪拜可能会显示出港口城市发展的特定模式，受内部因素（石油收入和政府战略）以及外部因素（区域和全球力量）的共同影响。

Estrada 等[58]提出一组港口绩效分析指标，建立"港口效率绩效模型（port efficiency performance, PEP）"，将"国际贸易趋势动态变化""技术发展"作为影响港口绩效的因素，认为生产力水平、货物扩张、技术变化等指标对港口的边际生产率的增长和港口货物吞吐量具有直接影响。

孙建平等[59]提取出港口业与经济增长之间的关联因子，建立评估两者关系的协调度指标体系，采用主成分分析法和多指标线性组合计算中国港口业与经济增长之间的综合性指标。

冯烽等[60]采用基于松弛测量的数据包络分析（slacks-based measure data envelopment analysis, SBM-DEA）模型测算我国港口企业的运营效率，SBM-DEA 模型通过将松弛变量引入目标函数解决传统 DEA 模型因忽略松弛变量信息造成效率估计的偏误问题。研究结论认为中国港口上市公司整体的运营效率较好，影响着物流业的发展速度和国民经济的健康发展。

黄晗等[61]采用网络分析法（analytic network process, ANP）评价港口的绿色竞争力，构建在受到国民经济、资源和环境约束条件下的绿色港口竞争力评价指标体系，并采用 Super Decisions 软件对港口竞争力进行定量评价。

李振波等[62]运用灰色关联度分析方法对港口经济与港口城市两者间的关联性进行实证分析，从定量结果中可知宁波这一港口城市的工业产值、贸易进出口总额、保险保费收入和批发零售额等经济指标数据与宁波港存在较大的关联度。

王燕等[63]采用链式网络数据包络分析模型对我国 17 家上市港口公司的总体效率进行测算。其研究表明区位优势对港口效率的推动作用最大，腹地经济水平、交通运输条件、人才素质和信息化水平等因素也在不同程度上促进了港口效率的提升。

冯晖[64]研究长江港口与城市发展的互动关系，并以泰州港为案例进行了全面阐述，提出沿江港口与城市互动发展的提升策略与建议。

陈继红等[65]提出沿海铁矿石港口作为我国铁矿石运输物流供应链中的重要节点，对国民经济发展发挥着重要作用，并运用层次分析法（analytic hierarchy process, AHP）确定沿海铁矿石港口物流发展绩效评估指标体系的权重，对我国 12 个沿海港口的绩效进行了评价。

2. 国内外研究现状评述

很多研究港口物流与区域经济关系的学术成果都是使用回归方法、数据包络分析、层次分析评价方法等，但这些方法均需要大量的数据才能得出相对可靠的结论。本节的研究对象分别是港口产业与区域经济，两者的差异性较大，各自的指标迥异，且各指标的统计数据有限。因此，这些方法和模型都对此不太适用。而灰色系统理论可解决关于研究对象所得数据少，对研究对象认知经验少等问题。因此，本书采用灰色关联度分析方法对港口与区域经济协同发展关系做更进一步的探究，以定量刻画两者的互动关系。

2.3.2 相关基础理论

灰色系统理论、概率统计和模糊数学是当今最常用的三种不确定性系统的研究方法。其中，"灰色系统"是华中科技大学邓聚龙教授在 1981 年首次提出的。他发表的《灰色控制系统（第二版）》[66]给灰色系统理论奠定了基础。而在此之前，英国科学家 Ashby 曾经提出"黑箱"概念，并以此来描述内部结构、参数等信息全部未知，只能从对象的外部、运动因果关系和信息输入输出的关系来探究的一类对象[67]。这个"黑箱"概念不断发展演进，最终演进出了灰色系统的概念。灰色系统改善了"黑箱"理论不能充分发挥已有信息作用的弊端，使分析结果更加准确。灰色系统理论目前已经得到了非常广泛的应用，例如农业、生物防治、地质、科技发展等多个包含未知因素的领域，并且大部分应用都取得了令人满意的成果。

灰色系统针对的研究对象是具有不确定性的问题。针对研究对象的研究经验较少甚至为零，并且没有大量数据能够在散乱的数据中生成灰色序列来寻求现实规律。邓氏关联度实质是把无限空间转化为有限空间，连续转化为离散，再利用位移差和斜率来得出关联度。灰色关联度分析方法是邓氏关联度分析法中最具有代表性的方法之一。灰色关联度分析方法不受变量等的限制，是一种依据现有系统中各个因素间的发展形态趋势的异同程度来分析这些因素之间的关联程度的方法。灰色关联度分析方法适用于研究港口与区域经济发展的关系，分别抽取港口和相应腹地区域具有代表性的指标数据，并对这些指标数据进行静态和动态关联分析、空间多维关联分析、时间多维关联分析，可从分析结果中深入探讨两者之间的互动关联。

2.3.3 基于灰色关联度的时空多维关联算法

港口物流与区域经济，这两者几乎是完全不同的对象，所以各自能选取的指标也完全不一样。因此，选取灰色关联度分析方法，从时间和空间两个维度对港口产业与腹地经济两者之间的关系进行分析，分别是空间关联测度、时间关联测度，力求对港口物流与区域经济协同发展作一个全面的研究。

1. 灰色关联度分析方法

1) 关联指标的选择

参考 1.2.4 节中港口与区域经济指标集合，进一步根据指标的代表性、数据可获得性和数据真实性的选取原则，本节选取了港口货物吞吐量（万t）、港口集装箱吞吐量（万TEU）和港口营业总收入（亿元）三项指标来完成关联分析。在区域经济的调查中，通过查阅各省（区、市）的年度公报与国家统计数据，本着代表性、真实性与可查阅性的指标选取原则，选出地区生产总值（亿元）、地区工业增加值（亿元）、社会消费品零售总额（亿元）、地区货物进出口总额（亿美元）、地区客运量（万人）和地区货运量（万t）等六项指标作为港口物流与区域经济协同发展研究中的区域经济代表指标。

2) 参考序列和比较序列的确定

由于灰色关联度分析方法是以序列间的比较和计算得出关联度的，所以首先要确定算法的参考序列和比较序列。

针对本次港口区域经济协同发展的研究分析，选取港口的货物吞吐量、集装箱吞吐量和港口营业总收入三项指标作为参考序列，而港口腹地省（区、市）的六项经济指标数据作为比较序列，则能得出 n 维度参考数列 $x_0=\{x_0(1), x_0(2), x_0(3),\cdots,x_0(n)\}$ 和 n 维比较序列 $x_i=\{x_i(1), x_i(2), x_i(3),\cdots,x_i(n)\}$，$i=1,2,\cdots,m$。$x_0(n)$ 表示某港口第 n 年的港口货物吞吐量、港口集装箱吞吐量或港口营业总收入，$x_i(n)$ 表示某港口腹地省市第 n 年的第 i 个指标要素的值，因此 x_0 有 3 个序列，x_i 有 6 个序列，$m=6$。

3）原始数据无量纲化处理方法

本次研究选取了港口和区域共 9 项（3+6）指标，每一项指标的单位、数值范围等都不一样，即量纲不一致、数量级不一致。因此在正式进行灰色关联度分析之前，必须先对这些原始数据进行无量纲化处理，消除指标的量纲影响，这样才能使这些数据具有可比性，研究分析具有客观性。

数据的无量纲化处理方法有很多种，大体上可分为三种，分别是直线型、折线型和曲线型无量纲化方法。其中，直线型无量纲化方法又分为均值标准化法（简称均值法）、阈值法和比重法三种方法；折线型无量纲化方法分为三折线型、凸折线型和凹折线型三种方法；曲线型无量纲化方法分为升半正态型、升半柯西型和升半凹凸型三种方法。本书采用均值法对原始序列数据进行无量纲化处理（式(2.27)）。

4）基于灰色关联度分析的计算步骤

比较序列对参考序列的关联度可通过式（2.25）得出：

$$r(x_0,x_i)=\frac{1}{n}\sum_{k=1}^{n}r(x_0(k),x_i(k)) \quad (2.25)$$

关联系数可以通过式（2.26）计算得出：

$$r(x_0(k),x_i(k))=\frac{\min\limits_{i}\min\limits_{k}|x_0(k)-x_i(k)|+\ell\max\limits_{i}\max\limits_{k}|x_0(k)-x_i(k)|}{|x_0(k)-x_i(k)|+\ell\max\limits_{i}\max\limits_{k}|x_0(k)-x_i(k)|} \quad (2.26)$$

式中，$\ell\in(0,+\infty)$ 为分辨系数，一般取值 0.5，之后的计算中取 $\ell=0.5$。

整个计算过程一共分为七个步骤。

步骤一，根据均值法计算每个序列初始值的无量纲化结果

$$X_i'=\frac{X_i}{\frac{1}{n}\sum_{i=1}^{n}X_i(n)}=(x_i'(1),x_i'(2),x_i'(3),\cdots,x_i'(n)) \quad (2.27)$$

步骤二，求差序列

$$\Delta_{ji}(k)=|x_j'(k)-x_i'(k)|$$

$$\Delta_{ji}=(\Delta_{ji}(1),\Delta_{ji}(2),\Delta_{ji}(3),\cdots,\Delta_{ji}(n)),\quad i=1,2,\cdots,6;j=1,2,3 \quad (2.28)$$

步骤三，求序列两极的最大差和最小差，记作：

$$M_j=\max_{i}\max_{k}\Delta_{ji}(k) \quad (2.29)$$

$$m_j=\min_{i}\min_{k}\Delta_{ji}(k) \quad (2.30)$$

步骤四，求不同时刻的关联系数

$$r_{ji}(k) = r(x_j(k), x_i(k)) = \frac{m_j + \ell M_j}{\Delta_{ji}(k) + \ell M_j}, \quad k=1,2,3,\cdots,n; i=1,2,\cdots,6; j=1,2,3 \quad (2.31)$$

步骤五，计算各港口指标与区域经济指标的港口指标关联度

$$r_{ji} = r(x_j, x_i) = \frac{1}{n}\sum_{k=1}^{n} r(x_j(k), x_i(k)) = \frac{1}{n}\sum_{k=1}^{n} r_{ji}(k), \quad j=1,2,3; i=1,2,\cdots,6 \quad (2.32)$$

假设代表港口产业的三项指标有同等分量的重要性，区域经济的六项指标有同样的重要性，因此在步骤六和步骤七中均分配一样的权重。

步骤六，计算区域指标关联度

$$r_i = \frac{1}{3}\sum_{j=1}^{3} r_{ji}, \quad i=1,2,\cdots,6 \quad (2.33)$$

步骤七，计算对象间的综合关联度

$$R = \frac{1}{m}\sum_{i=1}^{m} r_i, \quad i=1,2,\cdots,6 \quad (2.34)$$

式（2.32）和式（2.34）中，r_{ji}、r_i、R 分别为港口各项指标与每项区域经济指标的港口指标关联度、港口与每项区域经济指标的区域指标关联度、港口与各个区域经济的综合关联度，并且这三个指标均在[0,1]范围内，值越接近 1，则关联度越大，反之则关联度越小。

5）时空多维关联分析方法

（1）海陆互动的时间关联测度。

同步关联：针对港口与单一腹地城市、省份的原始数据的绝对值，同步分析对应的港口与区域的关联度，分析海陆的当期互动协调程度。

同步关联度的计算公式为

$$r_{ji}(k,k) = \frac{1}{n}\sum_{k=1}^{n} r(x_0(k), x_i(k)) = \frac{1}{n}\sum_{k=1}^{n} r_{ji}(k) \quad (2.35)$$

先行关联：建立港口与区域经济指标之间的先行时序关联度测度，依据结果分析"陆对海的推动作用"。区域经济发展对港口的运输服务需求增加，但由于港口的设施建设需要一定的时间周期，在建设周期结束后，港口的发展效果才能通过港口的各项指标体现出来，故可能出现某些区域经济指标先行于港口发展的现象。

先行关联度的计算公式为

$$r_{ji}(k+t, k) = \frac{1}{n}\sum_{k=1}^{n} r(x_j(k+t), x_i(k)) \quad (2.36)$$

滞后关联：利用港口指标数据与区域指标数据，建立两者之间的滞后 t 期的时序关联测度，并依据所得到的测度结果，分析"海对陆的拉动效应"，即港口建

设发展对陆地区域经济的拉动发展。例如，港口某年基础设施的建设投入并不能立刻拉动区域经济的发展，陆地区域需要把相应基础建设如区域交通网络等加以完善、扩大发展才能与港口的设施建设形成更加无缝的紧密连接，充分利用港口资源带动经济发展。

滞后关联度的计算公式为

$$r_{ji}(k,k+t) = \frac{1}{n}\sum_{k=1}^{n} r(x_j(k), x_i(k+t)) \tag{2.37}$$

（2）海陆互动的空间关联测度。

空间低维关联测度。从空间低维的研究角度出发，利用港口与临港城市的经济指标数据做灰色关联度计算分析，研究港口与其辐射城市之间的港城关联度。对不同城市的分析结果进行对比，寻找它们的异同之处并进一步探讨成因。

空间高维关联测度。从空间高维的研究角度出发，针对港口与其对应的辐射省份的经济指标数据，研究港口与辐射省份的港区关联度，结合省份的经济、产业结构和政策等因素，探讨不同省份经济的发展与港口关联程度的相似、相异之处。

2. 港口与区域经济协同发展分析实例

港口研究对象选择辽宁港口群内的枢纽港——大连港，而区域对象则选择大连港的直接腹地——辽宁省、吉林省、黑龙江省和内蒙古自治区，以及这四个省份内的省会城市和大连港所在城市，包括：沈阳市、哈尔滨市、长春市、呼和浩特市和大连市。

1）港口物流与区域经济数据来源

所有指标数据均通过中国港口统计年鉴、国家统计局官方网站和各省市统计年鉴查阅获取。其中，大连港的港口数据和省级经济数据选取的时间跨度为2004～2015年，而市级经济数据的时间跨度为2007～2015年。

2）港口与区域经济协同发展的横向分析

通过计算大连港与辐射腹地的协同关联性，得到以下计算结果。

（1）港口与其辐射城市的空间低维关联度。

静态关联度。观察表2.12可以发现，大连港与区域城市多个典型城市的港城关联度都较高，都在0.69以上。这说明大连港与区域城市的港城经济协同发展程度高。区域各项经济指标与大连港的关联度对比可发现，总体上区域的GDP、社会消费品零售总额这两项指标与大连港的吞吐量指标关联度高，其次分别是进出口总额、工业增加值、货运量、客运量。因此，应继续保持并加大经济发展对港口的影响程度，完善区域与港口的交通接驳设施建设，使港口与区域的发展结合成一个更加紧密的整体。

表 2.12　空间低维的同步区域指标关联度和综合关联度

指标	大连	沈阳	长春	哈尔滨	呼和浩特
GDP	0.775	0.776	0.797	0.800	0.863
工业增加值	0.756	0.734	0.775	0.632	0.875
社会消费品零售总额	0.794	0.781	0.796	0.793	0.864
进出口总额	0.770	0.733	0.710	0.801	0.769
客运量	0.500	0.527	0.663	0.675	0.555
货运量	0.693	0.606	0.607	0.617	0.834
综合关联度	0.715	0.693	0.725	0.720	0.793

动态关联度。表 2.13 为五个典型城市与港口的动态综合关联度矩阵，可从滞后与先行共 12 期的指标中发现关联度随时间的变动趋势（图 2.10）。

表 2.13　空间低维的动态综合关联度

时间	大连	沈阳	长春	哈尔滨	呼和浩特
滞后 1 期	0.884	0.899	0.878	0.890	0.812
滞后 2 期	0.888	0.902	0.882	0.895	0.815
滞后 3 期	0.885	0.901	0.882	0.887	0.807
滞后 4 期	0.876	0.887	0.888	0.878	0.805
滞后 5 期	0.867	0.879	0.877	0.867	0.837
滞后 6 期	0.876	0.883	0.870	0.866	0.804
先行 1 期	0.722	0.661	0.868	0.723	0.735
先行 2 期	0.693	0.650	0.872	0.730	0.706
先行 3 期	0.689	0.630	0.868	0.688	0.707
先行 4 期	0.646	0.689	0.860	0.709	0.744
先行 5 期	0.665	0.752	0.862	0.688	0.757
先行 6 期	0.640	0.680	0.843	0.666	0.654

表 2.13 中，各区域的滞后综合关联度大体上呈现先增大后减小的变化趋势。大连市、沈阳市、长春市、哈尔滨市和呼和浩特市与大连港关联度最大的时期分别出现在滞后 2 期、滞后 2 期、滞后 4 期、滞后 2 期和滞后 5 期。这种现象表明，港口的建设投入需要经过一定的时期才能通过区域的经济指标增长显现出来。区域需要发展建设与港口相符的硬件、软件设施才能充分利用港口资源。对于滞后的时期越短则港口资源的空置浪费的情况就越少。

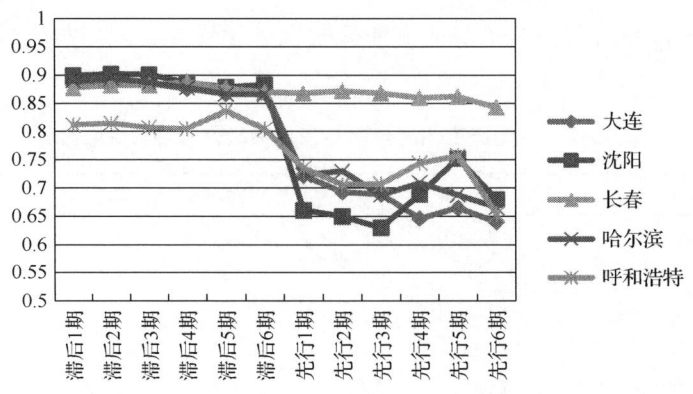

图 2.10 空间低维的动态综合关联度趋势图

比较表 2.13 中的先行综合关联度，大连市、沈阳市、长春市、哈尔滨市和呼和浩特市与大连港关联度最大的时期分别出现在先行 1 期、先行 5 期、先行 2 期、先行 2 期、先行 5 期。这表明区域经济的发展对港口的发展有推动作用，但区域对港口的建设投入需要经过一定的时间才能通过港口的各项指标表现出来。

（2）港口与其辐射省份的空间高维关联度。

静态关联度。从表 2.14 中可以看到东北三省与内蒙古自治区分别和大连港三个指标的同步综合关联度。观察可得，与大连港的区域指标关联度最大的是社会消费品零售总额，其次是 GDP、进出口总额、工业增加值、货运量、客运量。与低维分析结果类似，再次印证区域经济指标与港口产业的关联度都较高，对大连港的建设发展影响较大，应该继续保持。

从表 2.14 中最后一行的综合关联度可得，四省与大连港的综合关联度均超过了 0.7（辽宁 0.751、黑龙江 0.714、吉林 0.777、内蒙古 0.772），表明大连港与东北腹地的发展具有较强的关联度，港口与区域经济发展的关联度大小和区域的产业结构密不可分。大连港占据腹地外贸集装箱的主要份额，例如，大连港的港口运输服务给吉林省与内蒙古自治区的石油化学工业和能源工业的发展提供了强有力的支持，对吉林省汽车工业的发展起到了促进作用，推动了黑龙江省的矿业、原油资源的运输，促进了四省份的经济增长。

表 2.14 空间高维的同步区域指标关联度和综合关联度

指标	辽宁省	黑龙江省	吉林省	内蒙古自治区
GDP	0.781	0.826	0.839	0.823
工业增加值	0.765	0.757	0.810	0.775
社会消费品零售总额	0.789	0.829	0.846	0.842
进出口总额	0.774	0.749	0.807	0.803
客运量	0.627	0.542	0.664	0.560
货运量	0.768	0.583	0.696	0.829
综合关联度	0.751	0.714	0.777	0.772

动态关联度。观察表 2.15 的滞后和先行关联度，变化趋势参见图 2.11。

在滞后 n 期的动态综合关联度中，四个省份与大连港的最大综合关联度均出现在滞后 1 期。这说明以省份为单位，港口的建设投入运营后，东北三省与内蒙古自治区在总体上均能快速地充分利用港口资源，在短期内迅速发展相关产业与港口设施顺利对接。

先行 n 期的动态综合关联度普遍比滞后 n 期的综合关联度低，说明港口对区域经济的拉动作用更强。同时，辽宁和吉林与大连港口的先行关联度最大值均出现在先行 1 期，表明区域经济对港口发展的促进作用在短期内即可出现明显成效。

表 2.15　空间高维的动态综合关联度

时间	辽宁省	黑龙江省	吉林省	内蒙古自治区
滞后 1 期	0.778	0.736	0.803	0.794
滞后 2 期	0.759	0.713	0.794	0.779
滞后 3 期	0.737	0.706	0.786	0.781
滞后 4 期	0.728	0.727	0.773	0.789
滞后 5 期	0.752	0.679	0.783	0.779
滞后 6 期	0.745	0.660	0.770	0.767
先行 1 期	0.753	0.713	0.777	0.763
先行 2 期	0.735	0.699	0.704	0.748
先行 3 期	0.727	0.706	0.721	0.748
先行 4 期	0.692	0.662	0.693	0.771
先行 5 期	0.681	0.705	0.712	0.776
先行 6 期	0.696	0.748	0.723	0.751

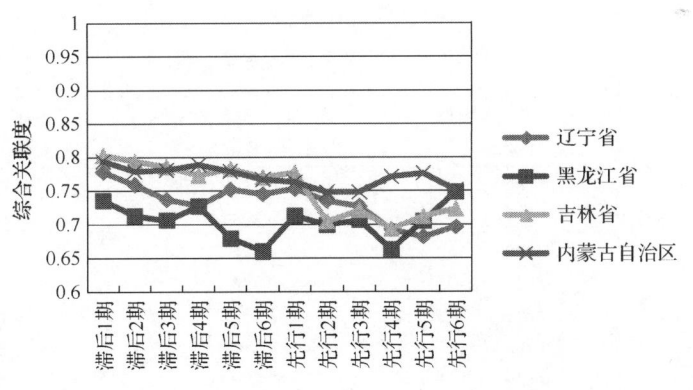

图 2.11　空间高维的动态综合关联度趋势图

3. 港口与区域经济协同发展的纵向分析

1）静态港口指标关联度分析

表 2.16 为大连市的各项经济指标分别与港口三项指标计算所得的关联度。可

以发现，货物吞吐量与区域进出口总额、集装箱吞吐量与社会消费品零售总额、营业总收入与社会消费品零售总额这三个港口指标关联度最高，指标之间存在着最密切的关联度。社会消费品零售总额与港口的集装箱吞吐量、营业总收入均有十分密切的关联度。良好的水运服务拉动了区域经济发展，区域经济发展所形成的巨大运输服务需求又推动了港口的建设。

表 2.16 大连市与港口的同步港口指标关联度

指标	GDP	工业增加值	社会消费品零售总额	进出口总额	客运量	货运量
货物吞吐量	0.731	0.710	0.684	0.839	0.458	0.679
集装箱吞吐量	0.834	0.806	0.890	0.740	0.477	0.686
营业总收入	0.761	0.753	0.807	0.732	0.565	0.716

2）动态港口指标关联度分析

从表 2.17 可知，货物吞吐量与进出口总额、集装箱吞吐量与社会消费品零售总额、港口营业总收入与社会消费品零售总额三个港口指标关联度都是滞后 n 期比先行 n 期的关联度高，说明港口对区域经济的拉动作用比区域经济发展对港口建设的推动作用要强。在滞后 n 期的关联度中，三者的最高关联度分别出现在滞后 1 期、滞后 2 期和滞后 1 期；先行 n 期的关联度中，三者的最高关联度均出现在先行 1 期；同期关联度虽然不是最高的，但都在 0.8 以上。表明目前大连港口的物流资源可以满足腹地经济的运输需求。港口的发展建设在投入后，区域内企业经过 1~2 年的时间进行调整将跟上港口建设的脚步，进出口总额和消费品零售总额会得到较大提升。

表 2.17 动态的港口指标关联度

时间	大连市进出口总额与货物吞吐量	大连市社会消费品零售总额与集装箱吞吐量	大连市社会消费品零售总额与港口营业总收入
滞后 1 期	0.860	0.886	0.866
滞后 2 期	0.854	0.896	0.805
滞后 3 期	0.800	0.876	0.812
滞后 4 期	0.815	0.834	0.804
滞后 5 期	0.811	0.774	0.841
滞后 6 期	0.782	0.818	0.803
同期	0.839	0.890	0.807
先行 1 期	0.857	0.880	0.809
先行 2 期	0.798	0.852	0.779
先行 3 期	0.742	0.849	0.788
先行 4 期	0.685	0.770	0.719
先行 5 期	0.684	0.690	0.720
先行 6 期	0.583	0.704	0.592

3）动态区域关联度分析

如表 2.18 所示，选取大连市的社会消费品零售总额与 GDP 这两项与大连港关联度最高的区域指标为例计算得出动态区域关联度。大连市的社会消费品零售总额、GDP 与大连港的动态区域关联度最高分别出现在滞后 6 期和滞后 2 期。同时，大连市经济指标与大连港的滞后 n 期综合关联度比同期的综合关联度高，最高的关联度出现在滞后 6 期。这些数据结果均说明总体上存在一定程度的港口能力过剩，需要加快行业发展速度，充分利用大连港的资源与服务，避免港口资源的浪费。

表 2.18 动态区域关联度与动态综合关联度

时间	大连市的社会消费品零售总额与大连港的动态区域关联度	大连市的 GDP 与大连港的动态区域关联度	大连市经济指标与大连港的动态综合关联度
滞后 1 期	0.840	0.818	0.749
滞后 2 期	0.837	0.882	0.734
滞后 3 期	0.833	0.819	0.726
滞后 4 期	0.833	0.795	0.725
滞后 5 期	0.835	0.798	0.735
滞后 6 期	0.861	0.837	0.769
同期	0.794	0.775	0.715
先行 1 期	0.795	0.793	0.722
先行 2 期	0.760	0.757	0.693
先行 3 期	0.766	0.755	0.689
先行 4 期	0.703	0.714	0.646
先行 5 期	0.660	0.653	0.665
先行 6 期	0.633	0.624	0.640

综上，本节选取大连港及其主要辐射区域省（区、市）的经济指标数据为分析实例，从时间和空间两大角度出发，对数据分别进行静态和动态的关联度分析。其中，时间关联测度有同步数据分析港城互动协调程度、滞后数据时序分析港口对区域经济的带动作用、先行数据时序分析区域经济对港口发展的推动作用。空间关联测度从与城市的低维关联到与省份的高维关联进行分析。从分析结果中看，城市的产业结构对港口与城市的关联度有较大影响，港口的发展建设与区域的经济发展有相互促进作用。可结合以上的分析结果对港口与城市的发展规划提出有针对性的意见与建议。

2.4 基于模糊聚类的港城匹配分析

通过 2.3 节中对时空关联度测算的分析可知港口产业与区域经济具有较强的关联性，进一步还应深入研究两者发展是否平衡协同。本节将对多个港口与其腹地区域经济分别进行聚类分析，通过聚类结果分析港城发展匹配度，并根据聚类结果有针对性地对港口以及区域经济发展提出建议对策。

2.4.1 相关文献综述

1. 国内外研究现状

Monios 等[68]将港口城市和港口中心物流作为研究对象，其研究结果表明，要从区域的角度来协调全社会的物流活动，以港口为中心的物流需要更好地与城市货运和城市物流相协调，所得结论对港口和城市规划者与决策者均具有一定的指导作用。

Chen 等[69]在考虑产业转移和生产容量限制的条件下，针对海上丝绸之路沿线港口集群形成的问题建立非线性规划模型，数值分析表明印度尼赫鲁港和新加坡港可作为"一带一路"沿线的枢纽港，港口群的增长将有利于制造业和社会福利的提高。

Zhang 等[70]指出港口与产业集群之间的关系是复杂的，港口运营的中断对临港产业集群会带来巨大的经济损失，建立了评估由港口中断带来产业集群经济损失的系统研究框架，并以深圳港及其相关制造业为例进行了实证研究。

Zhang 等[71]研究港口群演化理论的发展，认为随着时间的推移，港口对海洋产业集群的发展发挥着重要作用。伦敦是国际航运服务中心，香港是大型国际中转港口，因此以伦敦和香港为案例，表明先进的海事服务、船舶保险、船舶金融以及其他海事服务产业是促进和保障海运业集群动态发展的重要组成部分。

付义等[72]指出根据腹地经济制定发展规划是港口建设和运营的依据，并将聚类分析引入引力模型，提高了港口腹地划分模型的精度。

陈梦[73]以我国 17 家港口上市企业为研究对象，选用 21 个具有代表性的财务指标，采用系统聚类分析法对这些港口进行了分类，对该结果及其原因进行了深入分析并提出针对性的发展策略。

叶潇潇等[74]以促进港口自身发展和港口城市发展为目标，采用聚类分析的方法评价长江三角洲港口群内 13 个港口的可持续发展能力，并将上海港和宁波-舟山港划分为第一梯队，认为这些港口的可持续发展能力相对最高。

韩时琳等[75]以环长株潭城市群为例得出"构建与城市群发展水平相适应的港

口结构可有效促进城市群的发展",并将基尼系数、区位商和聚类分析三种方法相结合把环长株潭城市群港口分为城市群核心港口和地区重要港口两大类。

2. 国内外研究现状评述

港口与区域经济发展之间的互动关系变得越来越明显,已成为当前业界研究的热点。国内外的大量研究表明针对某个国家或者地区内的多个港口进行布局和定位,采用聚类方法是一种有效的分析技术。根据研究的需要可以将港口分为三类或者四类,作为分析港口竞争力水平和差异化的重要依据。但为了制定与港口发展相协同的城市建设规划,不仅应对港口进行聚类,也需要同时对港口所在腹地进行聚类,通过比对两者的分类结果,辨识两者发展阶段的匹配情况。

2.4.2 相关基础理论

1. 模糊 c 均值聚类算法背景

1966 年由 R. E. Bellman、R. Kakaba 和 L. A. Zadeh 首次提出了以模糊集为基础来处理聚类,因此,出现了模糊 c 均值(fuzzy c-means, FCM)聚类算法。该算法是在非监督模式识别中广泛应用的算法之一[76]。FCM 聚类算法是对 c 均值算法的改进,普通的 c 均值算法对数据的划分是硬性的,而 FCM 聚类算法是柔性的模糊划分。FCM 聚类算法可以将大量数据进行有效的划分,被划分到同一簇的对象之间相似度较高,而不同簇的则相似度较低。

2. 主要参数的确定

由于 FCM 聚类算法是极小化目标函数之后来求出最优解,因此在目标函数中有两个重要参数的设计(即初始聚类数 c 和加权指数 m),要通过这两个参数的确定才能得到跟数据集合结构相匹配的划分结果。

1)关于初始聚类数目 c 的选择

(1)如果已经给定了数据集,并且已知有聚类结构,则需要通过算法来确定这个结构,而很多的聚类算法需要事先规定数据集的聚类数,如果选取了不合适的聚类数,就会让划分结果和数据集的真正结构出现不匹配的现象,从而导致聚类的失败。在本节中适用基于数据集的模糊划分,这类方法的前提是一个能较好分类的数据集比较分明。因此,模糊划分的模糊性越小,聚类的结果就更准确。

(2)对于初始聚类数目 c 还可以结合实际问题背景而确定。例如根据 1.2.1 节将港口分为枢纽港、干线港、喂给港等三种基本类型,如果按照这一背景,则可将初始聚类数目 c 设为 3。而本节是对港口与城市同时聚类,为了细化匹配度并结合港口城市以及港口的特性,将初始聚类数目 c 设为 5,更为简单直观且运算量少，加快聚类的速度，提高聚类结论的可解释性。

2）关于加权指数 m 的选择

Bezdek[77]引入加权指数 m，参数 m 又被称为平滑因子，控制模式在模糊类间的分享程度，如果要实现模糊聚类就一定要选择一个合适的 m 值[78]。Bzedek 给出过一个经验范围是 $1.1 \leqslant m \leqslant 5$，之后从物理解释上得出了 $m=2$ 最有意义，而从算法收敛角度建议 m 的取值要与样本数目 n 相关，m 的取值应该大于 $n/(n-2)$。

因此在本节中，结合实验检验沿用 Bezdek 的研究结果，将加权指数即平滑因子选作 2，对港口和区域经济数据进行聚类。

3. FCM 聚类算法具体分析

FCM 聚类算法是 Dunn 依据 Ruspini 定义的集合模糊划分概念，将 c-均值聚类算法扩展到了模糊的情形，但是如果不给隶属度 μ_{ij} 乘一个权重则推广无效①。而最简单和最直接的方法就是将 μ_{ij} 变成 μ_{ij}^2，以下是经过 Dunn 得出，并由 Bezdek 进行推广之后的一般情形。模糊聚类问题可以表示成数学规划的问题，先将 n 个向量分成 c 个模糊的组，然后求出每个组的聚类中心，使得非相似性的指标价值函数达到最小。

FCM 聚类算法的价值函数的一般形式：

$$\min(U,c) = \sum_{i=1}^{c}\sum_{j=1}^{n}\mu_{ij}^m d_{ij}^2 \tag{2.38}$$

式中，d_{ij}^2 表示数据点 j 与聚类中心 i 的欧几里得距离；U 表示隶属度矩阵，U 在 0~1 范围内。

一个数据集隶属度的总和等于 1：

$$\sum_{i=1}^{c}\mu_{ij} = 1, \quad 1 \leqslant j \leqslant n \tag{2.39}$$

在初始化隶属度矩阵要求：

$$0 < \sum_{j=1}^{n}\mu_{ij} < n, \quad \mu_{ij} \in [0,1]; \quad 1 \leqslant j \leqslant n; \quad 1 \leqslant i \leqslant c \tag{2.40}$$

这里 m 就是权重因子（$m>1$），Bezdek 给出了如下的算法来解决上面的数学规划问题。

用值在 (0,1) 的随机数初始化隶属度矩阵，让其满足上述隶属度的约束条件。

步骤 1 用式（2.41）计算 c 个聚类中心。

---

① Dunn J C. A fuzzy relative of the ISODATA process and its use in detecting compact well-separated clusters[J]. Journal of Cybernetics, 1973, 3(3): 32-57.

$$c^{(k)} = \frac{\sum_{j=1}^{n} \mu_{ij}^{m}(k) x_j}{\sum_{j=1}^{n} \mu_{ij}^{m}(k)} \tag{2.41}$$

如果存在 j, r，使得 $d_{rj}(k)=0$，则令：$\mu_{ij}(k)=1$ 且 $i \neq r$，$\mu_{ij}(k)=0$。

步骤 2 使用式（2.42）更新隶属度矩阵。

如果 $\forall j, r, d_{rj}(k)>0$，则有

$$\mu_{ij} = \frac{1}{\sum_{r=1}^{c} \left(\frac{d_{ij}(k)}{d_{rj}(k)} \right)^{\frac{2}{m-1}}} \tag{2.42}$$

步骤 3 计算价值函数。如果它相对于上次价值函数值的改变量小于某个阈值，则算法停止，或者迭代的次数大于设定次数，则也停止算法。

步骤 4 如果未达到上述限制条件，则算法继续回到步骤 1，进行迭代。

2.4.3 港城协同性的聚类分析

我国港口和区域经济之间已经形成相互依存、互补互利的有机整体，如何让这种关系高效且可持续地发展下去成为关键。但当前，在港口发展与区域经济发展过程中存在一定的不协调问题，因此研究两者之间的关系有着重大的意义。

通过选取港口指标以及区域经济指标，应用模糊聚类算法对不同城市与不同港口进行分类分析，从分类结果中分析港口与港口城市之间的匹配度，并为不同港口与城市发展提出相关举措建议。

1. 选取指标数据与研究对象

参考 1.2.4 节中的指标集合，选取 4 维港口指标，包括：港口货物吞吐量（万 t）、集装箱吞吐量（万 TEU）、港口码头长度（m）和泊位数量（个）作为构建港口聚类的统计指标。在城市经济运行中，总需求和总供给是城市最基本的经济总量，因此选择：地区生产总值（亿元）、第一产业总值（亿元）、第二产业总值（亿元）、第三产业总值（亿元）、人均生产总值（元）、城镇居民人均可支配收入（元）6 个指标作为城市划分的依据。

本次研究从众多港口中选取了五大港口群内 32 个典型港口城市进行分析，分别是：宁波市、舟山市、上海市、天津市、广州市、苏州市、青岛市、唐山市、大连市、营口市、日照市、秦皇岛市、深圳市、烟台市、南通市、南京市、连云港、厦门市、湛江市、黄骅市、泰州市、镇江市、重庆市、福州市、江阴市、丹东市、嘉兴市、泉州市、岳阳市、杭州市、汕头市与珠海市。通过查阅 2015 年全

国各省（区、市）统计年鉴和中国港口统计年鉴，选取各地区域经济数据和各地区港口统计数据。

2. 基于聚类分析的港城匹配算法实现

算法的程序是通过 Eclipse 实现的，使用的数据库为 SQL Server 2008，程序主界面如图 2.12 所示。将原始指标数据导入数据库中，并在界面中显示区域经济指标数据和港口指标原始数据。分别输入区域经济的样本数 32 和样本维度 6，以及港口的样本数 31 和样本维度 4，之后点击"数据标准化"按钮，完成区域经济数据标准化和港口指标数据标准化。然后，确定各类参数，参考前面研究的结论，$m=2$，因此加权指数为 2；希望将 32 个研究对象分为 5 类，因此分类数目 $c=5$；设置最大循环次数。当程序停止运行后，查看输出的聚类结果并记录，如表 2.19 所示。

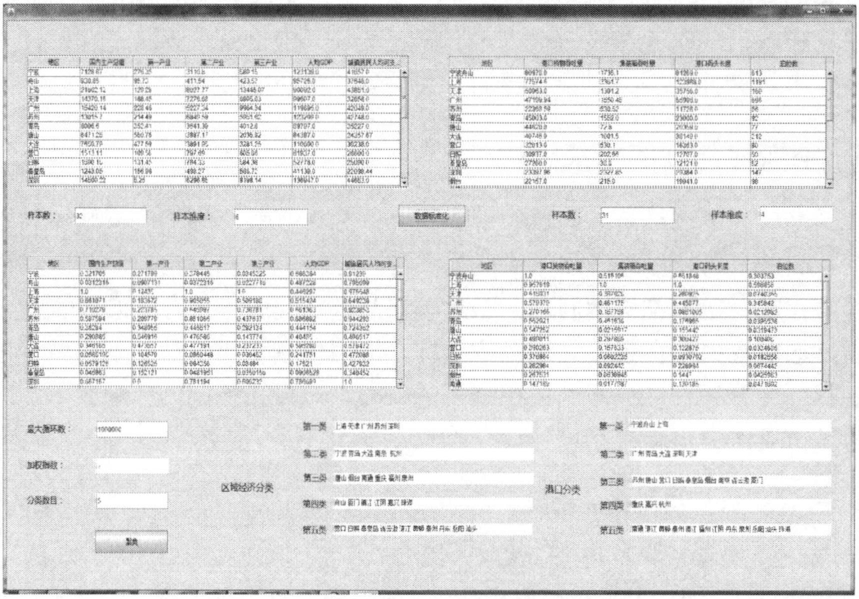

图 2.12　基于聚类分析的港城匹配算法主程序界面

表 2.19　区域经济与港口聚类的结果

类别	区域经济聚类结果	港口聚类结果
第一类	上海、天津、广州、苏州、深圳	宁波-舟山、上海
第二类	宁波、青岛、大连、南京、杭州	广州、青岛、大连、深圳、天津
第三类	唐山、烟台、南通、重庆、福州、泉州	苏州、唐山、营口、日照、秦皇岛、烟台、南京、连云港、厦门
第四类	舟山、厦门、镇江、江阴、嘉兴、珠海	重庆、嘉兴、杭州
第五类	营口、日照、秦皇岛、连云港、湛江、黄骅、泰州、丹东、岳阳、汕头	南通、湛江、黄骅、泰州、镇江、福州、江阴、丹东、泉州、岳阳、汕头、珠海

3. 基于聚类分析的港口互动协同分析

港城关系是港口城市发展中一条重要的主线，在上述港城关系研究中，通过聚类分析出港城的规模关系，而这正是港口和城市非常重要的综合性特征。

1）港城同步——协同发展

所属城市：上海、青岛、大连、深圳、广州、天津、唐山、烟台。

城市的规模与港口规模相对均衡，这类城市的"港口城市"特征较为显著，港口与城市相互依托。对此类城市，提升其口岸作用，合理化产业结构，重视口岸城市以及腹地外向型产业的发展。同时充分利用地缘优势，发展周边产品，让适合地域特色产业、产业链及产业集群共同发展，强化地方经济结构。由于港口与城市发展均衡，因此这类港口的规划与发展必须与地区发展相同步，地区的规划布局需同时进行港口建设评估。

2）港大城小——以港促城

所属城市：营口、日照、秦皇岛、厦门、连云港。

这类城市港口的规模高于城市的规模。在港城相互关系中港口对城市的推动力较强，港口是城市中较为关键和优势的部门，港口为城市的发展提供了机会与空间。由于港口在城市发展中占到一定的比重，对区域经济的发展有推动作用，因此城市仍要投入较多的资金对港口发展进行持续的规划，不能让港口的发展受限于城市经济的发展。这类城市经常会出现区域经济发展与港口发展不协调的现象，港口发展快而区域经济发展慢。因此在港口发展的同时必须兼顾区域经济的发展，为城市的发展提供更多的机会和空间。通过港口这个天然的渠道进行内陆腹地之间的互动发展，强化城市在广大周边区域的门户作用。

3）港小城大——以城促港

所属城市：苏州、南通、重庆、福州、泉州、杭州、南京。

这类城市的规模高于港口的规模。在港城相互关系中城市对港口的推动作用较强，城市的自运行能力以及组织结构都较为完善，且综合了较多行业部门，对港口的依赖度较小。由于城市发展规模较为完善，因此可以将港口这个天然的优势加入城市发展规划，以城促港。港口是连接海内外经济的关键节点，港口产业可以为城市发展开辟一个新的发展方向。港口作为具有显著关联效应的复合型产业，能够为城市进一步发展提供更多的机会和推动力，例如相应的就业机会，改善城市环境，促进其他行业的共同发展。而原本健全的城市发展体系，更是为港口的发展提供了一个良好的保障。

4）港小城小——港城共促

所属城市：珠海、嘉兴、江阴、镇江、黄骅、湛江、泰州、丹东、岳阳、汕头。

港口规模和城市规模都较小，因此应以城市的发展为主线，同时重视港口产业的发展。发展港口物流相关产业，给区域经济的发展正向的冲击与拉动。城市的发展与建设，应努力提升港口的发展速度，加强与港口之间的互动，让城市的带动作用不断体现。对于区域经济发展的规划与港口的规划必须依据现有的发展现状，港口与城市发展之间的差异和不连续性需要通过各项分析进行针对性投入。

5）宁波和舟山两港组合——港城发展新趋势

从上述聚类分析中可以看出，宁波和舟山属于两个不同级别的城市，但是宁波港和舟山港的组合却是全国领先的港口，表明通过小城与大城之间港口的和谐共存，将使城市发展的优势得到充分体现。

宁波港和舟山港是浙江省港口发展的两大支柱。宁波港的集装箱吞吐量增长迅猛，表现出了较为强劲的发展势头，具有经济、科技以及管理方面的各项优势。但是由于港口和岸线的规划布局存在着一定的不合理，公用码头和业主码头的吞吐量供需不均匀，尤其是发展空间的限制，如果需要继续发展必须谋求新的扩展空间。而舟山港由于海底平坦，水深适中，水域开阔，深水的资源极其丰富，是华东沿海地区非常重要的区域性港口之一。为了加快宁波港和舟山港整体的资源开发，进一步提升港口的吞吐能力，宁波港和舟山港实现了一体化发展。这样的组合显然是成功的，不仅强化了港口的吞吐量，让港口的发展有了更广阔的空间，同时通过港口的发展带动了舟山和宁波区域经济的发展。

■ 2.5 基于系统动力学的港城协同演化仿真

本节使用系统动力学方法分析港口-经济系统中的因果关系，根据系统的因果反馈回路构造了系统流图，并确定了变量之间的关系与参数。使用 EViews 软件导入历史数据，使用线性回归模型测算出方程中所需的系数，使数据更加可靠有效。然后使用 Vensim 软件模拟前几年的港城系统，得出仿真实验结果，并与实际数据对比检验其有效性，模型通过检验后，再进行未来几年的系统仿真预测。

2.5.1 相关文献综述

1. 国内外研究现状

Hou 等[79]指出港口被视为全球网络的节点，港口的可达性是经济绩效的重要指标。将定性和定量研究相结合，分为三个主要研究部分。第一部分，在众多文献研究的基础上，讨论了三个主要因素之间的动态关系：GDP、与港口有关的运输和可持续性。第二部分在文献研究和访谈的基础上，提出了改善港口腹地可持续运输绩效的四个方案。这些方案是基于系统动力学模型的反馈以及对上海港的仿真研究所提出的。第三部分指出了这四种方案在作为以上海港为核心组建区域组合港的政策框架时的优势与局限性。

张萍[80]构建了南京市港城系统发展的系统动力模型，提出了港口和城市经济的协调度概念，并对未来十五年内南京港口与城市的发展趋势做出预测分析。

刘丽娜等[81]将投入产出法与系统动力学模型相结合，研究港口对社会经济影响的动态变化，并将其研究方法应用到港口经济系统中，为支持港口发展提出其观点与结论建议。

袁旭梅等[82]构建系统动力学的因果关系图，建立系统流图和系统动力学方程，以津冀港口群物流系统为研究对象，分析港口投资额及投资比例、集疏运比例等作为政策变量对港口群协同发展的作用。研究结果显示，这些因素将增强津冀港口群物流系统的协同效应。

刘沛[83]以港口陆路集疏运系统为研究对象，建立了港口干散货陆路集疏运环节的系统动力学互动模型，分析有哪些直接影响和间接影响因素是与港口集疏运系统具有关联的。定量计算运输方式转换措施对系统经济、环境、社会等各项指标的同步变化和综合影响，提出了针对港口干散货陆路集疏运系统发展水平评价的指标体系与评估模型。

郭振峰等[84]通过识别港口城市绿色低碳化发展的影响因素，建立了用来分析绿色低碳港口城市中港城互动关系的系统动力学因果关系图、系统流图以及系统动力学方程。研究结果显示，调整工业产业的比重为主的城市产业结构，是港城经济发展与绿色港口建设的重要措施。

张倩[85]建立河北沿海港口群资源整合的系统动力学模型，确定模型目标、变量、参数，并绘制系统模型的因果关系图、系统流图。通过对投资变量的总额、利益分配的比例等参数的优化，观察河北沿海港口群资源整合后的发展效果，指出港口群资源的整合对区域经济建设具有重要作用。

赵黎明等[86]运用系统动力学方法分析天津港对天津市的经济贡献，定量化地测算港口产业对环境保护、自然资源的影响，以及港口受到政策影响的程度，并通过基本变量模拟与政策模拟对2020年之前的天津港发展进行了趋势预测。

傅海威等[87]以港口、临港产业、外部环境三个子系统为基础，构建了港口与临港产业互动发展的系统动力学模型，对这三个互动子系统的重要因素进行灵敏度分析。研究结果表明，上海港口与临港产业发展的要素投入效率与互动效果好于其他的港城关系。

王健龙[88]指出港口群的发展演化对区域经济、国民经济及全球经济发展都具有举足轻重的意义。我国五大港口群之一的珠三角地区内约有大小港口60个，各港口建设规划和协调发展不足，通过建立系统动力学模型分析珠三角港口群形成和演化的内在机制，正确把握珠三角港口群所处的演化阶段，有利于协调多港口间的合作与资源整合。

俞海宏等[89]以长江三角洲港口群为研究对象，运用系统动力学的研究方法构建了港口群效率的系统动力学模型并进行了仿真分析，其研究认为目前阶段长江三角洲港口群及各港口的稳态效率均不会达到最优状态，需要关注采用哪些举措来调整港口群的整体效率。

2. 研究思路

通过上述的文献整理可以看出，系统动力学方法被广泛应用到研究港城关系之中，是一种非常有效的系统工程方法，尤其是分析港城系统的协同性、港城系统形成与演化机制等。

本节将选取港口货物吞吐量和国内生产总值作为表征港口产业和国民经济的典型指标，进一步分析港口产业与国民经济之间的动态关联；使用系统动力学方法动态地模拟港口与区域经济系统的结构与模式，测算各产业间的关系；并以我国某大型港口为例，深入分析港口与港口城市之间的海陆关联性。

2.5.2 相关基础理论

系统动力学（systems dynamics，SD）是最早由麻省理工学院 J. W. Forrester 教授提出的一种定性与定量相结合的，针对社会经济问题的分析方法[90]。该方法综合了控制论、信息论和决策论的研究成果，通过计算机配合运算、分析和研究信息反馈系统的结构和动态行为。系统动力学作为一种新的系统工程方法论，正逐渐渗透到各个领域。

系统动力学模型的特点主要包括：变量多，由于系统的动态性和复杂性，决定了模型存在着多个变量；定性、定量分析的结合，作为结构模型和数学模型的结合，以仿真实验为手段，以计算机为工具；可以处理多回路、非线性的时变复杂系统问题。

系统动力学模型的主要步骤如图 2.13 所示，具体描述如下。

① 分析实际系统。明确系统目标和待解决问题，收集相关的数据，确定系统的变量和输入量，确定系统行为。

② 确定系统结构。分析系统的因果关系和反馈机制，建立系统结构，分析变量及其关系，确定变量方程，确定回路和回路间的反馈。

③ 建立系统模型。根据系统结构中的变量，确定变量方程中的参数。

④ 模型检验与修正。通过系统仿真，根据仿真结果检验模型的准确性，分析接受范围外的误差以找到问题所在。

⑤ 仿真实验。修正后进行仿真实验，直到模拟结果误差缩小到可接受范围之内。

⑥ 系统分析与政策制定。为战略与决策的制定提供依据。

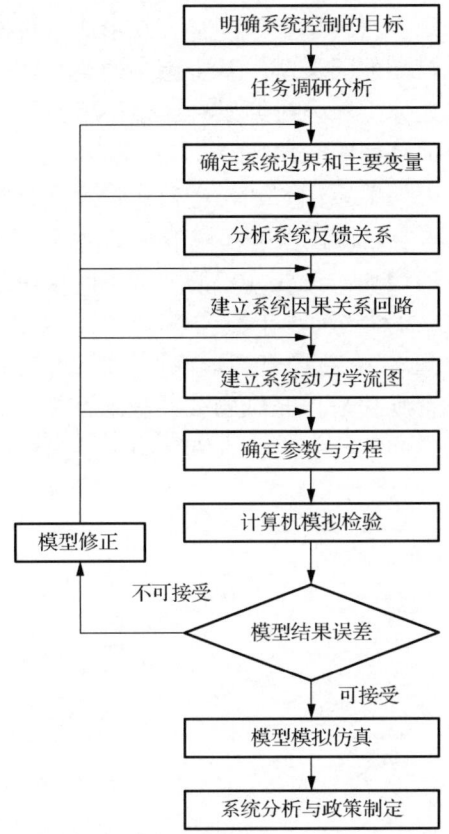

图 2.13 系统动力学模型的主要步骤

系统动力学主要是针对社会经济系统展开研究，这类系统的突出特点是：

① 系统存在决策环节。这类系统的行为总是出现在信息采集后，按某政策对其进行加工处理并做出决策。而对于复杂的系统来说，其所需的信息量是十分庞大的。

② 系统具有自律性。系统的自律性源于其内部所存在的由因果正负关系所形成的反馈系统机制。

③ 系统的非线性。系统现象中的因果关系并非单纯的线性关系，原因在于因果事件之间可能会在时间、空间上出现分离，还有因果事件本身的意外性、难以预测性等。

2.5.3 港城关联性的系统动力学分析

1. 港城关联性的系统动力学建模

1）因果关系图

因果关系图用于分析系统动力学中对象系统各因素的相互影响关系。由于因果关系具有传递性，于是多对因果关系便很容易形成一种链状关系。因果回路是一种特殊的首尾相接、封闭的因果链，基于因果的相互作用所形成的反馈回路。因果关系之间有正负极之分，原因对结果有加强作用的，记为正，反之为负。

港城经济系统因果关系如图 2.14 所示。

由港城经济系统的因果关系图可知，港口货物吞吐量的增加会直接引起港口收入的增加，港口收入的增加将直接引起城市 GDP 总量的增加。此外，港口的发展会间接引起就业岗位的增加，就业人口的增加也间接引起居民消费额的增加，从而直接影响城市 GDP 总量。而由于根据国家政策，GDP 总量的一部分作为税收缴纳于国家政府，因此 GDP 总量直接影响税收总量。相关国家部门收税以后，其中的一部分将用于添置维护港口区域的公共基础设施，而这些设施资产一定程度上能够有效地提升港口的吞吐能力，为港口的发展提供基础保障。

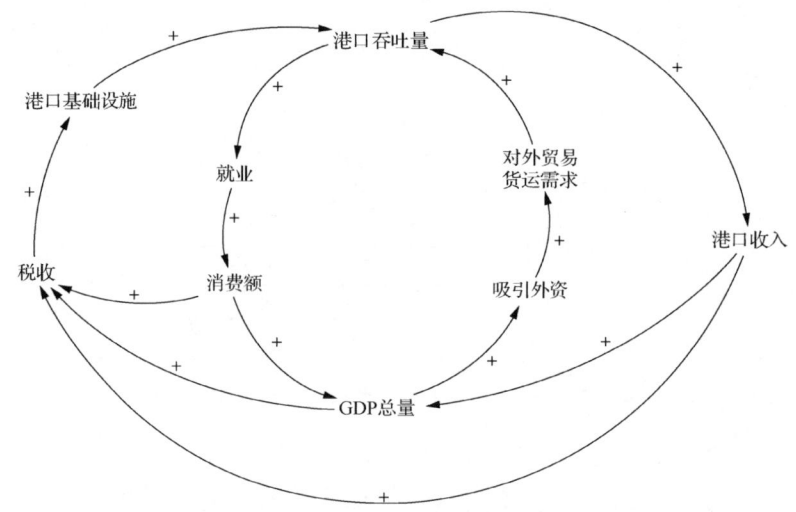

图 2.14　港城经济系统的因果关系图

2）流图

系统动力学流图通常由以下要素构成：

（1）流（flow）。通常分为实物流和信息流。

（2）状态变量（level）。它是系统的状态，是实物流的积累。

（3）速率变量（rate）。它表示系统中流的活动状态，是流的时间变化。

（4）参数（parameter）。它是系统中的各种常数，或者是一次运行中不变的量。

（5）辅助变量（auxiliary variable）。在速率变量的函数很复杂的时候，可以用辅助变量来简化速率变量的表示。

（6）源。源表示实物的来源，是系统的起点。

上述流图的相关符号如图 2.15 所示。

第 2 章 港口产业与区域经济的多维关联性分析

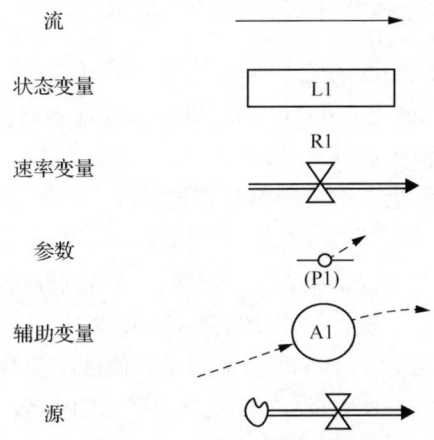

图 2.15 流图的构成要素

通过因果关系的分析，设计港城经济系统流图，如图 2.16 所示。

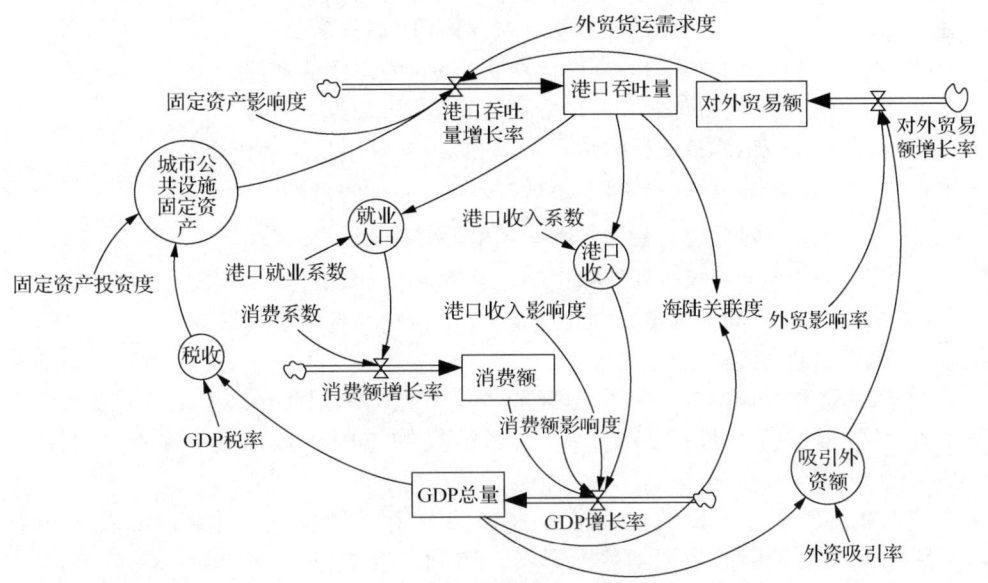

图 2.16 港城经济系统的流图

3）重要参数说明

从 1.2.4 节中的"港口产业与区域经济的典型指标"集合中，选取代表港口货类货量的指标港口货物吞吐量（单位：亿 t）；选取反映区域经济状况的 GDP 总量（单位：亿元）、社会消费品零售总额（单位：亿元），反映对外贸易额的出口贸易和进口贸易的总额（单位：亿美元）作为影响港口货物吞吐量的重要因素。

定义海陆关联度（单位：元/t）：指在地区经济系统中，1 单位的港口货物吞吐量能够为地区经济的 GDP 总量带来多少收益。

4）DYNAMO 方程

港城经济系统 DYNAMO 方程如下：

$$
\begin{aligned}
&港口货物吞吐量 = \text{INTEG}\ (+港口吞吐增长量，初始值) \\
&港口吞吐增长量 = 港口货物吞吐量增长率 \times 港口货物吞吐量 \\
&港口货物吞吐量增长率 = 城市公共设施固定资产 \times 固定资产影响度 \\
&\qquad +对外贸易额 \times 外贸货运需求度 \\
&城市公共设施固定资产 = 税收 \times 固定资产投资度 \\
&税收 = \text{GDP}总量 \times \text{GDP}税率 \\
&\text{GDP}总量 = \text{INTEG}\ (+\text{GDP}增长量，初始值) \\
&\text{GDP}增长量 = \text{GDP}增长率 \times \text{GDP}总量 \\
&\text{GDP}增长率 = 消费额 \times 消费额影响度 + 港口收入 \times 港口收入影响度 \\
&消费额 = \text{INTEG}\ (+消费额增长量，初始值) \\
&消费额增长量 = 消费额 \times 消费额增长率 \\
&消费额增长率 = 就业人口 \times 消费系数 \\
&就业人口 = 港口货物吞吐量 \times 港口就业系数 \\
&港口收入 = 港口货物吞吐量 \times 港口收入系数 \\
&对外贸易额 = \text{INTEG}\ (+对外贸易增长量，初始值) \\
&对外贸易增长量 = 对外贸易额 \times 对外贸易额增长率 \\
&对外贸易额增长率 = 吸引外资额 \times 外贸影响率 \\
&吸引外资额 = \text{GDP}总量 \times 外资吸引率 \\
&海陆关联度 = \text{GDP}增长量 / 港口货物吞吐量增长量
\end{aligned}
\qquad (2.43)
$$

5）确定方程参数

为了确定 DYNAMO 方程中出现的各类系数，利用 EViews 工具对变量近年来的相关数据进行线性回归测算，测算结果的方程系数作为系数代入上述的 DYNAMO 方程中。

根据我国某大型港口城市 2010～2016 年的相关数据进行计算，如表 2.20 所示。所用到的增长率的数据，需根据表 2.20 进一步处理。

表 2.20　2010～2016 年的相关指标数据

年份	固定资产投资/亿元	外贸交易额/亿美元	税收/亿元	GDP总量/亿元	消费额/亿元	港口收入/亿元	就业人口/万人	货物吞吐量/亿 t	吸引外资额/亿元
2010	2513.4	470.41	339.1	3858.2	1182.6	15.87	87.8	2.459	60.2
2011	3273.5	422.41	400.2	4417.7	1396.7	30.22	89.8	2.720	65.75
2012	5084.3	521.1	500.8	5158.1	1639.8	33.37	88.3	3.140	81
2013	4580.1	600.09	651	6150.1	1924.8	39.55	95	3.380	91.2
2014	5654.1	641.13	750.1	7002.8	2224	46.45	94	3.730	91.6
2015	6478.1	688.23	850	7650.8	2526.5	69.82	94.2	4.070	111.14
2016	6773.6	657.74	780.8	7655.6	2828.4	79.42	109.8	4.280	102.7

确定参数如下:

(1) 固定资产影响度和外贸货运需求度。

固定资产影响度和外贸货运需求度是指 1 单位的固定资产投资和 1 单位的外贸交易额共同作用下引起的港口货物吞吐量增长率的变化。

(2) 固定资产投资度。

固定资产投资度是指 1 单位的税收用于城市公共设施建设的固定资产投资。

(3) GDP 税率。

GDP 税率是指 1 单位的 GDP 总量可以征收到的税额。

(4) 消费额影响度和港口收入影响度。

消费额影响度和港口收入影响度是指 1 单位的消费额和 1 单位的港口收入共同作用下引起的 GDP 增长率的变化。

(5) 消费系数。

消费系数是指 1 单位的就业人口所用于消费市场的消费额增长率。

(6) 港口就业系数。

港口就业系数是指 1 单位的吞吐量带动的单位就业人口。

(7) 港口收入系数。

港口收入系数是指 1 单位的吞吐量带来的单位港口收入。

(8) 外贸影响率。

外贸影响率是指 1 单位的吸引外资额引来的外贸交易额增长率。

(9) 外资吸引率。

外资吸引率是指 1 单位的 GDP 总量能够引起的外资吸引额。

通过线性回归方程确定上述参数,如表 2.21 所示。

表 2.21 通过线性回归方程确定方程参数

序号	因变量 y	自变量 x	线性回归模型
(1)	吞吐量增长率	固定资产投资为 x_1,外贸交易额为 x_2	$y=-0.0000157 x_1+0.000300 x_2$
(2)	固定资产投资度	城市税收为 x	$y=7.989513 x$
(3)	税收额	城市 GDP 总量为 x	$y=-0.103378 x$
(4)	GDP 增长率	消费额为 x_1,港口收入为 x_2	$y=0.196513+0.000102 x_1-0.005747 x_2$
(5)	消费额	就业人口为 x	$y=0.001766 x$
(6)	就业人口	港口货物吞吐量为 x	$y=64.70301+0.001183 x$
(7)	港口收入	港口货物吞吐量为 x	$y=13.85274 x$
(8)	外贸交易额	吸引外资为 x	$y=0.000902 x$
(9)	吸引外资额	GDP 总量为 x	$y=0.014261 x$

2. 仿真结果检验与分析

1）模型结构有效性检验

为了检验运行机制对港城系统行为的影响是否正确，将港口货物吞吐量与GDP总量作为测试指标，基于2008年的港口货物吞吐量（2.005亿t）和城市GDP总量（2569.7亿元）数据，并设置三组不同的初始值（表2.22），对2008~2016年港城系统进行仿真实验，以检测模型结构的有效性。由测试结果可知，在设置不同的初始值下，港口货物吞吐量与GDP总量这两个指标的模型模拟结果趋势基本一致，故认为模型的结构有效。

表2.22 模型结构有效性检验结果

年份	港口货物吞吐量/亿t				GDP总量/亿元			
	实际值	第一组	第二组	第三组	实际值	第一组	第二组	第三组
2008	2.005	2.005	1.500	2.005	2569.7	2569.7	2569.7	3000
2009	2.19625	2.19625	1.64308	2.19625	2884.49	2884.49	2987.8	3367.5
2010	2.459	2.41267	1.80499	2.41383	3858.2	3232.48	3477.14	3773.76
2011	2.720	2.65924	1.9897	2.66333	4417.7	3618	4052.47	4223.49
2012	3.140	2.94231	2.2024	2.95198	5158.1	4046.88	4732.78	4722.79
2013	3.380	3.27009	2.45013	3.28929	6150.1	4527.32	5542.86	5279.9
2014	3.730	3.65334	2.74249	3.68797	7002.8	5071.13	6515.53	5906.3
2015	4.070	4.10645	3.09307	4.16535	7650.8	5695.84	7694.83	6618.39
2016	4.280	4.64898	3.52161	4.74547	7655.6	6428.19	9140.58	7440.4

2）模型参数有效性检验

为了检验参数的有效性，以港口货物吞吐量、GDP总量的仿真结果与实际数据进行对比检验，对比结果如表2.23所示，可知仿真结果与实际结果偏差范围不大，基本相近，认为参数通过检验，故参数有效。

表2.23 模型参数有效性检验结果

年份	港口吞吐量对比结果/亿t			GDP总量对比结果/亿元		
	仿真结果	实际港口货物吞吐量	绝对差值	仿真结果	实际GDP总量	绝对差值
2008	2.005	2.005	0.000	2569.7	2569.7	0.000
2009	2.19625	2.229	0.032	2884.49	3131	246.510
2010	2.41267	2.459	0.046	3232.48	3858.2	625.720
2011	2.65924	2.720	0.061	3618	4417.7	799.700
2012	2.94231	3.140	0.198	4046.88	5158.1	1111.220
2013	3.27009	3.380	0.110	4527.32	6150.1	1622.780
2014	3.65334	3.730	0.077	5071.13	7002.8	1931.670
2015	4.10645	4.070	0.036	5695.84	7650.8	1954.960
2016	4.64898	4.280	0.369	6428.19	7655.6	1227.410

模型参数有效性检验通过之后,再利用模型得出的GDP总量仿真值与港口货物吞吐量仿真值计算海陆关联度结果,如表2.24所示。

表2.24 海陆关联度计算结果

年份	港口货物吞吐量仿真值/亿t	GDP总量仿真值/亿元	海陆关联度仿真结果	海陆关联度实际值	海陆关联度绝对差值
2008	2.005	2569.7	1281.64589	1281.90163	0.256
2009	2.19625	2884.49	1313.37052	1404.91789	91.547
2010	2.41267	3232.48	1339.79367	1569.13942	229.346
2011	2.65924	3618	1360.5391	1624.00515	263.466
2012	2.94231	4046.88	1375.40912	1642.75932	267.350
2013	3.27009	4527.32	1384.46342	1819.55621	435.093
2014	3.65342	5071.13	1388.0805	1877.42627	489.346
2015	4.10645	5695.84	1387.04721	1879.80344	492.756
2016	4.64898	6428.19	1382.70976	1788.69159	405.982

3）仿真结果分析

模型与参数通过有效性检验后,对港城经济系统进行模拟,得出2021年之前全部的仿真结果,如表2.25所示。

表2.25 港城经济系统仿真及趋势预测

年份	吞吐量仿真结果/亿t	吞吐量仿真结果增长率/%	GDP仿真结果/亿元	GDP仿真结果增长率/亿元	海陆关联度仿真结果	海陆关联度仿真结果增长率/%
2017	6.123	15.35	8409.710	15.04	1373.439924	-0.27
2018	7.152	16.80	9841.990	17.03	1376.209533	0.20
2019	8.483	18.61	11811.900	20.02	1392.484153	1.18
2020	10.261	20.97	14708.900	24.53	1433.43436	2.94
2021	12.740	24.16	19337.800	31.47	1517.880691	5.89

根据表2.25的仿真结果可预测,2017~2021年该港口货物吞吐量将保持平稳增长,到2021年港口货物吞吐量将达到12.740亿t;城市GDP总量将增长较快,到2021年该城市GDP将达到19337.8亿元。同时,港城海陆关联度将以平均每年1.23%的速度增长,变化程度趋于水平。

本章小结

港口产业与其腹地区域是构成港口群物流系统的核心主体。
港口的规划改革应与区域经济发展相协调,才能体现港口应有的价值;而良好的区域经济发展架构也能为港口的发展提供支持和保障。因此必须协调港口与区域经济的关系，让两者相辅相成互相促进。

因此，本章全面系统地对港腹互动与海陆统筹问题进行研究。

（1）2.1 节通过投入产出法明确定位港口对区域经济所具有的突出贡献。

（2）为了进一步深入分析两者关系，在 2.2 节中通过计量经济学方法，分别得出港口产业与区域经济的宏观联系与动态影响。

（3）借鉴 2.2 节的研究结论，2.3 节选取代表港口产业与区域经济的典型影响因素，分析两者的时空多维关联性。

（4）为进一步明确港城关联发展的匹配程度，在 2.4 节中分别对城市与港口进行模糊聚类等级划分，分析两者发展的协同性。

（5）为研究港腹协同趋势的演化进程，在 2.5 节中建立系统动力学模型，对港城经济系统进行仿真与趋势预测。

第 2 部分　港口群物流系统结构

通过第 2 章相关研究结论可知，港口产业与区域经济具有紧密的联系。港口群物流系统是将某区域内的若干港口及其辐射腹地作为一个整体，因此，通过对港口群内部系统以及港口腹地布居规划等两方面研究，将对港口群物流系统结构形成全面认识，有益于对该问题的解决。

第一阶段（第 3 章）——通过港口层次划分，定位海上转运网络节点规模。将货类货量指标、港口硬件指标、腹地经济指标、创新能力指标引入能级划分中，有效区分各港口的能级梯度，并作为"港口源强"因素参与第 4 章关于港口交叉腹地物流网络的计算中。再根据港口内外能级指标对区域内多个港口进行层次聚类形成层次划分。

第二阶段（第 4 章）——将港口陆向腹地的主要城市作为物流节点，分析港口陆向腹地物流节点的分布，合理规划港口腹地布局。

本部分将以环渤海群主要港口为研究对象进行实例分析。

第 3 章

港口群内的多港口差异化定位

■ 3.1　集成化的港口群物流网络设计

我国港口产业近年来一直处于快速成长期。中国国家主席习近平在出访中亚和东南亚国家期间，先后提出共建"丝绸之路经济带"和"21世纪海上丝绸之路"（以下简称"一带一路"）的重大倡议。关于如何发展"一带一路"沿线港口现代物流的探讨成为业界热点。由港口与腹地物流节点构成的海陆统筹港口物流网络[91-92]的构建与优化将在"一带一路"倡议中居于基础地位。同时，"加快建设海洋强国"的内容被写入十九大报告，港口经济作为海洋经济的核心构成，形成海陆统筹的发展新格局成为实现海洋强国与交通强国战略的重大问题。实现上述国家战略的关键性问题是要形成海陆统筹的发展新格局，形成由沿线节点港口互联互通构成的、辐射港口城市及其腹地的网络和经济带。因此，由港口与腹地物流节点构成的海陆统筹港口物流网络的构建与优化将在"一带一路"倡议中居于基础地位。

本章基于建设现代港口、物流供应链理念、一体化集成化网络管理的思想，研究纵向（垂直）和横向（水平）两个视角，应如何构建集成化的港口群物流网络体系。

3.1.1　集成化的港口群物流网络

集成化供应链管理(integrated supply chain management, I-SCM)是供应链管理领域最具影响的发展趋势之一[93]。港口物流服务供应链是供应链的一种主要形式，包括纵向集成（垂直一体化）、横向集成（水平一体化）和供应链网络（垂直水平一体化综合体）三个方面。因此，基于港口物流服务供应链整合将形成集成化的港口群物流网络。

1. 港口群物流网络中的水平一体化

港口是资本高度密集型的基础产业，港口基础设施建设投资额度大且回收期长，一个经济地理区域内多个港口之间的同质化过度竞争，会带来运能过剩，造成浪费和损失，减弱港口群的整体竞争力。基于港口资源整合，港口物流服务供应链的横向集成可以实现港口联盟内各港口企业之间协同竞争的非零和博弈甚至正和博弈。

水平一体化的区域港口群发展模式主要是指形成"区域港口群""港口联盟"或"组合港"等。以全球性或区域性国际航运中心的港口为主体，以地区枢纽港口和支线港口为辅助，利用差异化、层次化发展战略，优化港口资源布局，促进港口资源的有效配置与合理利用，建设资源节约的绿色港口群[94]。

实现区域港口群横向一体化的方式主要包括：分工专业化、等级化定位、航线航班合作、泊位运营、战略投资、股权控制、资产重组、业务合作、协调运价、码头岸线资源的优化等。

2. 港口群物流网络中的垂直一体化

港口与其所在物流服务供应链的上下游节点合作与整合，对于构建无缝的港口物流服务供应链非常重要。通过垂直一体化管理，港口与相关的各类上下游港口物流服务提供商（port logistics service provider, PLSP）以及口岸管理部门协同工作，完成各环节物流活动，确保港口物流服务供应链整体的顺畅和协调。因此，垂直一体化管理的成效突出体现在两个方面：

一方面是基于港腹联动，在港口的腹地区域内进行自由港和无水港的建设。分阶段实现"进出口加工区→保税区→保税物流园区→保税港区"的发展路径，进而通过"区港联动"形成自由贸易港区。自由贸易港区是当前世界开放度最高的经济区，其模式为海关高效监管，境内关外（境内货物进入视同出口，可马上退税；境外货物进入，暂缓交税），具有国际中转、国际配送、国际采购、国际转口贸易、商品展示及出口加工等增值服务功能，高效整合物流功能，降低流通成本。建设内陆物流园区，即内陆"干港"（the dry port），也称为无水港，把沿海港口功能内移到内陆，降低内陆地区对外运输的物流和通关成本。

另一个方面是要加大港口与航运企业等供应链合作伙伴的合作力度。鼓励船公司参与码头的经营，实现"港航联盟"。港口与制造企业形成前港后厂"港企联盟"。港口参与物流企业的集疏运业务和配送业务等，港口与物流、产业园区间实现"港区联盟"。使PLSP更好地互动形成虚拟企业和战略联盟，实现港口物流服务供应链上全体参与者的利益最大化。

3. 集成化的港口群物流网络体系结构

港口群物流网络是水平一体化与垂直一体化的综合集成体系，如图3.1所示。

水平方向：区域内各个港口的功能定位和发展与港口群整体的战略规划相适

应,才能实现港口群的规模经济与集聚效应。将港口联盟和组合港作为港口横向集成的发展模式,整合区域内的港口资源,促进港口以及港口所在供应链之间的协同竞争。

垂直方向:增强港口群的竞争力离不开腹地经济的稳定持续发展,"港腹融合""港城互动"建设具有重要意义。发展港航联盟、港区联盟、港企联盟,港口物流业与其上下游产业价值链上的行业互为基础、相互依存。发展一系列围绕港口功能而拓展的水陆运输、修造船、能源、石化、钢铁、造纸、装备制造业,形成临港工业集群,并以临港产业作为腹地经济区域的主体产业,协调港口与城市的规划建设,促进港口-腹地经济可持续发展。

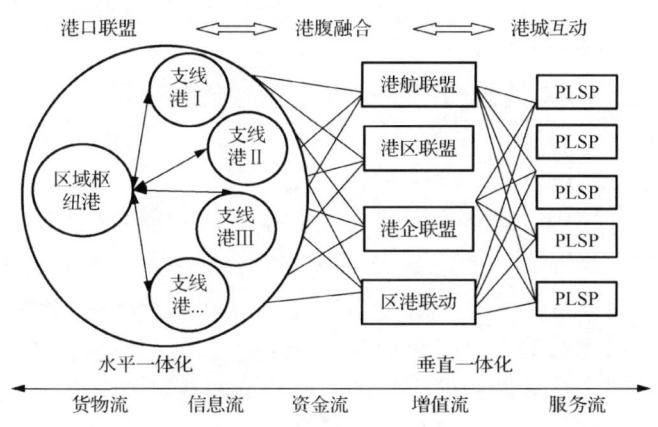

图 3.1　集成化的港口群物流网络体系结构示意图

3.1.2　两阶段的港口群物流网络构建过程

对于港口群物流网络的形成,无论是港口群的组建或是腹地内陆集散中心(干港)的投资建设都需要巨大的投入,需要从战略层面对港口群物流网络模式进行规划与决策分析。因此,需对港口群物流网络的层次化布局进行分阶段的研究。

1. 第一阶段(水平一体化)——规划港口间的海上转运网络节点规模

如果把港口群看作相对完整的经济系统,就应具有一定形式的层级结构,表现为众多港口不同的能级水平所构成的梯度结构,即"港口群能级"。将货类货量指标、港口硬件指标、腹地经济指标、创新能力指标引入能级划分中,有效区分各港口的能级梯度。再根据港口内外能级指标体系,对区域内多个港口进行聚类划分,将对合理规划海上运输网络及协同多港口之间的竞合关系提供理论依据。

2. 第二阶段(垂直一体化)——港口陆向物流节点布局

首先,枢纽港发展是港口群发展的关键问题。因此,针对区域港口群中的枢纽港,形成圈层和点轴相结合的港口陆向物流节点布局。同时,应考虑多港口之间具有交叉腹地的实际情况,根据港口具有物流中心乃至经济中心的作用,对腹地有吸引和辐射扩散影响,采用烟羽模型形成具有交叉腹地的多港口陆向物流网络。

关于第一阶段的研究集中在本书第 3 章,第二阶段的研究集中在第 4 章。

3.2 测算港口群能级指标

3.2.1 相关文献综述

1. 国内外研究现状

国内外研究港口相关问题采用数据挖掘与数据科学等方法主要涉及以下几类。

(1) 聚类分析算法。

通过 k 均值、模糊 c 均值、支持向量机等聚类分析方法对多个港口进行归类和层次划分。黄顺泉等[95]对中国 24 个沿海港口进行聚类分析,选取了 11 个能够表示中国港口的样本特征指标,实现了对这 24 个港口的聚集归类。

陈继红等[96]采用模糊聚类(fuzzy clustering)对港口物流服务功能进行分析,作为能够同时处理多维属性的聚类算法,比较准确地对多港口的物流功能进行归类和排序。

(2) 多属性评价方法。

收集归纳影响港口发展的多种因素,建立层次化的指标体系,并通过各类多属性决策方法对指标进行重要性评价与效率分析。主要方法包括:层次分析法、模糊综合评判、数据包络分析等。赵宇哲等[97]设计了生态绿色港口评价的指标体系;Sutrisnowati 等[98]、李电生等[99]测算了港口物流服务的综合效率。

(3) 仿真预测模型。

通过系统仿真和预测等方法研究港口发展演化布局和竞合关系。王爱虎等[100]研究了我国沿海集装箱港口群的体系结构演化态势;初良勇等[101]提出港口经济腹地的演化模型。Álvarez-SanJaime 等[102]、Laxe 等[103]通过分析影响港口运输的多个战略和政策因素,并基于系统仿真的方式分析了这些政策因素所带来的趋势变化,提出实现港口可持续发展的策略。

2. 国内外研究现状评述

目前大量文献的研究对象或者是针对单一港口或者是面向全部沿海港口,还缺少基于特定区域港口群的划分与评价等相关问题的深入研究。本书将根据梯度理论[104],针对特定港口群的特征因素,测算港口群能级梯度水平。

3.2.2 相关基础理论

港口群能级的研究借鉴了现代物理学中"能级"的概念。能即能量,是指事物做功的本领,级是指不同事物做功的大小是有层次级别的。1911年,卢瑟福提出的原子结构学说中,将原子核外电子所具有的不连续能量等级称为能级。在对原子的研究中,人们发现原子中绕核运转的电子,只能处于一系列不连续的分立的状态,不同状态的电子分别具有一定的能量,它们的数值大小各不相等。物理学家把这种能量按大小排列,犹如梯级的状况叫作能级。

物理学上的能级理论给予港口经济发展以深刻的启示:如果把港口群看作相对完整的经济系统,港口群就应具有一定形式的层级结构,表现为分布在该区域港口群内的众多港口不同的能级水平所构成的梯度结构,即港口群能级[105]。

3.2.3 港口群能级测算方法

1. 设计港口群能级评测体系

港口的发展不仅取决于港口硬件功能上,第四代港口甚至第五代港口的理念更加强调港口与所在区域经济的互动,即港城联动与港城协同。因此,描述港口群能级的指标体系既要综合反映港口各个方面的功能,更要能客观地反映港口所处的社会经济系统的发展状态[106-108]。

因此,通过对影响港口群能级的众多指标进行综合分析,参考1.2.4节中所给出的指标集合,选取并构建了由内部和外部两个一级指标,货类货量指标、港口硬件指标、腹地经济指标、创新能力指标等四个二级指标,20个三级指标构成的港口群能级评价指标体系,如表3.1所示。

表 3.1 港口群能级评价指标体系

一级指标	二级指标	三级指标	单位	参考变量
内部指标	货类货量指标	集装箱吞吐量	万 TEU	X_1
		外贸吞吐量	万 t	X_2
		矿石吞吐量	万 t	X_3
		煤炭吞吐量	万 t	X_4
		油品吞吐量	万 t	X_5
	港口硬件指标	万吨级码头泊位数	个	X_6
		仓库场地面积	$10^3 m^2$	X_7
		主航道宽度	m	X_8
		水域面积	$10^3 m^2$	X_9
		岸线总长	$10^3 m$	X_{10}

续表

一级指标	二级指标	三级指标	单位	参考变量
外部指标	腹地经济指标	社会固定资产投资	亿元	X_{11}
		港口辐射范围	万 km^2	X_{12}
		地区总人口	万人	X_{13}
		居民消费水平	元	X_{14}
		城市化水平	%	X_{15}
	创新能力指标	研究与试验发展经费支出	万元	X_{16}
		信息化管理水平	%	X_{17}
		政府教育事业支出占财政总支出比重	%	X_{18}
		高新技术产值	万元	X_{19}
		政府科技事业支出占财政总支出比重	%	X_{20}

2. 测算港口群能级梯度

1) 数据获取与标准化处理

将具有相似区位和共同运输网络及经济腹地范围的多个港口所构成的港口群作为研究对象。依据"港口群能级评价指标体系",利用各级统计年鉴、各港口官网发布的统计数据等资源,搜集港口群内各港口对应指标的原始数据。

采用"Z-score 标准化"方法对原始数据进行标准化处理,设某港口群内有 m 个待评港口,n 项评价指标,形成原始指标数据矩阵 $X=(x_{ij})_{m\times n}$,则标准化数据为

$$z_{ij} = \frac{x_{ij} - \overline{x}_j}{S_j} \tag{3.1}$$

式中,x_{ij} 为第 i 个港口在第 j 项评价指标上的取值;

$$\overline{x}_j = \frac{1}{m}\sum_{i=1}^{m} x_{ij}, \ j=1,2,\cdots,n \tag{3.2}$$

$$S_j = \sqrt{\frac{1}{m-1}\sum_{i=1}^{m}(x_{ij}-\overline{x}_j)^2}, \ j=1,2,\cdots,n \tag{3.3}$$

式(3.2)和式(3.3)分别为第 j 个指标的平均值及对应的样本标准差,由此得到标准化矩阵 $Z=(z_{ij})_{m\times n}$。

2) 港口能量综合水平测算过程

若选取指标及港口数目众多会使得构成的 Z 矩阵规模大,计算过程复杂,增加处理误差。因此,在可控的误差范围内,应选取简单高效的计算方法。通过比较分析多种方法,发现利用主成分分析能较好地解决港口群能级梯度的测算问题,主要涉及以下过程。

(1) 主成分适用性判断。

通过计算港口指标变量的简单相关系数 R 检验主成分分析法的适用性。

$$R = \frac{Z^T Z}{m-1} \tag{3.4}$$

如果矩阵 R 中大部分相关系数都小于 0.3,表明原始数据之间的相关关系不大,则不适合进行主成分分析。相反,则适合进行主成分分析。

(2) 确定主成分数。

求解相关矩阵 R 的特征向量 b_i 和特征值 λ_i ($i=1,2,\cdots,m$;并且 $\lambda_1 \geqslant \lambda_2 \geqslant \cdots \geqslant \lambda_m \geqslant 0$),定义前 k 个因子的累计方差贡献率为

$$\sum_{i=1}^{k} a_i = \left(\sum_{i=1}^{k} \lambda_i\right) \bigg/ \left(\sum_{i=1}^{m} \lambda_i\right) \quad (3.5)$$

式中,a_i 为第 i 个主成分的方差,如果前 k 个公共因子方差累计贡献率$\geqslant 85\%$,则选取前 k 个因子作为主成分进行主成分分析。

(3) 计算港口能量综合得分。

设 $Z_j = (Z_{1j}, Z_{2j}, \cdots, Z_{mj})^T$,令 $F_{ij} = Z_j^T b_i$,$F_i = (F_{i1}, F_{i2}, \cdots, F_{ik})$,则 F_1 为第一个主成分,F_2 为第二个主成分,以此类推,共选取 k 个主成分。则某个港口 i 的能量综合水平得分 F_{pi} 为

$$F_{pi} = a_1 F_{1i} + a_2 F_{2i} + \cdots + a_k F_{ki} \quad (3.6)$$

(4) 港口群能级梯度测算。

利用最远邻居距离模型的系统聚类方法,对港口群内某个港口能量综合水平得分 F_{pi} 聚类分析,得到有层次、有梯度的港口分布,构成港口群能级梯度。

3) 分析影响能级梯度的重要因素

有必要进一步分析影响港口能量综合水平的关键因素,反映港口发展的优势条件和制约条件,为港口发展提供参考。主成分分析法偏向于指标体系矩阵较大的计算,同等情况下因子分析法能有效减少分析误差,因此,采用因子分析法计算二级指标对港口能量综合水平的贡献值。因子分析法与主成分分析法在求解相关系数矩阵、特征值、累计方差贡献率等步骤相同,不再赘述。在此基础上,用正交或斜交旋转的方法求得正交或斜交因子载荷矩阵,根据正交或斜交因子载荷矩阵相关系数绝对值确定并命名公共因子,计算公共因子得分和二级指标综合得分,利用最远邻居距离的系统聚类方法对二级指标进行纵向聚类。

3. 环渤海港口群能级测度

1) 环渤海港口群能级梯度测评

选取环渤海港口群内具有代表性的 10 个港口进行测算,查阅大量文献资料,构建评价指标体系原始数据矩阵(原始数据主要来源于中国统计年鉴、中国港口发展报告、港口城市统计年鉴和统计局网站)。

根据式(3.1)对原始数据进行标准化处理,再利用式(3.4)计算环渤海港口指标数据的简单相关矩阵 R。通过计算,得出大部分系数绝对值都大于 0.3,根据

主成分适用性检验原理，主成分分析法适用于对港口能量综合水平进行测评。

根据因子提取及解释的总方差（表3.2）的计算结果，前4个主成分累计方差解释了总方差的88.718%，根据特征值大于1及累计贡献率大于85%的标准，前4个成分能够较大程度解释和概括总体成分。

表3.2　因子提取及解释的总方差

成分	提取平方和载入		
	合计	方差占比/%	累计方差/%
1	12.472	62.358	62.358
2	2.552	12.762	75.120
3	1.601	8.005	83.125
4	1.119	5.593	88.718

提取前4个主成分代替原来的20个指标，计算主成分矩阵及主成分系数矩阵，将主成分的系数矩阵（表3.3）作为权重系数，构建4个主成分 $F_1 \sim F_4$ 的计算公式。

表3.3　针对20个能级指标的主成分系数矩阵

指标	主成分			
	F_1	F_2	F_3	F_4
Z_1	0.108	0.090	−0.107	0.051
Z_2	−0.070	0.198	0.147	−0.116
Z_3	−0.005	0.378	−0.199	−0.166
Z_4	0.048	−0.029	−0.063	0.602
Z_5	0.080	0.208	−0.159	0.076
Z_6	0.042	0.051	0.063	0.110
Z_7	0.199	−0.088	−0.217	−0.126
Z_8	0.076	0.040	−0.014	−0.062
Z_9	0.116	0.020	−0.078	−0.105
Z_{10}	−0.182	−0.148	0.603	−0.073
Z_{11}	0.045	−0.049	0.118	−0.036
Z_{12}	0.107	−0.151	0.031	−0.071
Z_{13}	−0.108	0.015	0.370	0.061
Z_{14}	0.182	−0.057	−0.181	0.248
Z_{15}	0.093	0.006	−0.012	0.091
Z_{16}	0.113	−0.111	0.016	0.176
Z_{17}	0.032	0.007	0.108	−0.124
Z_{18}	−0.030	−0.037	−0.076	−0.034
Z_{19}	0.117	0.027	−0.082	−0.069
Z_{20}	0.118	−0.286	−0.054	−0.203

再根据各项主成分的方差贡献率，得到港口能量综合水平，即

$$F_{pi} = 0.62358F_1 + 0.12762F_2 + 0.08005F_3 + 0.05593F_4 \quad (3.7)$$

根据式（3.7）计算环渤海各港口能量综合水平得分（表3.4），用以反映各港口的能量水平，并作为港口梯度分布的依据构成整个港口群的能级梯度。

表 3.4　环渤海港口能级评价指标综合得分及梯度分布

港口	F_1	F_2	F_3	F_4	F_{pi}
大连	1.010	1.038	0.100	-0.678	0.7321
营口	-0.547	0.519	-0.376	0.635	-0.2697
锦州	-0.820	0.576	0.019	-0.375	-0.4572
秦皇岛	-0.744	-0.021	2.148	1.662	-0.2015
天津	1.972	-0.144	0.250	0.761	1.2742
唐山	-0.259	-0.925	1.378	-2.310	-0.2981
威海	-0.287	1.543	-0.772	-0.247	-0.0576
烟台	0.294	0.697	-0.537	-0.228	0.2167
青岛	1.248	-1.346	-0.383	0.268	0.5909
日照	-0.819	-1.636	-1.449	0.260	-0.8212

2）影响环渤海港口能级因素分析

针对环渤海港口群，基于因子分析与系统聚类法，计算货类货量、硬件设施、创新能力、经济环境四个二级因素对港口能级分布的影响得分（表 3.5），并将得分反映在雷达图中（图 3.2）。

表 3.5　二级指标因子对环渤海港口能级梯度的贡献得分及聚类结果

港口	内部指标得分与聚类			
	货类货量因子综合	聚类结果	硬件设施因子综合	聚类结果
大连	-0.160	2	0.754	2
营口	-0.164	2	-0.464	3
锦州	-0.744	3	-0.602	3
秦皇岛	-0.031	2	-0.660	3
天津	1.126	1	1.430	1
唐山	0.387	2	-0.233	3
威海	-0.779	3	-0.128	3
烟台	-0.427	3	0.475	2
青岛	1.155	1	0.645	2
日照	0.219	2	-0.605	3
港口	外部指标得分与聚类			
	创新能力因子综合	聚类结果	经济环境因子综合	聚类结果
大连	0.972	1	0.839	2
营口	-0.195	3	-0.399	3
锦州	-0.735	3	-0.532	3
秦皇岛	-0.453	3	-0.390	3
天津	1.160	1	1.495	1
唐山	-0.355	3	-0.064	3
威海	0.204	2	-0.117	3
烟台	0.364	2	0.162	3
青岛	0.607	2	0.645	2
日照	-0.713	3	-0.951	3

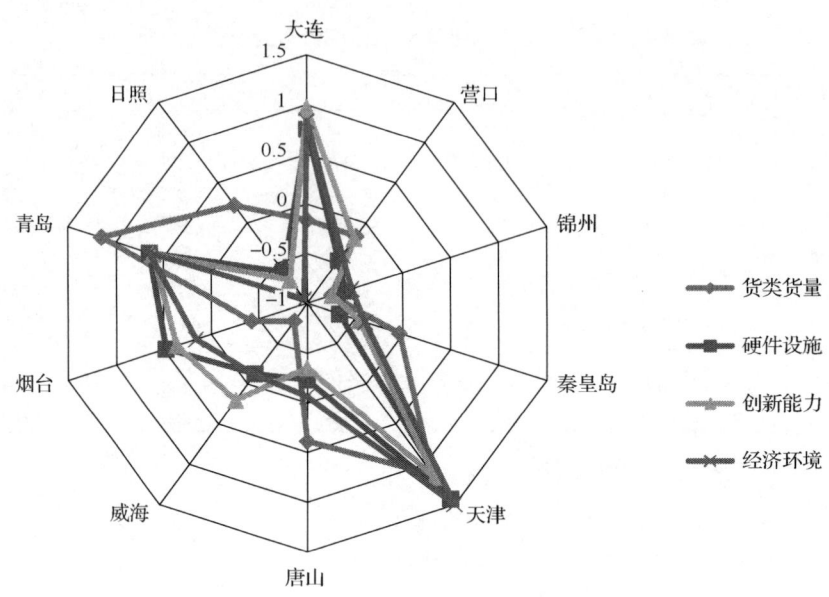

图 3.2　四个二级因素对港口能级的影响

3）对影响环渤海港口能级因素（基于表 3.5，图 3.2）进行分析

港口能级综合水平处于第一等级的港口，其内外部指标得分都较高，这类港口的平衡发展能力强，同时，各类指标之间具有一定联系，四类指标的不断完善将促进港口的更好发展。

货类货量因素是港口整体规模的具体体现。在第一级港口中，货类货量因子对天津、青岛能级梯度贡献得分较高，分别达到 1.126 和 1.155，表明港口的吞吐能力对港口能级综合水平有很大作用。一级港口应在保持货类货量的前提下重点发展自身优势，二、三级港口需要重点提高港口货类货量指标，形成合理的有特色的港口布局。

港口硬件设施是反映港口承载能力的重要指标，天津港此项得分最高达到 1.430，远高于其他港口。加强港口硬件设施优良配置是港口生产效率的有力保障，也是能级水平较低港口发展的重点方向。

创新能力是区域经济发展的重要支撑，港口服务水平与创新能力有着密切联系并呈现正相关的趋势，大连、天津、青岛都是典型的创新型城市，其高科技产业水平较其他城市高。港口的发展受益于城市能力的提升，城市创新产业、创新人才的培养将为港口能级提升提供智力支持。

经济环境是区域发展最重要的影响因素，经济环境与港口发展应互动共赢。经济实力雄厚的京津冀地区对天津港发展起到了很大的拉动作用。因此，港口与腹地相互协作，相互促进发展就具有重要的战略意义。

4）基于港口能级的港口发展建议（基于表 3.5，图 3.2）

（1）解决港口能力发展不均衡性问题。

烟台、威海、唐山、秦皇岛、日照等港口均出现港口内外部环境不协调的问题。例如，烟台港的硬件设施因子较高，而货类货量因子、经济腹地因子、创新能力因子水平相对较低，因此要提高港口的综合能级，内外部指标需要协同发展。

（2）实现港口错位发展的问题。

锦州港各类指标因子均处于第三梯度，说明港口发展潜力很大，要根据自身的情况，走专业化道路，与处于第一梯度的港口形成差异化竞争。

（3）形成层次分明的港口群体系。

积极寻求港口间合作，形成布局科学、结构合理的港口体系，发挥集成优势，服务于国民经济建设，同时形成组合优势参与国际港口竞争。

3.3 港口群层次划分的聚类方法

3.3.1 相关文献综述

1. 国内外研究现状

Cabral 等[109]认为桑托斯港作为巴西最大的港口，在全球排名才 42 位，其相关港口运营指标远低于世界其他大型港口，无法进行对比研究。因此，特别针对巴西港口的情况，采用集装箱处理能力、泊位长度、泊位水深、平均靠泊等待时间等多个指标，运用层次聚类分析方法将 17 个巴西集装箱码头分为 3 组，并对这些港口的性能进行了分析。

郑丽娟[110]针对我国"一带一路"沿线港口城市区域物流发展现状及物流竞争力展开研究，通过灰色关联和聚类分析方法将 16 个主要港口城市分为四类，依次为港口城市物流核心枢纽、物流次核心枢纽、物流经济枢纽与物流枢纽，在此基础上提出"一带一路"沿线港口城市区域物流竞争力提升思路。

丁雪丽[111]运用（文本挖掘+计量方法+智能算法）@集成方法（（text mining+ econometrics+ intelligent algorithms）@ integration，TEI@I）方法论挖掘与港口发展相关的重要因素，提出一种面向集装箱港口复杂影响因素的综合聚类研究框架，实现对代表性港口的聚类，将所研究的港口分为国际性港口、区域性枢纽港口、沿海区域性港口、地方性港口四个层次，并将该结论作为不同规模港口合理布局和定位及远期投资的重要依据。

Gianfranco 等[112]认为由于缺乏对港口的综合管理，地中海地区港口还具有巨大潜力可被挖掘。通过收集地中海地区 34 个集装箱港口的多项指标数据，采用基于 Ward 方法的层次聚类分析技术对这些港口的竞争力和港口的区域协同性进行了深入探索并指出应实施新的合作政策。

2. 国内外研究现状评述

国内外专家学者针对港口等级划分及港口布局规划问题已经取得一定成果，但目前大部分文献主要集中于单方面的研究等级划分或层次布局，而将定量划分港口群内港口等级作为港口层次布局依据的研究较少。本节在已有研究成果的基础上，运用层次聚类法对环渤海港口群内的港口进行等级划分，并根据聚类的结果对各港口进行层次布局，从而形成完整的港口群规划体系。

3.3.2 相关基础理论

聚类（clustering）研究如何在没有训练的条件下把对象划分为若干类。聚类算法是按照一定的规则将数据划分成群组的过程。

层次聚类法（hierarchical clustering methods），也称为系统聚类法，是目前实践中使用最多的聚类方法之一。该方法将数据对象按照一定的距离或者聚类规则进行层次分析，可以是自底向上的汇聚，也可以是自顶向下的分解，分别对应于层次聚类的"凝聚法"和"分裂法"。

层次聚类法的基本思想是：首先将 n 个样本各自看成一类；然后在所有的类中，选择距离最小的两个小类合并成一个新大类；接着再将距离最近的两类合并；重复上述操作，每次合并两类，直到将所有的样本合并。

这种连续并类的过程可用一种聚类树状图来表示，由聚类树状图可清晰看出全部样本的聚类过程，从而可做出对全部样本的分类。由于类与类之间的距离计算方法（欧氏距离、马氏距离、明氏距离等）灵活多样，使其适应不同的要求。

3.3.3 基于聚类分析的港口群层次定位

1. 港口群划分的指标体系

参考 3.2 节中影响港口群能级指标体系（表 3.1）中的一级指标（港口功能的内部指标，经济腹地的外部指标）进行分类。借鉴 1.2.4 节中所给出的指标集合，从中选择细化的可定量统计的指标。

1) 港口内部指标（港口功能指标）

港口货物吞吐量指标作为港口服务性产出指标，可综合表示港口的运营和使用状况，体现出港口规模；集装箱化程度的高低已成为衡量港口现代化程度高低的一个重要指标；外贸吞吐量可直观、突出地反映港口在对外贸易中的窗口作用；万吨级码头泊位数是港口基础设施的保障。

2）港口外部指标（经济腹地指标）

港口辐射范围的经济条件是决定港口发展前景的根本所在，港口经济腹地的经济实力将直接或间接影响港口的进出口货量。港口产业发展具有一定的正向网络外部性。如果港口城市的经济发展水平跟不上港口发展，港口的发展也必将遇到瓶颈。本节用国内生产总值、地区总人口、外贸进出口总额、人均可支配收入等几个典型指标来反映港口腹地城市的经济实力。

因此，建立港口群划分的指标体系，如表3.6所示。

表3.6 港口群内港口层次划分的指标体系

一级指标	二级指标	指标数据来源
内部指标 港口功能指标	货物吞吐量/亿 t	《中国港口年鉴》、中商情报网
	集装箱吞吐量/万 TEU	《中国港口年鉴》、海关总署
	外贸吞吐量/万 t	《中国港口年鉴》、海关总署
	万吨级码头泊位数/个	《中国港口年鉴》、海关总署
外部指标 经济腹地指标	国内生产总值/亿元	中商情报网、各省市统计局
	地区总人口/万人	各省市统计局
	外贸进出口总额/亿美元	海关总署、各省市统计局
	人均可支配收入/元	各省市统计局

2. 港口群层次划分的聚类分析方法

1）港口群层次定位的聚类数量依据

港口群层次定位是指从整体出发，利用衡量港口能力的内外部指标，综合考虑港口所在的地位、作用、现代化程度等多种因素，将其划分为四个层次，即国际强港、国际大港、区域性大港、地方性大港。①"国际强港"是全球运输网的重要结点，是各种运输方式相互衔接的中心，其不仅具有发达的集疏运系统，而且拥有极广阔的经济腹地。②"国际大港"是国际运输网络的重要组成部分，其港口设备能力、信息化水平、服务水平都可与国际接轨，在航运界占有重要地位。③"区域性大港"需有交通干线通过，有良好的港口条件，对周围腹地有很好的辐射能力，对区域经济的发展起到重要的促进作用。④"地方性大港"具备港口基本功能，如货物集散、暂存、运输等，有相应设施和信息化技术保障。

因此，聚类算法的初始聚类数目应为4类。

2）港口群等级划分步骤

首先，采集"港口群内港口层次划分指标体系"（表3.6）中所涉及的指标数据，再对所选取的指标进行标准化处理，选用 Z-Score 方法，使得各指标量纲一体化。

其次，构造关系矩阵，计算出各个港口之间的距离（使用欧氏距离法），从而判断出不同港口之间的亲疏关系。

然后，在得出的各个港口距离基础上，根据层次聚类方法，画出平均连接（组间）的聚类谱系图也就是树状图。

最后，从谱系图中获得四个最佳分类结果，分别对应国际强港、国际大港、区域性大港、地方性大港，确定港口群层次定位。

3. 环渤海港口群层次化定位实证分析

1）环渤海港口群地位与组成

环渤海地区是华北、西北、东北和华东等地区的主要出海口。辽宁沿海港口群以大连港和营口港为主，辅之以锦州港等；津冀沿海港口群以天津港为北方国际航运中心，秦皇岛港、唐山港等为两翼；山东沿海港口群以青岛港为主，以烟台港、日照港、威海港等为辅。

为了保持本书研究的前后一致，选择与3.2节相同的环渤海港口群内10个港口作为研究对象。

2）环渤海港口群的层次划分

选取环渤海港口群主要子群：辽宁（大连、营口、锦州）、津冀（秦皇岛、天津、唐山）和山东（威海、烟台、青岛、日照）沿海港口群中10个港口2015年的货物吞吐量、集装箱吞吐量、外贸吞吐量和万吨级码头泊位数作为港口功能指标；选取港口城市的GDP、地区总人口、进出口总额、人均可支配收入等经济腹地指标数据。

基于标准化的数据，选用层次聚类分析法，属于聚类分析中的Q型聚类。样本小类之间的距离计算方法采用类间平均连锁法，样本之间的距离采用欧氏距离法。10个港口层次聚类分析的凝聚状态如表3.7所示。

表3.7 环渤海港口群内10个港口层次聚类分析的凝聚状态

阶	群集组合		系数	首次出现阶群集		下一阶
	群集1	群集2		群集1	群集2	
1	4	8	0.329	0	0	6
2	3	9	2.989	0	0	4
3	2	5	3.359	0	0	7
4	3	7	3.480	2	0	6
5	6	10	4.425	0	0	8
6	3	4	5.800	4	1	8
7	1	2	7.345	0	3	9
8	3	6	7.853	6	5	9
9	1	3	27.330	7	8	0

对表 3.7 具体解释如下：

（1）关于层次聚类分析的列。①表中第一列表示整个聚类共分为 9 个过程。②第二列和第三列表示有两个类或者样本聚成了一类。③第四列表示两个类或者样本之间的距离，距离小的会先聚为一类，然后依次找到距离小的类与类，类与样本，样本与样本，使之继续聚为一类。④第五列和第六列表示某步骤类分析中参与的是样本还是类，0 表示样本，数字 n（$n\neq 0$）表示是第 n 步聚类产生的类参与了本步骤的聚类。⑤第七列表示本步聚类的结果将在以下第几步中被用到。

（2）关于层次聚类分析的行。第一行表示第 4 个港口和第 8 个港口首先进行了聚类，样本间的距离为 0.329，聚类的结果在第 6 步中用到；第二行表示第二次聚类的过程中第 3 个港口和第 9 个港口进行了聚类，样本间的距离为 2.989，聚类的结果将在第 4 步中用到。以下行以此类推，直到最后一行。由表中结果可以看出，本次聚类共进行了 9 步，最后所有港口聚为一大类。

根据以上聚类过程，画出树状图，如图 3.3 所示。根据树状图，将环渤海港口群内的港口分为四大类。第一类是天津港；第二类是青岛港、大连港；第三类是烟台港、唐山港、营口港；第四类是锦州港、威海港、日照港、秦皇岛港。

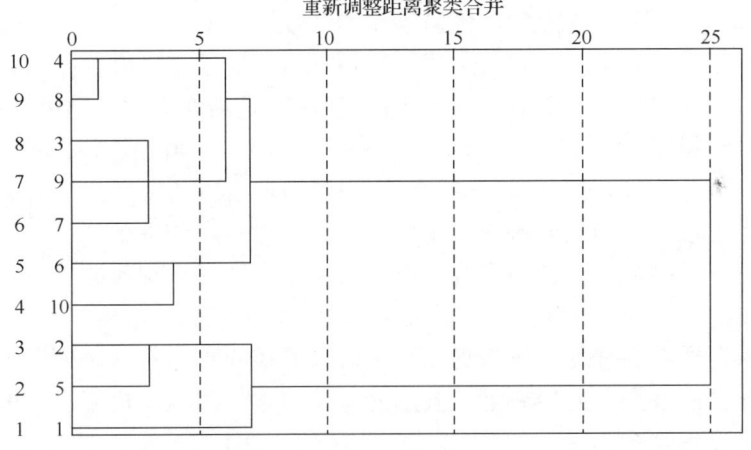

图 3.3　环渤海港口群内各港口聚类关系的树状图

3）环渤海港口群层次定位

根据上述聚类结果，并结合实际情况，对环渤海港口群的层次定位提出以下建议。

（1）选择天津港作为国际强港。

天津港与北京相连，天津南接华北，东临渤海，北承关东，工业实力雄厚，交通发达战略位置十分重要。天津港水深海阔，拥有大型深水码头，具有密布的国内和国际航线，已成为名副其实的国际强港。天津港作为国际强港，应发挥其自身优势带动周边港口的发展，并积极与国际航运接轨，从而带动所在经济腹地的发展。

（2）选择大连港、青岛港作为国际大港。

大连港位于环渤海地区和东北亚经济区中心位置，处在辽东半岛的最南端，港阔水深，终年不淤不冻，自然条件非常优越，具有发达的海上航线。集疏运网络发达，铁路方面：东北经济区铁路网络发达，高速铁路建设迅速。公路方面：以沈大高速公路为代表，东北经济区高等级公路纵横。大连港经济腹地广阔，是我国重点建设的承接国际贸易进出口的枢纽港口。

青岛港位于亚美、亚澳和亚欧三大国际主航线，海上交通方便，是我国黄海流域最大的出海口，太平洋西海岸重要的枢纽港。青岛港是环渤海港口中发展较快的港口，是晋中煤炭和胜利油田原油的主要输出港。2017年我国前10港口中，青岛港位列第5；世界前10的集装箱港口中，青岛排名第8。青岛港已成为我国开通国际环球集装箱航线最多的港口之一。

大连港、青岛港作为国际大港应继续完善港口设施、积极开展港口大数据信息化建设，提高港口的服务水平和信息化水平，将为港口城市的发展提供更多帮助。

（3）选择烟台港、唐山港、营口港作为区域性大港。

烟台港位于山东半岛北侧，水深且水域辽阔，属于不冻港，是国内沿海重要的对外开放港口和国家水路运输的主要枢纽港口，是沿海南北大通道的重要结点。烟台港与日韩相邻，已与世界上70多个国家和地区的100多个港口直接通航，与多国建立了班轮航线。烟台港已成为环渤海港口群内迅速发展起来的又一新秀。

唐山港已成为我国能源等大宗物资专业化运输网络的重要节点，近几年一直保持着快速增长的势头。唐山市针对港口发展制定了很多优惠政策。另外，唐山港具有广阔的经济腹地，以其现有的发展速度，唐山港的等级有望再上一个层次。

营口港发展势头强劲，作为辽东湾经济区的核心港口已跃居中国十大港口之一，是东北经济区最近的出海港，其陆路运输成本较周边港口相对较低，具有非常明显的区位优势。

烟台港、唐山港、营口港作为区域性大港应不断发挥自身的优势，充分利用港口资源，为腹地经济的发展提供源源不断的动力，真正达到"以港兴城"的结果。

（4）选择日照港、威海港、秦皇岛港、锦州港作为地方性大港。

环渤海地区其他港口可努力承接特色资源的运输，定位于地方性大港。应根据自身情况，走专业化道路，与其他大型港口形成错位发展。

4）环渤海港口群内各子群的发展

港口资源整合符合国家战略发展的需要。

（1）辽宁港口群。

大连港口建设较为完善，在港口运营条件上具有较高优势。营口港凭借自身的区位优势，具有较大的发展潜力。而辽宁港口群内港口相距较近，腹地交叉，争夺货源，竞争现象日益突出。

2017年6月，辽宁省政府与招商局集团签署了《港口合作框架协议》。该框架协议指出"辽宁省政府与招商局集团将合作建立辽宁港口统一经营平台，以大连港集团有限公司、营口港集团有限公司为基础，以市场化方式设立辽宁港口集团，实现辽宁沿海港口经营主体一体化"。同年11月，辽宁省政府官网发布了《辽宁省"十三五"综合交通运输发展规划》，提出要以沿海港口为关键节点，推进辽宁全省沿海港口群资源整合。2017年年末，大连港、营口港资产正式划拨辽宁省国资委，开启了整合辽宁沿海港口群的进程。

（2）山东港口群。

提高整个山东港口群的竞争力，合力打造北方国际航运中心，促进港口和谐发展。2018年1月，在山东省第十三届人民代表大会第一次会议上，《政府工作报告》中指出，要强化陆海统筹，整合沿海港口资源，优化口岸布局，谋划推进青岛港、渤海湾港、烟台港和日照港四大集团建设，适时组建山东港口投资控股集团公司。2019年8月6日，山东省港口集团有限公司在青岛正式成立，将作为全省港口改革的实施主体，以打造世界一流海洋港口为目标，大力推动全省港口向集约化、协同化转变。

（3）津冀港口群。

2017年7月，交通运输部、天津市人民政府、河北省人民政府联合制定《加快推进津冀港口协同发展工作方案（2017—2020年）》，旨在加快推进津冀港口资源整合，促进区域港口协同发展。工作方案提出重点任务包括：优化津冀港口布局和功能分工、加快港口资源整合、完善港口集疏运体系、促进现代航运服务业发展、加快建设绿色平安港口、提升津冀港口治理能力。该方案的具体目标是到2020年基本建成以天津港为核心、以河北港口为两翼，布局合理、分工明确、功能互补、安全绿色、畅通高效的世界级港口群，先行示范带动港口资源跨省级行政区域整合。

■ 本章小结

本章借鉴港口物流服务供应链等相关概念，提炼"集成化的港口群物流网络"的核心内涵，从水平一体化（港口联盟）与垂直一体化（港腹联动）两个方面集成构建港口群物流网络体系，并作为第3、4章研究工作的主要依据。

第 3 章是针对港口群物流网络在水平方向的研究工作。

首先，建立测算港口群能级梯度的指标体系，设计完整的计算过程，实现对港口能量综合水平的定量计算，并深入分析港口能级梯度分布的主要影响因素（货类货量因素、港口硬件设施、创新能力、经济环境）及特征。以环渤海港口群为实例进行了详细测评。

其次，运用层次聚类法对港口群进行等级划分，根据聚类结果并联系实际将环渤海港口群的 10 个主要港口分为四个层次，即国际强港、国际大港、区域性大港和地方性大港。为环渤海港口群内的港口合理定位提供可信依据，同时为港口群协同发展提供指导。

第 4 章

港口辐射腹地的空间网络布局

4.1 圈层和点轴相结合的枢纽港陆向腹地布局

在区域港口群一体化格局下,为了实现港口与腹地共同发展,需要对腹地城市的长远发展进行科学规划与合理布局。

4.1.1 相关文献综述

1. 国内外研究现状

学者对港口与腹地的关系研究不再局限于单个港口,而开始从区域和整体的角度出发,对相关港口之间的相互竞争进行分析[113]。从局限于港口的陆向腹地竞争的探讨,逐渐深入海向腹地的竞争,以及对"水—港—陆"集成优势的综合分析。

石淼[114]针对港口腹地划分的研究对象局限于沿海港口和内河大港口,而对上游中小型港口研究较少的现状,采用定量分析的方法对忠县港口相应的腹地进行划分,结合地理信息系统和引力模型确定了忠县港的直接腹地及间接腹地。

张璐等[115]分析了 21 世纪海上丝绸之路对港口腹地划分、港口腹地互动、产业升级转移、合作联盟等方面的具体影响。通过考虑港口环境限制、运输方式选择、市场变化和政策因素等影响,估算腹地货物在港口间的分配比率,分析了腹地不同货物选择运输方式和托运港口的决策过程。

耿艳培等[116]指出航海业的快速发展使港口在经济发展中的地位越发重要,因此关于港口腹地划分的问题越来越受到学者的重视。通过文献收集与整理,将港口腹地划分的方法分为空间分析法、经济因素调研法、以引力模型为主的模型分析法,以及上述三种方法的组合。

王晓斌[117]研究表明腹地的货流量同腹地的范围和腹地经济发展状况密切相关,将地理信息系统的相关数据与港口腹地划分原理和方法相结合,希望对特定地区腹地的划分实现更加精准快速的计算。

2. 国内外研究现状评述

港口与港口城市及腹地经济之间的互动发展逐渐成为区域经济学的重要研究领域。对该问题的深入研究必然有助于区域经济的协调可持续发展，目前国内外相关学者对港口、腹地经济以及港口腹地经济互动等方面的研究已经达到了一定的层次。总体上看，国内外对港口体系的研究已经较为深入，尤其在腹地竞争机制、港口体系演化模式等方面都取得了重要的成果。

定量研究方法逐渐增多，但是指标都比较单一，考虑因素不够全面；应对多式联运的多种影响因素加以考虑，尤其是腹地到港口的铁路、公路运输距离作为主要因素，增强腹地划分的实用性。因此，本节将在点轴法和圈轴法的理论基础上，克服港口腹地划分对实证分析程度的不足，考虑多式联运交通状况等多方面的影响因素，使用模糊 c 均值聚类分析法，提高腹地划分的科学性。

4.1.2 相关基础理论

港口腹地划分的主要方法包括：空间分析法、经济因素调研法、模型分析法，以及这三种方法的组合。其中，以空间分析法为首选。

1. 传统的港口腹地划分方法

传统的港口腹地划分空间分析方法主要有两种：①行政划分。以港口所在的行政区划作为港口的直接腹地，将能够通过各种运输方式通达港口所在地的地区作为间接腹地。②地理划分。以交通线为中轴，以交通线两侧发散区域构成的不规则图形为腹地范围。

2. 港口腹地划分的两种新方法

在经济地理学中，针对港口腹地的范围进行界定与划分，主要有圈层结构法和点轴结构法两种理论。

1）圈层结构法

圈层结构最早由德国农业经济学家冯·杜能提出，他认为城市对区域经济的促进作用与空间距离成反比。以城市为中心，距离越远其经济发展越慢，形成圈层状的空间分布格局。

港口与腹地是相互依存、互补互利的有机整体，在这个整体中港口起着物流中心乃至经济中心的作用，对腹地有吸引和辐射作用。这种作用受到空间距离的制约，离港口越远的地区，与港口之间的作用就越不明显，即"距离衰减规律"。这样就必然导致腹地形成以港口为核心的集聚和扩散的圈层状的空间分布结构。

2）点轴结构法

通常情况下，腹地的发展与交通基础设施的建设密切相关。将联系港口与腹地中心主要城市的交通基础设施建设集中成束，即可在港口与腹地城市之间形成发展轴，沿着轴线布置若干个重点城市，然后逐渐向外扩散，形成发展轴的"紧密吸引区"，最终形成以交通主干道为轴的交通经济带。

综上所述，圈层结构法主要考虑距离的远近，点轴法则主要从交通主干道方面考虑，两者侧重点不同，均可用于研究城市密集的沿海港口的宏观分析。本书综合考虑多种影响港口腹地范围的因素，将圈层和点轴两种方法进行有机结合。

4.1.3 基于聚类分析的港口腹地布局

聚类分析（cluster analysis）又称群分析，是根据"物以类聚"的道理对样品或指标进行分类的一种多元统计分析方法。之所以引入聚类分析，是因为港口腹地空间结构的复杂性和港口腹地发展的不平衡性，如果单纯地使用圈层结构法或者点轴结构法进行划分，常常会造成划分结果失真。而聚类划分可以在没有任何模式可供参考或依循的情况下，即在没有先验知识的条件下将数据分类到不同的类或者簇，并且同一个簇中的对象有很大的相似性，不同簇间的对象有很大的相异性。因此聚类方法可以很好地根据港口腹地的状况进行分类。

利用模糊 c 均值聚类算法（该算法的相关理论可参考 2.4.2 节的相关内容，此处省略）将港口腹地城市划分为内圈层、中圈层及外圈层的三层次圈层结构。其中，内圈层作为核心城市，与港口发展最为紧密，是实现港城互动的关键；中圈层城市经济较为发达，占据交通要道，对港口的影响力稍次于内圈层，但是是港城互动的潜在力量；而对外圈层而言，港口发展影响力较小。本书收集东三省 28 个城市经济状况、工业状况、交通状况及对外贸易状况等因素，利用模糊 c 均值聚类分析法将 28 个城市划分为三类港口腹地。

1. 港口腹地划分指标选取

依据 2.2.3 节关于"港口与腹地互动影响的动态分析"研究结论，从经济状况、交通运输状况、工业发展状况、对外贸易状况等 4 个角度出发全面描述港口对腹地的经济发展所起到的带动与辐射作用，选取 16 个对港口腹地划分有重要影响的指标，指标集合见表 4.1。

表 4.1 港口腹地划分的指标选取

一级指标	二级指标
经济状况	地区生产总值、人均地区生产总值、地方财政一般预算内收入、地方财政一般预算内支出、第一产业增加值、第二产业增加值、第三产业增加值
交通运输状况	货运总量、铁路货运量、公路里程、城市人均拥有道路面积、公路货运量
工业发展状况	工业增加值、规模以上工业企业本年应交增值税
对外贸易状况	出口总额、进口总额

2. 大连港的东三省腹地指标数据

根据表 4.1 所示的指标集合，收集所需数据，经济状况类数据如表 4.2 所示，交通运输状况类数据如表 4.3 所示，工业发展状况类和对外贸易状况类数据合并整理为表 4.4。由于要收集 28 个城市的 16 项指标，而有些三、四线城市统计数据获取难度较大，因此采用了各城市 2013 年的经济数据，以实现数据的可获得性和完整性。

表 4.2 东三省腹地经济状况类数据

部分腹地城市	地区生产总值/万元	人均地区生产总值/元	地方财政一般预算内收入/万元	地方财政一般预算内支出/万元	第一产业增加值/亿元	第二产业增加值/亿元	第三产业增加值/亿元
鞍山	23987633	68224	2070167	2320676	124.43	1293.15	1011.74
白城	5545757	27374	245726	1150487	110.58	291.01	213.91
本溪	10445851	60552	1024325	1396448	60.19	674.60	377.57
朝阳	8130202	26927	869236	1733255	205.03	455.59	260.01
大连	61506265	91295	6511266	7349406	451.40	3634.80	2916.70
大庆	37415389	133301	1319293	1744915	154.20	3235.90	610.90
丹东	8886676	36841	1033212	1573292	140.01	508.53	366.84
抚顺	11133679	52245	1065018	1653299	85.11	736.74	414.52
阜新	4802605	26480	501433	1283599	125.40	255.80	178.76
哈尔滨	42421894	42736	3003190	5571368	506.80	1638.90	2404.60
黑河	3160451	18103	184397	946359	182.60	62.60	120.90
鸡西	5078321	26864	352286	585136	165.20	238.30	178.90
吉林	22080487	50914	1019525	2515671	242.71	1207.53	979.83
佳木斯	6253089	24853	314795	1422991	201.70	172.50	294.10
锦州	11169266	35784	1036681	1573647	190.29	616.23	436.19
辽阳	8886669	48594	1001688	1231030	63.28	632.10	305.11
辽源	5004925	40844	188644	688258	53.79	356.85	194.48
牡丹江	9403461	33675	607717	1628952	188.40	422.60	370.00
盘锦	11199202	79584	1122844	1441252	108.44	843.55	292.97
齐齐哈尔	10658065	19815	700753	1367959	284.80	439.30	452.00
沈阳	59157142	72648	6201243	6392904	315.20	3383.20	2904.20
四平	9845977	28874	388855	1398180	283.81	513.69	325.30
松原	13609668	46749	426742	1222728	254.88	780.46	570.08
铁岭	8738428	28647	1050245	1678158	193.30	505.20	276.83
通化	7802319	34515	481345	1406310	87.13	466.96	327.03
伊春	2296836	18142	100258	788943	91.60	87.90	80.50
营口	12246540	50220	1402407	1831559	103.56	738.99	538.63
长春	40030775	52649	2886312	5186814	317.10	2291.90	1847.70

表 4.3　东三省腹地交通运输状况类数据

部分腹地城市	货运总量/万 t	铁路货运量/万 t	公路里程/km	城市人均拥有道路面积/m²	公路货运量/万 t
鞍山	21016.00	1475.00	7048.00	8.23	19541.00
白城	1839.00	450.00	9320.00	9.00	1357.00
本溪	9833.00	3079.00	3916.00	10.06	6754.00
朝阳	4621.00	800.00	13837.00	7.03	3821.00
大连	34943.00	2983.00	11493.00	14.14	21795.00
大庆	4971.00	1159.00	7769.00	20.42	3660.00
丹东	7423.00	363.00	7310.00	14.28	6497.00
抚顺	9461.00	1051.00	5827.00	9.01	8410.00
阜新	5169.00	1465.00	6034.00	5.92	3704.00
哈尔滨	11431.00	1975.00	19154.00	7.91	9034.00
黑河	1596.00	590.00	8819.00	10.99	982.00
鸡西	5838.00	2632.00	5336.00	7.27	3206.00
吉林	9181.00	2389.00	14479.00	10.07	6792.00
佳木斯	3324.00	315.00	9235.00	7.52	2899.00
锦州	13973.00	543.00	7035.00	9.73	13300.00
辽阳	10904.00	1654.00	3236.00	12.60	9250.00
辽源	1694.00	396.00	4137.00	12.97	1298.00
牡丹江	4528.00	1030.00	7293.00	12.38	3498.00
盘锦	9138.00	351.00	3291.00	15.04	8769.00
齐齐哈尔	10874.00	2309.00	18851.00	7.98	8565.00
沈阳	19405.00	504.00	11757.00	11.92	18897.00
四平	5945.00	505.00	8741.00	5.54	5440.00
松原	4967.00	325.00	11859.00	10.64	4592.00
铁岭	11772.00	1311.00	10337.00	17.99	10461.00
通化	3469.00	1367.00	6292.00	5.53	2102.00
伊春	1650.00	465.00	2146.00	9.75	1185.00
营口	14893.00	2293.00	3896.00	7.47	11901.00
长春	13328.00	640.00	20500.00	20.18	12500.00

表 4.4　东三省腹地工业发展状况和对外贸易状况类数据

部分腹地城市	工业增加值/亿元	规模以上工业企业本年应交增值税/万元	出口总额/万美元	进口总额/万美元
鞍山	1046.31	934532	237445	173491
白城	184.29	44094	15400	2388
本溪	488.99	408674	240515	168557
朝阳	285.05	306205	39809	22667
大连	2330.50	2041082	3468242	2943100
大庆	2319.96	3101493	38962	241919
丹东	314.86	310039	287511	172230
抚顺	452.43	356204	70706	26909

续表

部分腹地城市	工业增加值/亿元	规模以上工业企业本年应交增值税/万元	出口总额/万美元	进口总额/万美元
阜新	133.46	188829	18861	9539
哈尔滨	1021.60	878951	155061	307797
黑河	35.62	32955	252324	128320
鸡西	170.34	214503	94857	13097
吉林	766.60	923311	65821	49133
佳木斯	112.99	93546	100043	148828
锦州	377.54	486705	175144	127653
辽阳	437.28	268243	59855	31363
辽源	196.71	125674	7047	10045
牡丹江	268.16	240953	317957	96062
盘锦	567.37	803655	70551	40568
齐齐哈尔	336.69	358348	63546	18510
沈阳	2296.00	2102803	596514	678313
四平	310.86	176477	26081	6860
松原	522.11	624387	13274	12782
铁岭	341.93	741499	46429	8504
通化	291.84	256641	33825	19463
伊春	67.38	30909	11752	23054
营口	497.64	1017612	388176	161021
长春	1469.63	1899737	1678000	290000

3. 基于 FCM 聚类的大连港腹地划分

在现代经济地理学中，港口的经济腹地区域由核心向外围呈规则性的向心空间层次分化，一般可分为内圈层（港口城市及临港工业）、中圈层（经济较为发达、利用港口较多的直接腹地）和外圈层（利用港口较少的间接腹地）。在模糊 c 均值聚类时，设定聚类数目为 3 类。

为了界面优化，输出结果方便，模糊 c 均值聚类算法采用 Visual Basic 编程环境，以东三省各城市经济、交通、工业状况和对外贸易的 Excel 表格数据作为底层数据源，进行聚类分析。

程序主界面如图 4.1 所示，算法操作过程如下。

（1）进行 FCM 基础设置。设置输入城市个数：28；输入比较属性（即参数变量）：16；输入分类个数：3。

（2）点击"数据初始化"按钮，把收集到的各城市数据规范化到 0～1。

（3）点击"隶属度矩阵初始化"按钮，为隶属度矩阵随机赋值，并使得每列之和为 1。

（4）算法终止条件设置。进行 FCM 运算，先输入最大迭代次数 10000，参数域 2，以及最小误差 0.0000001。

（5）点击"FCM 聚类"按钮，输出详细结果。

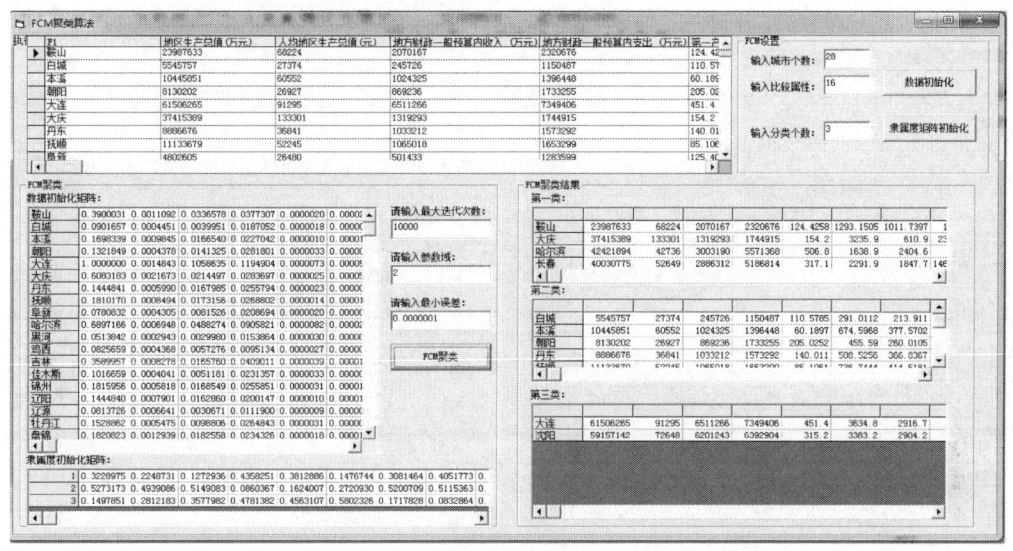

图 4.1 聚类分析法程序的主界面

通过程序运行计算可以得出三类腹地（如图 4.1 右下部）分别为：内圈层——大连、沈阳；中圈层——鞍山、大庆、哈尔滨、长春；外圈层——白城、本溪、朝阳、丹东、抚顺、吉林、阜新、黑河、鸡西、佳木斯、锦州、辽阳、辽源、牡丹江、盘锦、齐齐哈尔、四平、松原、铁岭、通化、伊春、营口。

对 4.1 图中所得结论进行横向和纵向分析：

横向来看（距离衰减的圈层结构），由新地理经济学中提到的港口对其腹地的影响具有吸引和辐射作用，并由于距离的影响，呈现"距离衰减作用"的规律，与本书结论中内圈层、中圈层、外圈层相对大连港而言由内到外，依次按照地理远近排列相统一。

纵向来看（沿哈大线的点轴结构），内圈层和中圈层主要城市占据交通要道，构成东北经济区经济大动脉，有"黄金线"美誉的哈大线，这条交通要道从大连出发，途经鞍山、沈阳，连接长春，到达哈尔滨。可见，腹地城市的运输需求和经济水平在一定程度上可抵消距离的衰减。

4. 大连港东三省腹地布局结果分析

（1）内圈层。

大连作为中国发达的港口城市，具有得天独厚的地理优势，是东北亚重要的国际航运中心，交通四通八达。大连铁路有哈大铁路正线与东北经济区发达的铁路网连接。公路有全国最长的沈大高速公路与东北经济区的国家公路网相连接。经东北铁路网和公路网，还连接着俄罗斯和朝鲜，可通过西伯利亚大铁路，成为欧亚大陆桥的起点。大连的工业规模在东北主要城市中也位居前列，是工业企业最为集中的城市之一。沈阳位于松辽平原的东部，辽宁省中部，是辽宁省的省会，东北经济区经济、文化、交通、金融和商业中心，也是中国重要的工业基地，对于大连港贡献度也很高。所以，大连和沈阳作为内圈层是合理的。

（2）中圈层。

中圈层腹地有两大特点：第一类（鞍山、大庆）资源输出腹地、第二类（哈尔滨、长春）经济发达腹地。鞍山是辽宁中部城市群与辽东半岛开放区的重要连接带，地理位置非常重要。鞍山最为重要的经济优势是钢铁产业，有着"共和国钢都"的美誉。大庆别称油城，中国城市财力50强。鞍山、大庆作为重要的能源基地，物产丰富，经济发展、物流运输相对较快；哈尔滨、长春作为省会，是当地的经济政治中心，是东北重工业基地，经济发展较好，划分为中圈层是较为合理的。这表明腹地的资源类型、腹地的交通状况与港口发展关系密切。

（3）外圈层。

除内圈层和中圈层外的城市均被划分到外圈层。这些城市定位为大连港的外圈层有多种原因，主要包括：①某些城市经济欠发达，进出口货物量少；②由于辽宁港口群还有如营口港这样的大型港口，与大连港存在交叉腹地。

5. 大连港面向东三省腹地的发展建议

随着全球经济一体化进程的加快，港城互动发展势在必行。大连港的东三省腹地发展既要着眼于当前，更要注重长远。要将港城作为一个有机整体，适当超前和高起点的统筹规划，基于上述研究结论，提出"以内圈层为核心，中圈层承上启下，协同外圈层共同发展"的对策建议。

将港口腹地作为一个有机体，合理布局、分层有序发展。首先应按科学发展观对腹地的定位有一个全面的认识。就大连港与其腹地东三省而言，要以大连港为出发点，大连和沈阳两个内圈层城市为两翼，以鞍山、大庆、哈尔滨、长春等中圈层为潜在发展动力，同时提携外圈层中小城市共同发展，建立港城互动发展与一体化建设体系。内圈层、中圈层城市，要利用地理优势、经济优势、工业优势，实现"港以城兴，港为城用"，利用港城集聚效应，加速多元化经济的发展，主要承担起"全面现代化""充分国际化"的使命。外圈层城市的产业发展，应大力培育和做强具有比较优势的特色产业。同时，要主动与内圈层、中圈层城市对接，实施"错位竞争"的产业战略，加快构建起各圈层优势互补、共赢发展的特色产业格局。

4.2 具有交叉腹地的多港口陆向物流网络

4.2.1 相关文献综述

1. 国内外研究现状

一些国际强港已经意识到海陆联动的巨大经济利益,并将其联动理念融入实践之中。许多学者也从海陆统筹的角度重新审视港口物流网络。

鹿特丹海陆统筹的物流网络实现了海铁的无缝连接,建立流畅的港口集疏运系统,不仅包括其服务腹地的运输网络,还包括港口本身内部的运输系统,两者统筹规划、协调统一,为鹿特丹的海上运输业提供了发展基础。

Portman 等[118]提出在海陆统筹中涉及多方面的利益相关者,具有不同的空间和时间尺度,并对 8 个国家的海岸带综合管理绩效进行了评估。

以 Notterboom 等的研究为代表,当前的研究开始逐渐结合港口新特征,综合海陆因素对港口物流体系结构的影响,关于港口物流系统的研究呈现出"海陆一体化"的发展趋势[119]。

刘琳等[120]通过分析国际先进港口发展的特点,对我国沿海港口发展水平进行研究并对港口的未来经营模式提出有效的建议。

董晓菲等[121]以辽宁沿海港口群-东北腹地为研究对象,研究如何划分混合腹地范围,并根据加权时间距离,认为大连港与营口港混合腹地范围最广。研究结果表明,港口综合能力决定了腹地格局,腹地城市的综合经济水平可在一定程度上抵消距离的衰减。

曹琳霞等[122]对江苏的各个港口腹地范围进行了较为准确的划分,并将划分结果在 ArcGIS 中进行可视化。从结果来看,淮安港的腹地范围分布最广,同时呈现出南北向延伸和以核心港口城市为中心的团状拓展。

2. 国内外研究现状评述

由于港口腹地空间结构的复杂性和港口腹地发展的不平衡性,从研究方法上,基于空间分析法、经济因素调研法等只能得到单一港口的腹地划分范围,对于多港口或相邻港口的腹地划分则不适用[123]。从研究对象上看,当前研究大多侧重于某一两个沿海港口或者大型内河港口,对某区域港口群范围内多个港口交叉腹地范围的划分研究较少。但关于港口群物流网络的研究必须要解决区域内多港口存在混合腹地或交叉腹地的问题,因此,本节重点解决多港口交叉腹地的划分。

4.2.2 相关理论基础

1. 主成分分析法

主成分分析法是利用降维的思想,把多指标转化为能代表大部分指标的少数几个综合性指标[124]。为了全面系统地分析实际问题,必须考虑众多影响因素(变量)。这些变量在一定程度上反映了研究问题的不同方面,而且这些变量彼此之间存在一定的相关性,这就造成统计数据在反映信息上有一定程度的重叠。针对实际问题,许多变量间的相关性极大,在进行研究多变量问题时,这些相关性极大的变量会使问题复杂化。人们为了在分析时减少问题的复杂性,同时不减少信息量,会将相关性极大的变量总结为少数几个综合变量。

2. 主成分分析法的过程

(1) 数据获取与标准化处理:

$$z_{ij} = \frac{x_{ij} - \bar{x}_j}{S_j} \tag{4.1}$$

式中,

$$\bar{x}_j = \frac{1}{m}\sum_{i=1}^{m} x_{ij}, \quad j=1,2,\cdots,n \tag{4.2}$$

$$S_j = \sqrt{\frac{1}{m-1}\sum_{i=1}^{m}(x_{ij} - \bar{x}_j)^2}, \quad j=1,2,\cdots,n \tag{4.3}$$

由此得到标准化矩阵 $Z = (Z_{ij})_{m \times n}$。

(2) 主成分适用性判断:

$$R = \frac{Z^{\mathrm{T}} Z}{m-1} \tag{4.4}$$

如果 R 中大部分相关系数都大于 0.3,表明原始数据之间的相关关系较大,适合使用主成分分析法。

(3) 确定主成分数。

求解相关矩阵 R 的特征向量 b_i 和特征值 λ_i ($i=1,2,\cdots,m$;并且 $\lambda_1 \geq \lambda_2 \geq \cdots \geq \lambda_m \geq 0$),主成分 a_i 的贡献率为

$$a_i = \lambda_i \bigg/ \sum_{i=1}^{m} \lambda_i \tag{4.5}$$

定义前 k 个因子的累计方差贡献率为

$$\sum_{i=1}^{k} a_i = \left(\sum_{i=1}^{k} \lambda_i\right) \bigg/ \left(\sum_{i=1}^{m} \lambda_i\right) \tag{4.6}$$

如果前 k 个公共因子方差累计贡献率≥85%，则选取前 k 个因子作为主成分进行主成分分析。

（4）计算综合得分。

设 $Z_j = (Z_{1j}, Z_{2j}, \cdots, Z_{mj})^T$，令 $F_{ij} = Z_j^T b_i$，$F_i = (F_{i1}, F_{i2}, \cdots, F_{ik})$，共选取 k 个主成分。则 i 的综合得分 F_{ni} 为

$$F_{ni} = a_1 F_1 + a_2 F_2 + \cdots + a_k F_k \tag{4.7}$$

3. 烟羽模型

烟羽模型全称为高斯烟羽模型，是由协同理论推导而来的。它主要用来计算大气污染物的扩散浓度和影响范围[125]，现多用于交通影响范围和其他领域的研究。

其基本公式为

$$C(x, y, z) = \frac{Q}{2\pi \sigma_y \sigma_z} \exp\left[-\frac{1}{2}\left(\frac{y^2}{\sigma_y^2} + \frac{z^2}{\sigma_z^2}\right)\right] \tag{4.8}$$

式中，$C(x, y, z)$ 为 (x, y, z) 点的污染浓度；Q 为污染物的排放源强；y, z 为污染物在 y, z 的扩散方向；σ_y, σ_z 为污杂物在 y, z 方向上的扩散系数。

本书采取烟羽模型是将港口作为扩散点源，港口对腹地的影响作为扩散系数来划分多个港口的交叉腹地。

4.2.3 港口群陆向腹地布局的烟羽模型

1. 划分港口交叉腹地的烟羽模型

针对港口腹地划分的实际问题，将港口看作污染物的源强点，港口对腹地的影响看作污染物对空气的影响，港口对腹地的辐射作用为扩散范围，利用烟羽模型得到交叉腹地的划分。以式（4.8）为依据，将基本烟羽模型和其中的变量进行重新定义：$C(x,y,z)$ 为点 (x,y,z) 所代表的区域受港口的影响程度，Q 为港口源强，表示港口的影响力，μ 为港口影响力的扩散速度，与腹地的距离和腹地经济状况相关，σ_y 和 σ_z 分别为港口影响力的扩散系数。

考虑本书的实际问题背景，进一步对式（4.8）进行简化，去掉无用的变量，增加应考虑的变量。

首先，港口对腹地的辐射影响不涉及 z 方向，只进行平面探讨，所以令 $z=0$；定义 x_{ij} 为港口 i 到地区 j 的直线距离，同时令 $y=0$。因此，$\exp\left[-\frac{1}{2}\left(\frac{y^2}{\sigma_y^2} + \frac{z^2}{\sigma_z^2}\right)\right] = 1$。

另外，港口所在城市的 $x_{ij}=0$，因此，港口所在城市不参与下述计算，默认被划分到港口的直接腹地。

其次，量化扩散系数。假设港口影响力的扩散是无限空间的，因此可以假设 $\sigma_y = \sigma_z = \sigma$。根据扩散系统的性质推知 σ 可由如下公式表示：

$$\sigma = \sqrt{2kx_{ij}} \tag{4.9}$$

式中，设 $k = \dfrac{x_{ij}}{a_i}$，$\dfrac{1}{a_i}$ 为比例系数，a_i 的大小取决于港口的自身水平，$a_i \in (0.15,1)$。

再次，因为污染物与污染物浓度成反比，而交通可达系数与港口的影响程度成正比，因此将 u 放在分子中，其大小与港口和腹地之间的交通便捷程度相关，$\mu_{ij} \in (1,2)$。

最后，增加变量 R_{ij} 代表港口 i 与地区 j 之间的"港腹关联度"。

综上，对式（4.8）改进后变为

$$C(i,j) = \dfrac{a_i Q_i \mu_{ij} R_{ij}}{4\pi x_{ij}^2} \tag{4.10}$$

根据式（4.10）划分港口交叉腹地，针对所选的港口与腹地城市进行计算，每个城市中 $C(i,j)$ 最大的则为 i 港口的腹地城市。关于式（4.10）相关变量的具体说明如下：

港口源强 Q 即为港口能级，具体请参考 3.2.3 节，对于所得到的能量综合得分 F 则为港口源强 Q，此处不再重复赘述。

港腹关联度 R_{ij}，港口与腹地的关联有许多因素，通过 4.1.3 节关于"港口腹地布局"的研究结论，可知港口腹地的划分主要是随着距离衰减，但与运输需求和经济水平正相关。因此，将港腹关联度 R_{ij} 定义为

$$R_{ij} = \dfrac{\sqrt{P_i V_i P_j V_j}}{x_{ij}^2} \tag{4.11}$$

式中，P_i, P_j 为两市常住人口数，代表该城市的运输需求；V_i, V_j 为两城市的工业增加值，代表城市的经济发展水平；x_{ij} 为港口 i 到地区 j 的直线距离。

2. 辽宁港口群辐射东三省及蒙东地区的物流网络

1）选择指标和收集数据

（1）港口群选择。

辽宁省是东北经济区唯一的沿海省份，也是东北三省和内蒙古东部地区内外贸易最便捷的通道。由于在辽宁港口群中盘锦港和葫芦岛港吞吐量所占比例太小，所以只选取了 6 个港口中的前 4 大港口（大连港、营口港、丹东港、锦州港）作为研究对象。

（2）腹地范围选择。

选取辽宁港口群辐射的东北三省以及内蒙古自治区的 35 个代表性城市：辽宁

12个城市（沈阳、营口、抚顺、辽阳、鞍山、阜新、锦州、朝阳、本溪、丹东、大连、铁岭）；吉林8个城市（长春、吉林、辽源、通化、白城、松原、四平、白山）；黑龙江10个城市（哈尔滨、大庆、七台河、黑河、齐齐哈尔、伊春、佳木斯、鹤岗、鸡西、牡丹江）；内蒙古自治区5个城市（通辽、赤峰、兴安、呼伦贝尔、包头）。收集这些城市距离大连港、营口港、丹东港、锦州港的距离。

（3）选择计算港口源强的指标。

参考1.2.4节中港口与区域经济指标集合，选取集装箱吞吐量（万TEU）、货物吞吐量（亿t）、港口泊位（个）、堆场面积（万m^2）、主航道宽度（m）、码头长度（m）、社会固定资产投资（亿元）、港口城市城市年进出口贸易额（亿美元）、港口城市年GDP（亿元）、常住人口数量（万人）、规模以上工业高新技术产品增加值（亿元）等11个指标数据分析港口源强。

相关数据由2015年、2016年中国港口统计年鉴，辽宁、吉林、黑龙江和内蒙古自治区的统计年鉴、统计公报以及互联网资源整合而来。

2）基于烟羽模型的辽宁港口群陆向腹地定位

（1）算法软件。

使用C#编程语言和Visual Studio开发工具，编制了腹地划分的烟羽模型计算软件。主界面如图4.2所示，模型计算用到的初始数据包括三类：港口与腹地城市距离指标数据x_{ij}（km），以常住人口数量P（万人）和工业增加值V（亿元）。后面两个指标来衡量港口对腹地城市经济影响的指标、11个有代表性的港口指标数据。根据相应方法，分别计算港口与腹地的关联度R_{ij}、港口源强Q_i、港口的影响程度$C(i,j)$，最后再进行腹地划分，显示腹地划分结果。

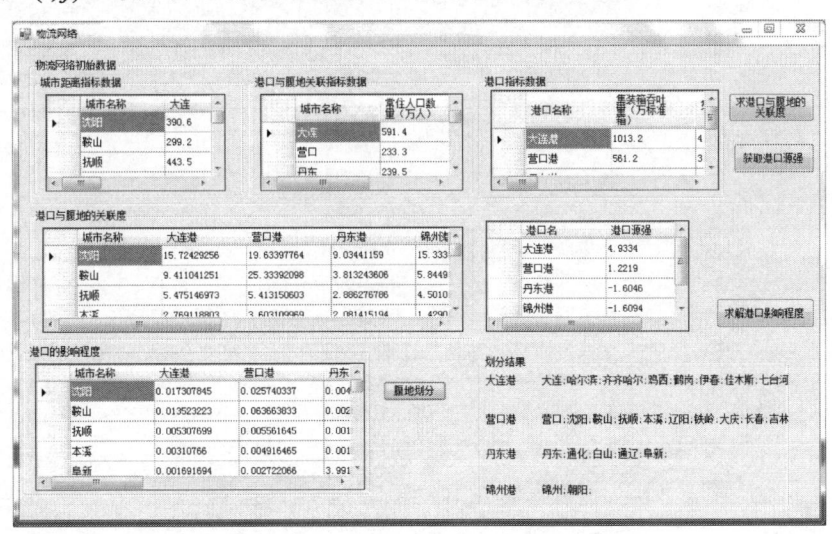

图4.2 交叉腹地划分的烟羽模型算法主界面

根据式（4.10），港口所在城市与港口距离 x_{ij} 为 0，因此，四个港口城市不需参与计算，默认归为该港口的直接腹地。计算其余 31 个城市即可。

（2）具体操作。

点击"求解港口与腹地的关联度"按钮，计算得到"港腹关联度"数据 R_{ij}，如表 4.5 所示。

表 4.5 港腹关联度

序号	城市	大连港	营口港	丹东港	锦州港
1	沈阳	15.72429	19.63398	9.034412	15.33322
2	鞍山	9.411041	25.33392	3.813244	5.84491
3	抚顺	5.475147	5.413151	2.886277	4.501087
4	本溪	2.769119	3.60311	2.081415	1.429045
5	阜新	1.621513	2.133837	0.187156	5.030229
6	辽阳	4.292716	9.055609	1.784314	2.527895
7	铁岭	1.965696	1.869969	0.9253	1.580013
8	朝阳	2.07405	2.116279	0.436834	17.41935
9	哈尔滨	1.620212	0.767739	0.538514	0.844625
10	齐齐哈尔	0.409212	0.18027	0.094371	0.146251
11	鸡西	0.089061	0.032525	0.021961	0.034026
12	鹤岗	0.04693	0.02003	0.013204	0.020409
13	大庆	1.317518	0.473032	0.30526	0.475307
14	伊春	0.064149	0.02692	0.016882	0.028229
15	佳木斯	0.121425	0.050579	0.034716	0.053838
16	七台河	0.054543	0.02243	0.015293	0.023864
17	牡丹江	0.269312	0.102059	0.066674	0.102158
18	黑河	0.046827	0.019042	0.012633	0.019462
19	长春	3.759637	2.334266	1.393431	2.227917
20	吉林	1.618727	0.712007	0.437413	0.692625
21	四平	1.669249	1.109284	0.704965	1.149641
22	辽源	0.683184	0.414645	0.262663	0.423591
23	通化	1.534813	0.731442	0.240917	0.631229
24	白山	0.798406	0.36102	0.464333	0.327815
25	松原	1.502128	0.791005	0.439408	0.692832
26	白城	0.387819	0.183662	0.100905	0.157862
27	赤峰	1.996553	1.378677	0.320469	3.629142
28	通辽	2.016251	1.310175	0.63218	1.143373
29	呼伦贝尔	0.21778	0.085344	0.055342	0.072432
30	兴安	0.189531	0.085985	0.048613	0.134347
31	包头	0.409373	0.167181	0.089371	0.228646

点击"获取港口源强"按钮，根据 3.2 节中计算港口能级的方法获得港口源强即港口综合水平得分。点击"标准化"按钮后，执行相应算法，在港口数据中显示其标准化后的数据，如表 4.6 所示。

表 4.6 辽宁港口群指标数据的标准化

序号	指标	大连港	营口港	丹东港	锦州港
1	集装箱吞吐量/万 TEU	1.3095	0.2447	-0.684	-0.8703
2	货物吞吐量/亿 t	1.1279	0.5455	-0.7136	-0.9598
3	港口泊位/个	1.4439	-0.1168	-0.561	-0.7661
4	堆场面积/万 m^2	1.0578	0.5944	-0.5407	-1.1115
5	主航道宽度/m	1.2216	0.2758	-0.3546	-1.1428
6	码头长度/m	1.4169	-0.0105	-0.6624	-0.744
7	社会固定资产投资/亿元	1.499	-0.4489	-0.5352	-0.5149
8	港口城市城市年进出口贸易额/亿美元	1.4988	-0.4435	-0.5247	-0.5306
9	港口城市年 GDP/亿元	1.4959	-0.4165	-0.5957	-0.4837
10	常住人口数量/万人	1.4719	-0.6447	-0.6081	-0.2191
11	规模以上工业高新技术产品增加值/亿元	1.4932	-0.3955	-0.6251	-0.4725

点击"求港口与腹地的关联度"按钮，对标准化的数据进行求解，得到关联度，如表 4.7 所示。

表 4.7 港口指标数据的关联度

1	2	3	4	5	6	7	8	9	10	11
1	0.9779	0.9709	0.9559	0.9681	0.9845	0.8891	0.8916	0.8952	0.7921	0.8991
0.9779	1	0.9001	0.99	0.95937	0.9264	0.774	0.7774	0.7831	0.6509	0.7893
0.9709	0.9001	1	0.8709	0.93533	0.9962	0.9705	0.9722	0.9711	0.9032	0.9716
0.9559	0.99	0.8709	1	0.97268	0.8925	0.7268	0.7318	0.7315	0.5821	0.7359
0.9681	0.9594	0.9353	0.9727	1	0.9377	0.8285	0.8337	0.8255	0.6954	0.8255
0.9845	0.9264	0.9962	0.8925	0.93769	1	0.9554	0.9569	0.9595	0.8861	0.9618
0.8891	0.774	0.9705	0.7268	0.82851	0.9554	1	0.9999	0.9991	0.978	0.9979
0.8916	0.7774	0.9722	0.7318	0.83366	0.9569	0.9999	1	0.9987	0.9795	0.9974
0.8952	0.7831	0.9711	0.7315	0.8255	0.9595	0.9991	0.9987	1	0.9795	0.9998
0.7921	0.6509	0.9032	0.5821	0.69543	0.8861	0.978	0.9758	0.9795	1	0.9788
0.8991	0.7893	0.9716	0.7359	0.82553	0.9618	0.9979	0.9974	0.9998	0.9788	1

各指标数据之间存在相关性，可以继续利用主成分分析法进行降维，其结果如表 4.8 所示。

表 4.8 港口指标的特征向量

1	2	3	4	5	6	7	8	9	10	11
-0.472	-0.094	0.199	0.324	0.244	0.037	-0.57	-0.15	0.271	-0.215	0.309
0.448	-0.3	0.044	0.094	-0.27	-0.15	0.229	-0.24	0.49	-0.411	0.287

续表

1	2	3	4	5	6	7	8	9	10	11
-0.121	-0.415	0.347	-0.31	-0.09	-0.35	-0.01	0.587	-0.16	0.0081	0.316
-0.269	0.29	0.036	-0.23	0.258	0.385	0.488	0.142	-0.01	-0.492	0.277
0.178	-0.11	-0.35	0.291	0.086	-0.15	-0.086	-0.1	-0.71	-0.328	0.295
0.16	0.579	-0.29	-0.07	-0.38	-0.03	-0.368	0.374	0.166	-0.039	0.316
-0.176	-0.279	-0.03	-0.09	-0.54	0.597	-0.018	-0.21	-0.17	0.2532	0.306
0.344	0.378	0.689	0.166	0.08	0.03	0.047	-0.18	-0.21	0.2456	0.307
-0.413	0.206	-0.17	-0.18	-0.1	-0.55	0.266	-0.43	0.022	0.2472	0.307
-0.004	-0.111	-0.26	0.56	0.218	0.08	0.345	0.349	0.206	0.4364	0.286
0.335	-0.15	-0.24	-0.52	0.533	0.134	-0.225	-0.15	0.114	0.2404	0.307

上述特征向量对应的特征值结果为（0.9821179, 0.9666132, 0.0512689, 0, 0, 0, 0, 0, 0, 0, 0）。在主成分分析中要求前 k 个公共因子方差累计贡献率≥85%，因此本模型选取前三个因子，其方差累计贡献率接近 100%，代表性更强。其中，参见表 4.8，第一个特征值对应第 11 列特征向量，第二个特征值对应第 10 列特征向量，第三个特征值对应第 9 列特征向量。

点击"港口规模"按钮，求解主成分向量的综合得分，即港口源强 Q，如表 4.9 所示。

表 4.9 辽宁港口群各港口源强

港口	F_1	F_2	F_3	$F(Q)$
大连港	-0.02	0.4094	4.5442	4.9334
营口港	0.129	1.3621	-0.2689	1.2219
丹东港	0.31	0.0165	-1.9312	-1.6046
锦州港	-0.202	0.9363	-2.3441	-1.6094

点击"求解港口影响程度"按钮后，根据式（4.10）求解 4 个港口对每一个腹地城市的影响程度 $C(i,j)$。根据最大值确定划分结果，并将 4 个港口城市加入，共计 35 个城市的腹地划分结果如表 4.10 所示。

表 4.10 港口的影响强度和腹地划分结果

城市	大连港	营口港	丹东港	锦州港	所选港口
沈阳	0.017308	0.025740	0.004535	0.002452	营口港
鞍山	0.013523	0.063664	0.002099	0.000974	营口港
抚顺	0.005308	0.005562	0.001222	0.000582	营口港
本溪	0.003108	0.004916	0.001219	0.000170	营口港
阜新	0.001692	0.002722	0.000040	0.001360	营口港
辽阳	0.005771	0.018847	0.000931	0.000384	营口港
铁岭	0.001804	0.001814	0.000356	0.000195	营口港

续表

城市	大连港	营口港	丹东港	锦州港	所选港口
朝阳	0.001896	0.002083	0.000110	0.006791	锦州港
哈尔滨	0.000716	0.000249	0.000083	0.000040	大连港
齐齐哈尔	0.000155	0.000048	0.000010	0.000005	大连港
鸡西	0.000029	0.000007	0.000002	0.000001	大连港
鹤岗	0.000015	0.000004	0.000001	0.000001	大连港
大庆	0.000576	0.001321	0.000039	0.000018	营口港
伊春	0.000021	0.000006	0.000002	0.000001	大连港
佳木斯	0.000040	0.000011	0.000004	0.000002	大连港
七台河	0.000017	0.000005	0.000002	0.000001	大连港
牡丹江	0.000100	0.000025	0.000007	0.000003	大连港
黑河	0.000013	0.000004	0.000001	0.000001	大连港
长春	0.002291	0.003195	0.000311	0.000154	营口港
吉林	0.000973	0.003027	0.000082	0.000040	营口港
四平	0.001183	0.006830	0.000195	0.000099	营口港
辽源	0.000438	0.000521	0.000063	0.000031	营口港
通化	0.001189	0.000417	0.004450	0.000046	丹东港
白山	0.000556	0.000180	0.001483	0.000022	丹东港
松原	0.000797	0.000324	0.000076	0.000037	大连港
白城	0.000171	0.000060	0.000014	0.000007	大连港
赤峰	0.001361	0.000832	0.000053	0.000491	大连港
通辽	0.001396	0.000779	0.001475	0.000088	丹东港
呼伦贝尔	0.000059	0.000015	0.000005	0.000002	大连港
兴安	0.000077	0.000025	0.000006	0.000007	大连港
包头	0.000117	0.000033	0.000007	0.000007	大连港
大连	—	—	—	—	大连港
营口	—	—	—	—	营口港
丹东	—	—	—	—	丹东港
锦州	—	—	—	—	锦州港

按照经典的圈层理论，港口对腹地的吸引会随着距离衰减，因此，在烟羽模型中以及求港口与腹地的关联度的计算中，均考虑了两地之间的距离；而腹地的综合实力在一定程度上可以抵消距离因素，因此将人口数量与工业产值作为衡量经济影响的因素改进了确定港口交叉腹地的港口影响力扩散烟羽模型。

使用烟羽模型实现了对4个辽宁港口群内的主要港口（大连港、营口港、丹东港、锦州港）在东北三省和内蒙古自治区的35个城市的腹地划分，作为一种可操作的定量模型，腹地烟羽模型具有一定的合理性和实用性。

■ 本章小结

本章主要完成了两方面的研究并以辽宁港口群为研究对象进行了计算。

1. 在模型研究方面

（1）通过比较圈层和点轴两种主要的港口腹地空间划分方法，提出可以通过聚类模型将两者有机结合，实现对区域港口群内的核心枢纽港腹地的科学划分。

（2）针对区域港口群内多个港口的交叉腹地划分难题，引入计算大气污染物的扩散浓度和影响范围的烟羽模型，并根据港口群腹地划分的实际要求，简化并改进了烟羽模型，给出相关参数的计算公式与计算方法。

2. 在实际应用方面

（1）分析辽宁港口群中的枢纽港"大连港"对东三省城市腹地的划分，根据经济状况、工业状况、交通状况及对外贸易状况等因素，采用模糊 c 均值聚类分析法将腹地城市划分为内圈层、中圈层、外圈层等三类港口腹地。通过对比分析发现，所得到的分类与城市发展状况吻合程度较高，验证了分析方法的正确性。

（2）选取辽宁港口群中的大连港、营口港、丹东港和锦州港四个大型港口，辽宁港口群所辐射的东北三省和内蒙古自治区的 35 个典型城市作为研究对象，通过烟羽模型对辽宁港口群的交叉腹地城市进行定量划分。

第 3 部分　区域港口群物流网络优化

针对本书第 2 部分所设计的港口群物流系统结构，通过运筹规划模型与仿真优化计算，实现对区域港口群物流网络的优化。

第 5 章重点研究区域港口群内的航运网络优化问题。以港口群整体运输成本最小为目标，在多种合理的约束条件下，优化区域港口群航运中转网络。考虑该问题的实际应用场景应为某区域内同时具有沿海枢纽港和内河港口，因此，选择长江三角洲港口群作为分析案例。

第 6 章重点研究在兼顾港口群航运网络和港口腹地物流通道的约束下，建立港口群物流网络的双层规划模型，解决具有单个港口的经济效益最优与整个集疏运系统运输成本最优两个目标的物流网络运输方案优化问题。作为前面章节研究的延续，仍以辽宁港口群为分析案例。

第 5 章

区域港口群水运网络优化

港口群物流网络的核心节点是区域内的各个港口,港口整合并进行综合体系建设是构建港口群物流网络系统的关键环节。大型港口与周边中小型港口一体化整合运营,形成较为完善的航运网络。因此,本章将主要研究区域港口群内的海运网络优化问题。

■ 5.1 相关文献综述

5.1.1 国内外研究现状

国外港口物流起步较早,基础设施及信息化建设都较为完善,对于港口物流供应链的建设及增值服务方面做得较为出色,大致可分为传统物流、配送物流、综合物流及港口供应链等不同发展阶段。国外港口物流水平较高的港口多已具备国际贸易中海运、空运及陆运等各运输方式相互连接的国际运输网络,该网络具备完善的枢纽设施条件,形成了公、铁、港、空结合的、完善的交通体系及高效率的物流通道。国外吞吐量较大的港口如鹿特丹港、新加坡港等在物流建设方面一直居于世界港口物流业的前列。

Ji 等[126]对港口之间的合作方式进行研究阐述,在港口间的竞争中要加强合作关系及港口与船务公司的协调,引入航运公司参与跨码头管理模式,并指出港口应该对其自身重新定义,从而保证在快速整合的市场环境中继续保持重要地位。

Asgari 等[127]基于较为详细和客观的角度,用数据包络分析的科学统计分析手段评价了港口群内港口的竞争与合作关系,并指出系统化的网络结构将有利于港口资源的优化配置。

黄瑞林[128]指出目前我国一些大型港口已经发展成为"综合物流中心",可以提供运输、转运、储存、装拆箱、仓储管理、加工、信息处理等多种业务,融合全面运营管理的物流增值服务。

潘坤友等[129]以长三角地区为研究对象，选择 74 家知名船公司分析了长三角地区航运网络演化过程及其效应。其研究表明，近 20 年来长三角地区航线空间结构趋于集中，呈现出由上海港向宁波-舟山港转移的趋势，太仓港和南京港增速最快，港口间航线争夺激烈。

肖青等[130]认为船舶航速可成为集装箱轴辐式航运网络设计的主要影响因素之一。因此，在建立航运网络规划模型时应考虑不同航速所形成航运网络的差异，进而对船公司利益造成影响。该研究可为集装箱船公司提供辅助决策的参考。

王列辉等[131]将港口对海向腹地特别是航线的争夺作为港口之间竞争的主要方式，并选取上海和宁波为样本，分析两个港口 2004~2015 年海向腹地市场变动。

王思远等[132]详细梳理了轴辐式航运网络研究的国内外文献成果，将轴辐式航运网络定义为"以港口为节点，航线为连接线的网络体系"。该网络的运输总成本由港口枢纽点、干线运输和支线运输三方面作业成本构成，并以这些成本最优化为目标，建立数学规划模型，采用多种启发式和仿生学算法进行求解。

杜超等[133]针对中国集装箱航运网络空间格局复杂性问题展开研究，对比了沿海港口和长江内河水系的集装箱航运网络的拓扑结构和空间结构特征。

5.1.2 国内外研究现状评述

从上述研究现状可以看出，虽然现在世界各国都在不断加强对港口物流网络的研究以便寻求最优的运输策略，但由于区域内港口之间竞争和争夺航线一直非常激烈，在现有研究中对港口群内各港口协同进而实现海运物流网络优化问题的探讨仍处于匮乏状态。本章将依据港口群内各港口的发展状况，从港口运输的实际情况出发，选择适合港口海运物流网络结构的研究理论，针对特定的港口群来探讨港口群内多港口海运网络结构及网络优化的问题。

5.2 相关基础理论

5.2.1 海运网络基础

1. 海运网络结构

海运网络一般构成要素为：港口（节点），航线（关联节点之间的连接）。其抽象逻辑结构可表示为：$G=(E,V)$。其中，$E=\{e_1,e_2,\cdots,e_n\}$，$V=\{(e_i,e_j), i,j=1,2,\cdots,n\}$；$E$ 为港口节点的集合；V 为弧的集合，表示连接两个不同港口的海运航线，弧具有方向性；在每个弧(e_i,e_j)上将集装箱或其他货物的货运量作为弧权重 W_{ij}。

如图 5.1 所示，一般将这样的海运网络称为"轴辐式航运网络"，需要分别定位港口与确定航线类型。

（1）定位港口。

在航运网络中承担主要中转任务的港口为枢纽港，其他港口为非枢纽港或支线港。全球货物从始运港出发，经过枢纽港进行转运，集中相同航线上的运输量，提高集装箱船的利用率，实现规模经济。

（2）确定航线类型。

根据对干线、次干线、支线的不同分类，形成了航线二分法（图 5.1（a））和三分法（图 5.1（b））。两种航线分类本质相同，均是非枢纽港的货物先通过小型集装箱船或驳船运至枢纽港，枢纽港间的货物运输则由大型集装箱船实现。

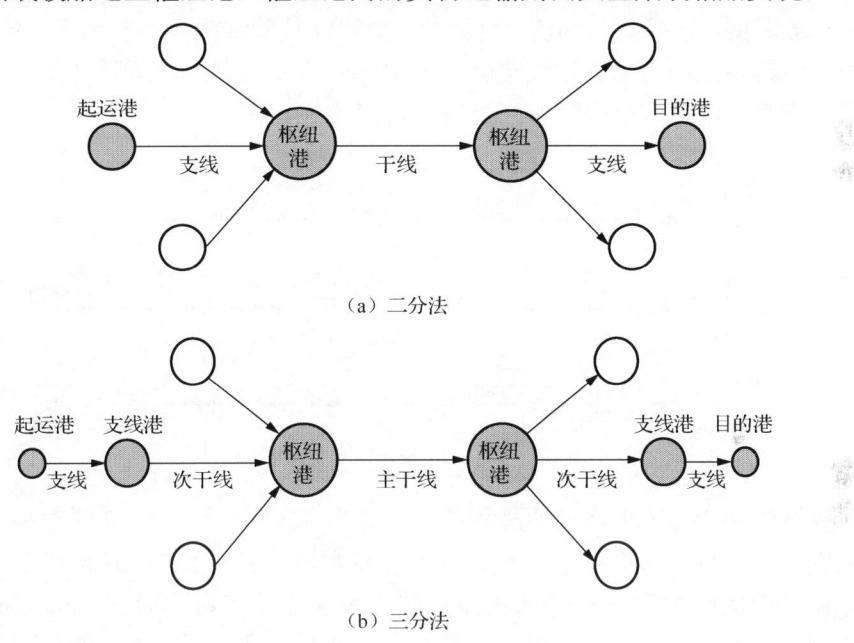

图 5.1 轴辐式航运网络结构示意图

2. 轴辐式航运网络的优点

（1）货物从非枢纽港向枢纽港汇集，可在枢纽港停泊大型现代化船舶，提高船舶满载率，实现集约化运输和规模经济，整个航运网络的成本得到降低。

（2）港口科学定位和优化船舶配置。在海运网络中对港口进行层次化定位，分清主次关系，重点建设枢纽港，并为在干线和支线科学配置船舶提供依据。

（3）在轴辐式航运网络中，非枢纽港只与枢纽港相连，对货流的管控更加严格，避免了传统航运网络中各级港口随意互联、航运网络中货流混乱的局面。

5.2.2 蚁群算法概论

蚁群算法是受自然界中真实蚁群的集体觅食活动而启发的算法，属于一种随机搜索方法[134]，后续发展成为一种重要的集群智能算法。

如图 5.2 所示，以蚁群从巢穴出来觅食并返回巢穴这一经典的例子来说明蚂蚁觅食的过程。首先，假设巢穴和食物之间有两条路径可供选择，这样，当蚂蚁到达分叉口时就需要进行判断选择。最初，两条路都没有信息素（两条路还未曾有蚂蚁走过），因此，蚂蚁选择任何一条路径的概率相同，即经过两条路的蚂蚁数量基本相同。由于选择较短路径的蚂蚁会最先到达目的地，并率先返回，这时较长路径的信息素还未更新，这样它就会选择信息素浓度较大的路径，即短路径，经过一段时间，选择短路到达（目的地）的蚂蚁数量将明显多于选择长路的蚂蚁，导致较短路径上的信息素浓度更大，被选择的概率就越大，选择这条路径的蚂蚁数量也就越多，直到所有的蚂蚁都选择最短路径为止。

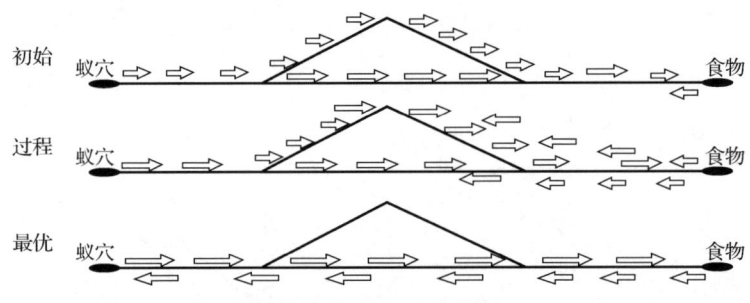

图 5.2　蚁群算法的示意图

蚁群这种选择最短路径的过程被专家称为"自催化行为"，其原理是一种正反馈机制，因此也可将这种行为理解成所谓的增强型学习系统。蚁群算法本质上是进化算法中的一种启发式全局优化算法，被应用于多种组合优化问题的求解，如旅行商问题、指派问题、调度问题、车辆路径问题、图着色问题和网络路由问题等[135-136]。

5.3　港口群水运物流网络结构优化

对港口群内多港口构成的海运网络进行优化，建立相应的规划模型，采用蚁群算法求解结果。

5.3.1 建立网络结构优化模型

1. 背景问题描述

在区域港口物流网络运输体系中，可能会有多种可选择的运输模式，如货物从起点港口直接运往目的港或从起点港经一些中转港口运往目的港；又如根据所运输的货物量可以选择大船一次性运输或者选择多艘小船运输；当目的港的集装箱容量小于货物量时，还需要在其周围的喂给港停靠卸货等多种运输形式。而选择某一种运输方式的依据则是使总的运输成本最少，运输时间最短。

因此，对海运物流网络模型的优化具体应考虑以下方面。

（1）经济性（E）。体现为港口作业与运输成本最低，也就是影响是否选择该种运输方式的经济性指标。

（2）时间性（T）。体现为运输过程所消耗和占用的时间最短。

（3）便利性（C）。体现为货物在港口的装卸作业的效率和方便程度。

（4）环保性（P）。根据低碳、绿色、生态、可持续发展的目标，应对海运网络的环保性加以考虑。

虽然现实中在同一个运输方案中，很难使得上述四个方面全部达到最优，但如果可以将这些因素汇总为"综合运输成本"，就可将海运物流网络模型转化为以求解运输综合成本最小为目标的数学规划问题。

2. 海运中转网络结构的规划模型

1）假设条件

（1）货物运输在港口群的海运网络中采用的是水路运输方式。

（2）根据轴辐式航运网络的实际情况，区域港口群内的海运中转不会超过 2 次。

（3）将起运港、中转港与运输线路的选择和使用进行统一的考虑与分析。

（4）由于区域内各港口地理位置相近，因此假设相同的集装箱和货物在不同港口的运输费用是相同的。

2）基本参数

P_{ij} 为 i 港到 j 港的集装箱运价；

Q_{ij} 为 i 港到 j 港的货物运输量；

d_{ij} 为两港间的海运距离；

P_Q 为单箱货物的平均总价值；

T 为货物的时间损耗；

i_s、σ、γ 为平均折现率、保险费率和环境损耗率；

n 是港口群网络结构中的网络节点数，也就是港口数。

3）网络结构的规划模型

$$\min \sum_{i=1}^{n} \sum_{j=1}^{n} S_{ij} = \sum_{i=1}^{n} \sum_{j=1}^{n} Q_{ij}(P_{ij}d_{ij} + P_Q i_s T + P_Q \sigma + d_{ij}\gamma) \quad (5.1)$$

$$\text{s.t.} \begin{cases} S_{ij} = \{S_1, S_2, S_3, \cdots, S_n\} \\ Q = \max Q_{ij} \\ d_{ij} = d_{ji} \\ i, j \in [1, n] \text{且} i \neq j \end{cases}$$

4）网络结构规划模型描述

结合式（5.1）对该规划模型的目标函数、决策变量、约束条件进行描述。

（1）目标函数为成本最小，主要成本为运输成本 $Q_{ij}P_{ij}d_{ij}$，其他因素包含平均折现率、保险费率和环境损耗率等。

（2）决策变量为 d_{ij}，同时应掌握为取得最小的 d_{ij} 所经过的海运节点。

（3）约束条件说明：①S_{ij} 代表港口间的最优路径备选方案；②流量 Q（即运输量）达到最大；③港口之间的距离是一定的；④找出港口群中任意两个港口的最优物流路线。

5.3.2 基于蚁群算法的模型求解

1. 蚁群模型分析

将寻找最优的港口群网络物流路线（路径最短）视为蚂蚁寻找食物的最短路径，因此，每一只蚂蚁所选择的路径对应一个方案（可行解）。

在第 i 个港口节点的第 k 只蚂蚁，其选择下一港口 j 的概率为

$$p_{ij}^k(t) = \begin{cases} 0, & \text{其他} \\ \dfrac{\tau_{ij}^\alpha(t) \eta_{ij}^\beta(t)}{\sum\limits_{s \in L_k} \tau_{is}^\alpha(t) \eta_{is}^\beta(t)}, & j \in L_k \end{cases} \quad (5.2)$$

式中，L_k 表示蚂蚁 k 下一步可能选择的节点集合；τ_{ij} 表示 (i,j) 路径上信息素量的大小，$\tau_{ij} \in [\tau_{\min}, \tau_{\max}]$ 反映蚁群在这条边上的先验知识，是蚁群在寻优过程中所积累的残留信息量；η_{ij} 表示 (i,j) 弧的可见度，反映蚂蚁在运动过程中得到的启发信息，例如路途的远近等；α 和 β 分别为信息度的启发因子和能见度的启发因子，α 表示蚂蚁选择以前已得可行解的可能性，β 表示局部最优解被选择的可能性；U_k 表示对于第 k 只蚂蚁不可行的节点集合。

（1）转移规则。

蚂蚁会不断地选择新的节点到其选择的路径中，直到遍历了所有的节点并且返回到最初节点为止，则可认为该蚂蚁已经构造了一个解决方案。蚂蚁在移动的过程中不是盲目的，而是根据每条可选择的路径上残留的信息素和两点间的距离

来选择下一节点的。转移规则保持蚁群算法的随机搜索能力与快速收敛能力的平衡原则。

（2）更新策略。

为了对之后搜索的蚂蚁提供有效的信息，先前的蚂蚁在经过的路径上留下的信息素需要能够反映出其找到路径的优劣程度。在这里，要通过减少每条路径上的信息素量（模拟现实世界中的信息素蒸发的状况）来避免一些路径在搜索过程中过于优势，从而减少算法的随机性。蒸发公式为

$$\tau_{ij} = \rho \tau_{ij} + \sum_{k} \Delta \tau_{ij}^{k}, \quad \rho \in (0,1)$$
$$\Delta \tau_{ij} = \sum_{k} \Delta \tau_{ij}^{k}$$
(5.3)

式中，ρ 为信息素残留系数；$\Delta \tau_{ij}^{k}$ 为第 k 只蚂蚁在本次循环中在路径上留的信息素。

在现实的蚁群系统中，路径越短信息素浓度越高。在蚁群算法中，越优的路径应获得越多的信息素，使其在之后的搜索中效用更高，因此信息素增量更新的策略在蚁群算法中尤为重要。

2. 蚁群算法步骤

第一步，初始化运输网络。外部读入节点的最大运量（即港口的货物运输量 Q_{ij}）与节点间的运距（即港口间的海运距离 d_{ij}）作为初始输入。为参数 α（信息度因子）、β（能见度因子）、ρ（信息素残留系数）、n（港口数）、m（蚂蚁数）、H（常量）赋值（α, β, ρ, H 为用实验方法确定最优组合）。对每条边的信息素浓度赋值，将蚂蚁置于任意起始点，将 U_m 表清零，R_m 表置为-1。

第二步，将起点 i 在 U_i 表的第一列中置为 1，$(m=1,2,\cdots,n)$，为表的列项建立索引 k_i，建立约束变量 r_1。

第三步，蚂蚁 k 根据蚁群系统的伪随机比例规则来选择下一节点 s，即

$$s = \begin{cases} \arg_{j \in L_K} \max\{[\tau(i,j)]^{\alpha} [\eta(i,j)]^{\beta}\}, & q \leqslant q_0 \\ S, & \text{其他} \end{cases}$$
(5.4)

式中，q 为[0,1]内均匀分布的随机数；q_0 为一参数，$q_0 \in [0,1]$，如果 $q \leqslant q_0$，则根据之前的先验知识选择最优的路径，否则按照式（5.2）的概率来选择路径。

当结束当前搜索时，根据式（5.5）局部更新路径信息

$$\tau(i,j) = (1-\sigma) \times \tau(i,j) + \sigma \times \Delta \tau(i,j)$$
(5.5)

第四步，所有蚂蚁完成循环后，对蚂蚁的路径进行判断，根据式（5.6）更新路径信息，传递至信息矩阵。

$$\tau(i,j) = (1-\rho) \times \tau(i,j) + \rho \times \Delta \tau(i,j)$$

$$\Delta\tau(i,j) = \begin{cases} 0, & 其他 \\ Q(f_{gb})^{-1}, & (i,j) \in R_{gb} \end{cases} \quad (5.6)$$

第五步,重置全部蚂蚁归位,重复第二步到第四步,根据最终的网络状态确定海运网络,并计算该网络运营的总成本。

第六步,若该循环未达到最大循环次数,且未停滞,则将所有的 U_m 表、R_m 表及信息素矩阵重置,转到第二步。

第七步,将具有最小运营成本的最优海运网络输出。

蚁群算法的具体流程如图 5.3 所示。

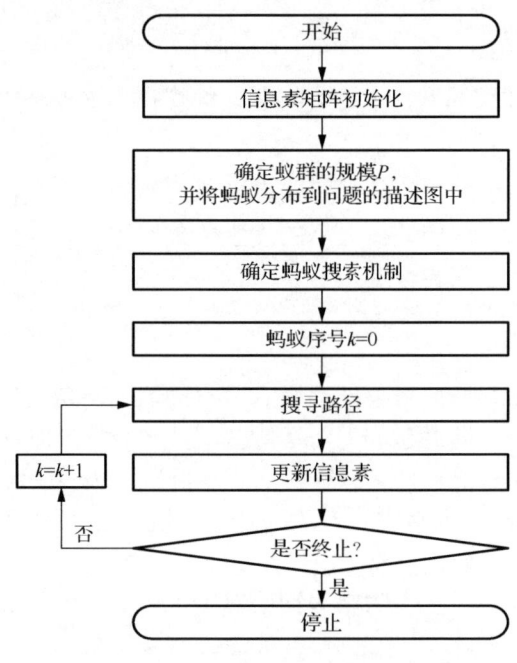

图 5.3 蚁群算法流程图

5.3.3 港口群水运网络优化的实例

按照本章所建立的模型(式(5.1))进行优化计算,寻求物流运输的最优路径与该路径的最小成本。为简化计算,进一步提出以下假设:该模型中提到平均折现率 i_s、保险费率 σ 和环境损耗率 γ,临近各港口均相同,并设定为固定费用;相同集装箱和其他货物的 P_Q(单箱货物的平均总价值)也相同;港口服务质量较好,装卸效率较高,T 值(货物的时间损耗)相同;由于现实情况是港口之间还没有形成中转网络,因此用起始港的内贸运输量代替海运运输量 Q_{ij}。因此,式(5.1)中的约束保持不变,但目标函数可转换为以 i 港与 j 港口之间距离 d_{ij} 为决策变量求解两港之间的最短距离。

第 5 章 区域港口群水运网络优化

考虑该问题的实际应用场景应为某区域内同时具有沿海枢纽港和内河港口，因此，选择长江三角洲港口群作为分析案例。选取长江三角洲港口群中的 8 个港口作为航运网络的港口节点，主要包括：上海港、南京港、镇江港、盐城港、宁波港、南通港、连云港港、张家港港等。

收集各港口间的海向距离及港口货物内贸运输量，具体数据如表 5.1 所示。同时，为了实现蚁群算法的编程，为每个港口设定相应的代码与编号。

表 5.1 长三角各港口间海运距离与货物运输量数据

港口	港口代码	港口编号	运输量/万 t	海运距离							
				上海港	宁波港	连云港港	南通港	南京港	张家港港	镇江港	盐城港
上海港	SH	1	37734	0	134	388	66	203	92	158	250
宁波港	NB	2	20770	134	0	496	—	—	—	—	523
连云港港	LYG	3	8964	388	496	0	—	—	—	—	170
南通港	NT	4	12200	66	—	—	0	137	26	92	—
南京港	NJ	5	12205	203	—	—	137	0	111	48	—
张家港港	ZJG	6	19762	92	—	—	26	111	0	64	—
镇江港	ZJ	7	10351	158	—	—	92	48	64	0	—
盐城港	YC	8	1933	250	523	170	—	—	—	—	0

注：表中"—"代表此路径不可直达，$d_{ij}=d_{ji}$

根据实际的海运情况，货物的水水中转靠泊次数不会超过 2 次，因此该航线上的最大节点约束 r 取值为 3；依照网络规模（节点 8 个）与蚂蚁数目之比约等于 2 的选择策略，模型中的蚂蚁数取值为 16；其他参数经试验尝试确定，其中，$\alpha=0.1$，$\beta=2$，$\rho=0.3$，$\sigma=0.1$，$H=200$。使用 Java 编程语言编写蚁群算法程序，运行结果的部分截图如图 5.4 所示。

```
8
11
5
3
中转站：1
5 1 1 3  12205 203 8964 388
中转站：2
5 6 6 1 1 3  12205 111 12205 203 8964 388
5 7 7 1 1 3  10351 48 10351 158 8964 388
5 4 4 1 1 3  12200 137 12200 64 8964 388
5 1 1 8 8 3  12205 203 1933 250 1933 170
中转站：3
5 7 7 6 6 1 1 3  10351 48 10351 64 19762 92 8964 388
5 7 7 4 4 1 1 3  10351 48 10351 92 12200 64 8964 388
5 7 7 1 1 8 8 3  10351 48 10351 158 1933 250 1933 170
5 6 6 1 1 2 2 3  12205 111 12205 203 1933 250 1933 170
5 6 6 4 4 1 1 3  12205 111 12200 26 12200 64 8964 388
5 4 4 1 1 8 8 3  12200 137 12200 64 1933 250 1933 170
select number:1
the minmum cost is 591
```

图 5.4 蚁群算法运行结果部分截图

如图 5.4 所示，结合表 5.1 的港口编号，对所截取的蚁群算法结果加以说明。

此图表明从南京港（编号 5）这一江港经上海港最终运输到连云港港（编号 3）。第一行"8"表示共 8 个港口节点；第二行"11"表示可选路线有 11 条；第三行"5"表示起始港为 5（NJ）；第四行"3"表示终点港为 3（LYG）；第五行"中转站：1"表示需经过一个转运港；第六行前半部"5 1 1 3"表示起点港口 5（NJ）到港口 1（SH），再由港口 1（SH）运输到终点港口 3（LYG）；第六行后半部"12205 203 8964 388"代表港口 5 到 1 以及 1 到 3 航线的最大货物运输量及该航线的成本，以此类推；倒数第二行"select number:1"表示选择第 1 条航线，即 5（NJ）→ 1（SH）→ 3（LYG）；最后一行"the minmum cost is 591"表示该路线的最小运输距离为 591 n mile。

同理，可解释程序输出的其他结果，并将这些结论记录到如表 5.2 所列的航运网络优化结果中。特别指出，除表 5.2 所列，其余港口之间均应直达。

表 5.2　区域港口群航运网络优化结果

序号	起始港	转运港（1）	转运港（2）	终到港	最短路径
1	ZJG	SH	—	NB	222
2	ZJG	SH	—	YC	242
3	ZJG	SH	—	LYG	480
4	NT	SH	—	LYG	454
5	NT	SH	—	YC	316
6	NT	SH	—	NB	196
7	ZJ	ZJG	SH	LYG	544
8	ZJ	ZJG	SH	NB	286
9	ZJ	ZJG	SH	YC	406
10	NJ	ZJG	SH	LYG	591
11	NJ	ZJG	SH	YC	453
12	NJ	ZJG	SH	NB	308

结合表 5.2 中的相关结果，提出以下思考与建议：

（1）应高度重视水水中转的发展，提高"水水中转"在多式联运中的比例。

集装箱集疏运方式主要包括公水中转、水水中转、铁水中转等，其中，水水中转能够有效实现港口集疏运的经济性，有助于解决公路中转造成的交通拥堵和环境污染等问题，有助于实现多种运输方式的生态绿色融合。本节发现长江三角洲港口群水水中转的枢纽港集中选择内河转运港为张家港港，沿海转运港为上海港。张家港港位于长江下游黄金水道，腹地经济实力雄厚。同时，再次确立了上海港在地区和全球港口行业中的领先地位。

（2）上海港作为长江三角洲港口群的中心枢纽港的地位被进一步明确。

上海港有效地将该港口群内的内河港口与沿海港口连接到一起，为江港和海港之间的运输提供了便捷的路径，为水水中转提供更加良好的港口物流服务，有效推进各种航道疏浚工程、内河集装箱船舶改进、江海直达运输等工作。

（3）应大规模建设内河航运网络。

内河水运具有运输成本和运能优势，占地少而节约土地资源，能耗小而具有节能减排优势，缓解陆运拥堵和交通压力，内河航运已经成为区域经济协调发展的重要纽带。同时，我国内河航运资源十分丰富，主要分布在黑龙江、长江、淮河、珠江等水系和京杭运河等。黑龙江是我国东北经济区流域面积最大的水系；长江沿岸港口体系现已成为全球最大的内河港口系统，是长江经济带的重要支撑。因此，为促进港口物流功能有序配置，为实现我国社会经济的可持续发展提供科学依据，需进一步深化关于港口群水运物流网络体系的理论研究。

■ 本章小结

本章重点研究在综合交通运输体系中发挥水运优势，促进多种运输方式在港口节点的融合汇聚，提高物流环保性与运输经济性。

水水中转及对其腹地的竞争是港口体系形成的关键性因素，因此，以港口为节点，以航线为关联边，构建干线畅通、次干线及干支连通衔接的水路运输网络，对于提升和发展沿江、沿海港口网络体系具有至关重要的作用。

本章针对多个港口之间所形成的水运物流网络，通过建立数学规划模型分析多港口间运输的最优成本与最优路线，采用蚁群算法对模型进行求解，进而得到优化的水水中转网络。这对于实现港口资源的优化配置及各港口的相互合作，建立完善的中转运输网络结构，对促进我国港口物流的发展具有一定的实际意义。

第 6 章

基于双层规划的港口群物流网络优化

通过调查港口群物流网络资源配送与运输决策等相关问题后发现，整体系统物流运输总成本与区域内单个港口的利益之间相互博弈，两者相互影响、相互牵制。针对此问题，利用双层规划建模的方法使港口集疏运系统总成本最小与各港口利益最大两个条件同时满足，对港口群内的多个港口之间的集疏运网络及运输车辆、船舶配置的选择进行决策；并对所提出的双层规划模型利用遗传算法求出帕累托最优解，利用线性规划等方法对其进行筛选，得到目标函数值，并提出相应的优化建议。

■ 6.1 相关文献综述

6.1.1 国内外研究现状

Tran[137]建立模型来处理港口选择问题，模型的目标是尽量减少总成本，并且分析了物流网络范围内大型船舶的效率。Hossain 等[138]利用贝叶斯网络分析了港口物流网络，并建立模型证明了港口物流效率与港口船舶活动息息相关。Wang[139]以轴辐型港口群为研究对象，通过水路和公路网的二阶段模型对区域港口群进行了优化。

Wang 等[140]针对邮轮航线优化问题建立动态规划模型。其中，特别考虑到随着邮轮旅客数量众多，以及海洋环境保护的规定，决定在哪一个港口处理游船上产生的废弃物是降低邮轮公司成本的关键。并将这一因素作为重要约束建立模型，提出了在多项式时间内可完成求解的静态确定性模型算法，通过大量的数值实验以及对实际情况问题的计算，证明了算法的有效性。

Sugawara[141]指出在全球化和国际贸易持续快速增长的背景下，建立从港口到腹地的有效物流网络极为重要。美国"复苏与再投资法案"（American Recovery and Reinvestment Act，ARRA）中将"The Crescent Corridor"多式联运货运网络规划作为该法案的重要组成部分之一。由此可见，美国联邦政府和各地区立法机构，铁路货运公司和码头公司都将形成跨越多种运输模态和多个司法管辖区的港口腹地物流网络作为重要的工作任务。

Ferretti等[142]指出政府的治理改革措施将促使许多港口引进创新的合作计划——合并港口当局（Port Authorities, PAs）。而港口合并通常具有一定程度的复杂性，港口必须面对两大关键挑战：港口规划和特许经营。港口规划包括一系列复杂的活动，旨在划定和设计港口总体布局以及考虑未来的交通流量对合并的港口进行功能定位，以便更有效地利用整个港口区域。

我国许多学者都将研究重点放在了港口资源整合的系统设计和政策性层面上。他们根据腹地的动态性及相关存在条件，提出基于整个系统总运输成本最小的优化模型；根据港口之间的运输能力与枢纽港相应的运输分配计划建立了一个关于优化区域港口群二级运输网络的非线性模型。例如，赵宴林[143]以港口物流为研究对象，以运输成本、换装成本及时间成本最优为目标，建立了港口物流多式联运网络模型。臧白鸽[144]以总运输费用最小为目标，建立了受现阶段交通条件约束的规划模型，研究港口集疏运系统。高鹏[145]研究了集装箱港口物流网络系统运作过程的建模问题，并将"港口后方堆场的作业调度优化"作为解决集装箱港口物流网络的核心因素进行规划与优化计算。王雁凤等[146]在其模型中引入碳排放权重、成本系数以及时间效用系数，构建了以港口群物流网络运输总成本最小为目标的优化模型，得到了海上集疏运系统的最优运量、运力配置方案。刘爽[147]以煤炭运输为背景对港口货物吞吐量进行预测，并针对海上运输与陆上运输的网络连接枢纽建立了优化模型，对综合运输系统的完善和可持续发展具有重要的理论研究价值与意义。罗月蕾[148]以系统总运输成本最小为目标研究港口内陆集疏运网络运输路径流量分配，并对铁路运输的作用进行有针对性的描述。

6.1.2 国内外研究现状评述

从发展的角度看，港口的物流运输网络作为水路运输的必要存在条件在综合交通发展，乃至区域经济发展中扮演着越来越重要的角色[149]。国内外针对港口物流及集疏运方式、物流调配的研究众多，多篇关于港口物流系统的论文均是以港口群总运输成本最小为主要目标，同时考虑个体港口效益最大，建立数学规划模型，通过多智能体（multi-agent）、遗传算法、蚁群算法、人工神经网络等方法进行优化计算。但是，当前研究还存在一定的局限性：

这些研究大都集中于单一运输模式的物流网络优化，或针对配送中心的双层物流网络优化，而考虑公水联运、海铁联运的物流网络优化问题较少。

实现系统整体最优（或是总运输成本最低）的同时，往往难以兼顾个体港口的利益最优，缺乏针对港口群集疏运系统整体与单个港口利益之间相互关联的研究。

因此，区域港口群物流网络双层优化研究具有重要的现实意义与理论价值。

■ 6.2 相关基础理论

6.2.1 双层规划的一般模型

双层规划由上层优化问题和下层优化问题共同构成。其中，上层规划由上层变量和下层变量决定；而下层规划由下层变量决定，但是要对上层变量有影响[150]。双层规划问题的一般数学模型如下：

$$P_1 : \min_x F(x,y) \tag{6.1}$$

$$\text{s.t.} \ G(x,y) \leqslant 0 \tag{6.2}$$

式中，对每一个固定的 x，y 是下述规划问题的解向量。

$$P_2 : \min_y f(x,y) \tag{6.3}$$

$$\text{s.t.} \ g(x,y) \leqslant 0 \tag{6.4}$$

式中，称 P_1 为双层规划的上层；P_2 为双层规划的下层；$x \in R^{n_1}, y \in R^{n_2}$ 分别为上层变量和下层变量；$F(x,y), f(x,y): R^{n_1+n_2} \to R$ 分别为上层的目标函数和下层的目标函数；$G: R^{n_1} \times R^{n_2} \to R^{m_1}, g: R^{n_1} \times R^{n_2} \to R^{m_2}$ 分别为上层约束和下层约束。

为了更简单地描述双层规划问题，给出以下基本概念。

（1）约束域的集合为：$S = \{(x,y) : G(x,y) \leqslant 0, g(x,y) \leqslant 0\}$。

（2）S 在上层空间上的投影：$S(x) = \{x \in X : \exists y \in Y, (x,y) \in S\}$。

（3）对于 $\forall x \in S(x)$，每个下层的可行集：$S(x) = \{y \in Y : g(x,y) \leqslant 0\}$。

（4）下层合理反应集为：$M(x) = \{y \in Y : y \in \arg\min\{f(x,y) : y \in S(x)\}\}$。

（5）诱导域的集合为：$IR = \{(x,y) \in S, y \in M(x)\}$。

定义 1：如果 $(x,y) \in IR$，则称点 (x,y) 是双层规划问题的可行解。

定义 2：如果 $(x^*, y^*) \in IR$ 且对于 $\forall (x,y) \in IR$，都有 $F(x^*, y^*) \leqslant F(x,y)$ 成立，则称点 (x^*, y^*) 是双层规划的最优解。

双层规划模型一般是上层模型首先根据相应的约束条件宣布初始的方案，这一决策方案将影响下层模型，然后下层模型使自己的目标函数达到最优，这一过程反过来也影响上层问题的最终方案，最后再适当调整从而使系统最优。

6.2.2 遗传算法理论

1975 年，美国 Michigan 大学的 J. Holland 教授首先提出遗传算法（genetic

algorithm, GA）。GA 是由适者生存、优胜劣汰的机制演变而来的一种生物进化选择的优化搜索方法[151]。遗传算法的计算过程为：选择编码方式→产生初始群体→计算初始群体的适应度值→如果不满足条件{选择→交叉→变异→计算新一代群体的适应度值}。遗传算法不依赖于其他辅助信息，只需要确定相应的目标函数和相应的适应度函数即可。遗传算法现已广泛应用于多个学科与工程实践问题，是人工智能、仿生学算法中的热点研究方法。

6.3 港口群物流网络规划建模方法

本节从定性和定量的角度出发，在港口与内陆货物运输系统的一体化过程中，构筑运输组织空间分析的选择方法，来为货物运输提供物流便利。对于区域港口物流系统决策者与设计者来说，为了实现最优化的区域港口群物流网络总成本，需要对物流运输网络进行合理的规划与优化计算。

首先，通过对港口腹地物流网络体系中的各项关键对象进行抽象，考虑多个最优化目标，并设定合理的约束条件，对港口物流网络进行规划建模。然后，辅以定量的手段对其进行规划，从而对港口决策者提供帮助与支持。因此，本节拟采用双层规划模型来探讨区域港口群内港口物流网络的规划问题。为了与本书第二部分"港口群物流系统结构"衔接，仍以辽宁港口群为例进行着重研究。

6.3.1 背景问题描述

从第 5 章关于"区域港口群水运网络优化"的研究结论可知，在区域港口近洋运输系统中，区域内各港口普遍的运输方式为：腹地—出发港口—目的港或者腹地—出发港口—枢纽港—目的港。第 5 章对上述运输模式中的"水水转运"网络优化已经进行了研究，但还需结合腹地到港口的"公水、铁水"运输形成无缝连接，最终形成港口群物流网络的整体优化，核心是在单个港口的经济效益与整个集疏运系统运输成本两个目标下对运输方案的选择问题。

因此，本节针对这两者之间相互影响的关系，设计双层规划模型。首先，根据腹地之间的逻辑基础关系，通过对上层模型的求解，得到集疏运系统的初始运输方案。其次，在满足总体集疏运系统运输成本最小的前提下，求解相应的运输方案。在得到上层模型的腹地选择方案之后，对下层模型进行求解，在使各自港口经济效益最大的前提下，其港口腹地与港口之间的货物运输量不断变化。最后，根据下层得到的值对上层得到的运输方案进行优化调整，最终得到成本最低的运输方案。

6.3.2 港口群物流网络的双层规划模型

一般来说，系统最优是港口管理决策者希望达到的一种均衡状态，但是实现港口群集疏运系统整体最优的前提是要实现单个港口利益与系统总成本的相融合。对于具有主从递阶结构的系统优化问题可以视为符合双层规划的建模条件，将整体最优视为上层规划，将个体最优视为下层规划。建立双层规划模型，上层规划面向港口群整体物流成本最小化，而下层规划面向每一个港口利益最大化。

1. 模型假设

（1）区域港口中至少存在一个枢纽港。

（2）本模型主要研究的是在区域港口近洋运输系统中，区域内各港口的货物运输经过枢纽港的中转运输问题。

（3）本模型港口腹地划分采用更注重理想化与合理化的逻辑性腹地划分。

2. 模型参数

C：港口集疏运系统总成本。

T_i：港口 i 的收益。

L_i：港口 i 的区位势。

M：除枢纽港以外的港口数量。

I：所有可能被划分的港口经济腹地区域范围的数量。

I_i：属于港口 i 的经济腹地的数量。

k：（车辆、船舶）种类分类编号。

N：经济腹地范围所划分的区域数量。

Q_p：腹地的货物运输量。

C_i：港口 i 的单位处理成本。

C_p^k：腹地 p 内第 k 类车辆的运输成本。

C_{ij}^k：港口 i 到 j 第 k 类船舶的运输成本。

S_p^k：腹地 p 内第 k 类车辆的最大运输能力。

S^k：第 k 类船舶的最大运输能力。

D_{ij}：从港口 i 到港口 j 的货物运输需求量。

$D_{p,j}$：属于港口 i 的经济腹地范围 p 到港口 j 的货物运输需求量。

A_p：与腹地 p 存在交替关系的区域数量。

E_p：与腹地 p 存在排斥关系的区域数量。

x_p^k：腹地 p 的第 k 类运输车辆的配备数量。

y_{ij}^k：港口 i 到港口 j 第 k 类船舶的配备数量。

x_{ij}：从港口 i 到港口 j 的运输量。

z_p：若经济腹地 p 被选择，则为 1；反之为 0。

上层决策变量：$x_{ij}, y_{ij}^k, x_p^k, z_p$。

下层决策变量：$D_{p,j}$。

3. 构建双层规划模型

上层规划可以描述为港口群中的各个港口在满足运输总需求的条件下确定货物车辆的数量和单位成本，使得总运输成本最小（成本分为两个部分：陆上运输费用，海上运输费用）；下层规划则为了实现单个港口的收益最大。

（1）上层规划。

在上层规划的目标函数中主要考虑两个方面：各个经济腹地到港口之间的距离、港口与港口之间的运输成本。

$$\operatorname{Min} C = \sum_{p=1}^{I} \sum_{k=1}^{K_p} C_p^k x_p^k z_p + \sum_{i=0}^{M} \sum_{j=0}^{M} \sum_{k=1}^{k} C_{ij}^k y_{ij}^k \tag{6.5}$$

约束条件：

$$x_{i0} + \sum_{j=1}^{M} x_{ij} = \sum_{j=1}^{M} D_{ij}, i=1,2,\cdots,M; i \neq 0 \tag{6.6}$$

$$x_{0j} + \sum_{j=1}^{M} x_{ji} = \sum_{j=1}^{M} D_{ij}, i=1,2,\cdots,M; i \neq 0 \tag{6.7}$$

$$x_{ij} \leqslant D_{ij}, i=1,2,\cdots,M; j=1,2,\cdots,M; i \neq j \tag{6.8}$$

$$x_{ij} \leqslant \sum_{k=1}^{k} y_{ij}^k S^k, i=0,1,\cdots,M; j=0,1,\cdots,M; i \neq j \tag{6.9}$$

$$y_{ij}^k = y_{ji}^k, \quad i=0,1,\cdots,M; j=0,1,\cdots,M; i \neq j, k=1,2,\cdots,K \tag{6.10}$$

$$D_{ij} = \sum_{p=1}^{I_i} D_{pj} z_p, \quad i=1,2,\cdots,M; j=1,2,\cdots,M; \quad i \neq j \tag{6.11}$$

$$\sum_{i=0}^{M} D_{pi} z_p \leqslant \sum_{k=1}^{k} x_p^k S_p^k, \quad p=1,2,\cdots,I \tag{6.12}$$

$$\sum_{l=1}^{A_p} z_l = 1, \quad p=1,2,\cdots,I \tag{6.13}$$

$$z_p \sum_{l=1}^{E_p} z_l = 0, \quad p=1,2,\cdots,I \tag{6.14}$$

$$\sum_{p=1}^{I} z_p = N \tag{6.15}$$

$$x_{ij} \geq 0, \quad i=0,1,\cdots,M; j=0,1,\cdots,M; i \neq j$$
$$y_{ij}^k > 0, \quad y_p > 0 \text{且为整数}$$

式（6.6）是指对于每一个港口而言，由该港口向该区域内枢纽港的运输量+该港口直接运输到其他港口的运输量=由该港口向其他所有港口的出口运输量；

式（6.7）是指对于每一个港口而言，由该区域内枢纽港向该港口的运输量+其他港口向其的进口运输量=该港口的货物运输需求；

式（6.8）是指两个港口之间的货物运输量不大于两个港口之间航线上的运输量；

式（6.9）是指两个港口之间的货物运输量不大于各类船舶最大运输量之和；

式（6.10）表示根据运输能力大的航向来确定往返航向；

式（6.11）表示港口与港口之间的货物运输量取决于腹地划分结果；

式（6.12）表示每个经济腹地的运输能力不能超过海上运输能力；

式（6.13）表示腹地中拥有替代关系的只可以选一个；

式（6.14）表示每个经济腹地只能选一次；

式（6.15）表示整个经济腹地的运输量都应该被满足。

（2）下层规划。

下层规划的主体是港口。港口收益是经济腹地运输量乘以港口区位势系数 L_i（表示港口争夺资源的能力，L_i 值越大，说明吸引能力越强，就有越多货物选择该港口），再与港口单位处理成本的乘积。所以下层规划的目标函数为

$$\text{Max} T_i = \sum_{i=1}^{M}\sum_{j=1}^{M} C_i L_i D_{p_i j} \tag{6.16}$$

约束条件：

$$\sum_{i=1}^{M}\sum_{j=1}^{M} D_{p_i j} \leq Q \tag{6.17}$$

$$\sum_{i=1}^{M} D_{p_i} z_p L_i \leq Q_p \tag{6.18}$$

$$D_{p_i j} \leq N \times z_p \tag{6.19}$$

$$\sum_{l=1}^{A_p} z_l = 1, \quad p=1,2,\cdots,I \tag{6.20}$$

$$z_p \sum_{l=1}^{E_p} z_l = 0, \quad p=1,2,\cdots,I \tag{6.21}$$

$$\sum_{p=1}^{I} z_p = N \tag{6.22}$$

$$D_{p_i j} > 0, \quad i = 0,1,\cdots,M; j = 0,1,\cdots,M; i \neq j$$
$$y_{ij}^k > 0, \quad y_p > 0 且为整数$$

式（6.16）中，决策变量为 $D_{p_i j}$；

式（6.17）表示所有腹地与港口之间的货物运输量之和不超过总需求；

式（6.18）表示每块被选择的腹地向各个港口的运输量不能超过腹地的约束能力；

式（6.19）表示需求量总是建在已选择的腹地上；

式（6.20）是指腹地中拥有替代关系的只可以选一个；

式（6.21）是指每个经济腹地只能选一次；

式（6.22）是指整个经济腹地的运输量都应该被满足。

6.3.3 模型分析与求解思路

1. 基本思路

6.3.2 节所建立的模型是混合整数双层规划，把上述双层规划归结为一个主从递阶结构的双层规划问题，上下层具有主从关系。通过分析可以发现该模型具有以下特点：

（1）上层变量 z_p 是 0~1 变量，而且由于逻辑腹地中的备选数目比较少，因此，变量 z_p 的组合数目相对较少。

（2）上层决策者控制的变量为 $x_{ij}, y_{ij}^k, x_p^k, z_p$；下层控制的变量为 $D_{p_i j}$。注意到上层控制变量中只有 z_p 对下层决策有影响，而 $D_{p_i j}$ 在下层模型中确定以后，对上层目标函数有影响。上下层的决策顺序为：上层给出 z_p，下层根据 z_p 确定 $D_{p_i j}$ 返回上层，最后上层确定 x_{ij}, y_{ij}^k, x_p^k。

（3）针对模型特点（1）拟对上层规划采用隐枚举法，针对模型特点（2）下层模型采用遗传算法求解多目标规划问题，最后上层即为线性规划问题，求得最优解。

2. 算法基本思想

基于对该模型上述的特点分析，可采用"线性规划+遗传算法"的形式对模型进行求解。上层不断组合生成 z_p 的腹地组合，将其作为已知变量代入下层；然后利用遗传算法求解下层规划，得到下层帕累托最优解 $D_{p_i j}$；再将 z_p 和 $D_{p_i j}$ 代入上层规划，用上层的约束条件检验该解是否为可行解，如果该解是上层规划的可行解，就代入上层目标函数的值并记录；最后比较所有可行组合的上层目标值，从中选出目标函数值最小的解集，即为最优解。

通过上述过程，建立具有主从递阶结构的港口物流网络双层规划模型：上层以集疏运系统总成本最低为目标；下层则以单个港口利益最优为目标建模。并提出了一套求解思路：根据已知变量，上层采用线性规划、下层采用遗传算法的方式来解决模型问题。6.4节将对实际的区域港口群物流网络问题进行优化。

3. 基于遗传算法的下层模型求解

种群大小设定为100，由于约束限制设置最大矩阵与最小矩阵。采用随机数与线性插值的办法进行染色体编码。惩罚值的含义就是由于下层线性规划有四个目标函数值，这样目标函数值不唯一，无法进行遗传算法的选择变异等操作，故利用加权操作引入惩罚值将其归为一个变量。针对初始种群的每个个体，带入约束和目标函数，利用惩罚值判断适应度大小。惩罚值越小，适应度越大，目标函数值越小。根据上一代与本代两者惩罚值的比较，选出了两代之间的帕累托最优解，直至迭代结束，其中删除重复的帕累托最优解。如果目标函数值>0时，适应度的值是1+惩罚值；如果目标函数值<0时，适应度的值是1+|惩罚值|。选择过程的算法采用基本轮盘赌，但有相应的改进，在"select函数"中引入"代沟"，代沟的含义是假设上一代总数为100，通过轮盘法筛选后要舍弃部分适应度低的基因（假设为10），则下一代就剩下90个基因，那么代沟就是0.9。交叉概率为0.9，交叉过程分为三步完成：首先，根据交叉概率，选择个体进行配对；其次，随机确定配对交叉点的位置；最后，再根据交叉点的位置，交换配对染色体的部分基因。变异概率为0.2，变异过程分为两步完成：对群体中的所有个体以事先预定的交叉概率判断是否进行变异；对变异的个体随机选择变异位进行变异。

■ 6.4 辽宁港口群海陆物流网络优化求解

6.4.1 模型初始量值的确定

1. 确定研究对象

通过对历年辽宁沿海港口货物吞吐量的统计调研，发现葫芦岛港以及盘锦港的港口影响力较低，两港口总吞吐量不及辽宁港口群总体的5%。同时，为了保证全书研究对象的一致性，将分析辽宁港口群的4个主要港口，即大连港、营口港、丹东港、锦州港。本书前面章节已经说明，辽宁港口群的主要腹地是东北三省和内蒙古东部地区，因此将采集这些省份中地级以上城市的各类指标数据。

2. 港口区位势模型

正如本书第1部分的研究结论，港口与腹地之间存在互动的关联，可视为两者之间存在着相互吸引的作用，形成"港口吸引力"理论，如图6.1所示。可通过物理学科中的"区位势"概念加以衡量，定量地反映所要分析对象之间的相互影响概率值。

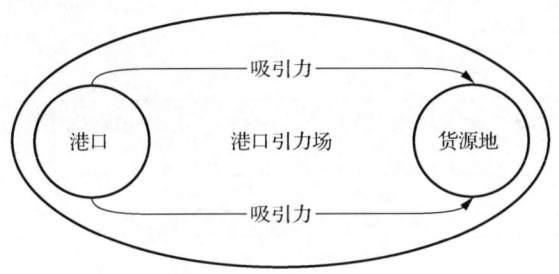

图6.1 港口的引力图

区位势模型的数学表达式为

$$V_i^p = \sum_{j=1}^{n} H_j \exp(-C_{ij}), \quad i \neq j \tag{6.23}$$

式中，V_i^p 为港口 i 的区位势；H_j 为腹地 j 的货源总量；n 为 i 港口的腹地数目；C_{ij} 为腹地 j 的货物经港口 i 转运的单位货物全程广义运输成本。

$$C_{ij} = c_{ij} + c_{i0} + c_{ik} \tag{6.24}$$

其中，c_{ij} 为腹地 j 与港口 i 之间的单位货物广义运输成本；c_{i0} 为港口 i 广义运输成本；c_{ik} 为港口 i 与海外目的港口 k 之间的单位货物广义运输成本。

根据区位势的概念模式，港口区位势可由以下函数表示：

$$V_i^p = \sum_{j=1}^{n} H_j \exp\left(-\frac{T_{ij}}{G_i}\right), \quad i \neq j \tag{6.25}$$

式中，V_i^p 为港口 i 的区位势；H_j 为港口腹地经济综合指数；G_i 为港口 i 的吞吐能力；T_{ij} 为港口 i 与腹地 j 的集疏运系统阻抗系数。将采用层次分析法计算 H_j 系数；对于 T_{ij} 需根据港腹距离、水运便利性、水运通达能力等三个因素进行计算。以下将具体说明如何计算 H_j 系数和 T_{ij} 系数。

1）港口腹地经济综合指数 H_j

借鉴1.2.4节中所给出的指标集合，从中选择细化的可定量统计的腹地经济性指标，建立了腹地经济综合评价指标体系。其中，一级指标包括腹地经济总量、腹地经济增长指标,细化为 8 个二级指标。建立层次结构模型,如图 6.2 所示,然后采用层次分析法求得该层次结构中各层指标的权重系数。

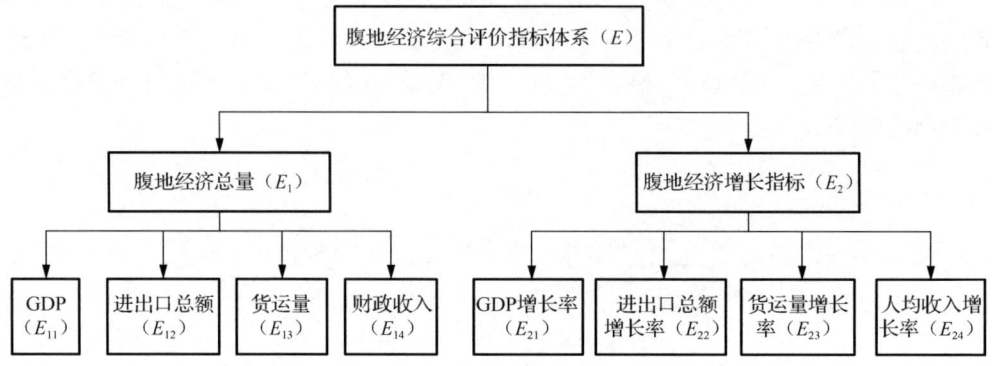

图 6.2 腹地经济综合评价指标体系

(1) 构造判断矩阵。

在构造矩阵的时候需要根据 AHP 的评价尺度标准,利用数字 1~9 及其倒数进行构建。

依据以上标准构建判断矩阵,准则层判断矩阵为:$\begin{pmatrix} 1 & 3 \\ 1/3 & 1 \end{pmatrix}$。

E_1 的准则层判断矩阵为:$\begin{pmatrix} 1 & 2 & 4 & 5 \\ 1/2 & 1 & 3 & 4 \\ 1/4 & 1/3 & 1 & 2 \\ 1/5 & 1/4 & 1/2 & 1 \end{pmatrix}$。

E_2 的准则层判断矩阵为:$\begin{pmatrix} 1 & 3 & 4 & 2 \\ 1/3 & 1 & 3 & 1/2 \\ 1/4 & 1/3 & 1 & 1/3 \\ 1/2 & 2 & 3 & 1 \end{pmatrix}$。

(2) 一致性检验步骤。

① 计算一致性指标(consistency index, CI)。

$$CI = \frac{\lambda_{max} - n}{n - 1} \quad (6.26)$$

当判断矩阵具有完全一致性时,$\lambda_{max} = n$,则 CI=0。当 $\lambda_{max} - n$ 越大,CI 越大,判断矩阵一致性越差。

② 根据判断矩阵的规模 n,查找平均随机一致性指标(random index, RI)。

③ 计算一致性比例 CR。

利用一致性指标 CI 和随机一致性指标 RI 计算一致性比例 CR。

第6章 基于双层规划的港口群物流网络优化

$$CR = \frac{CI}{RI} \quad (6.27)$$

当 $CR \leq 0.1$ 时,认为判断矩阵的一致性是可以被接受的,通过检验,则归一化权向量后,即得单排序的标准权向量;当 $CR > 0.1$ 时,需重新构造判断矩阵。

(3) 层次分析法取得指标权重。

经过 MATLAB 编程计算,可得层次分析法相关层次权重数值,如表 6.1 所示。

表6.1 根据层次分析法取得指标权重

指标	E_1 0.75	E_2 0.25	层次总权重	层次内一致性检验
E_{11}	0.4918	—	0.37	
E_{12}	0.3056	—	0.23	CI=0.0161
E_{13}	0.1248	—	0.09	CR=0.0179
E_{14}	0.0778	—	0.06	
E_{21}	—	0.4620	0.12	
E_{22}	—	0.1780	0.04	CI=0.0292
E_{23}	—	0.0862	0.02	CR=0.0324
E_{24}	—	0.2739	0.07	

注:层次总排序的一致性检验 CR=0.022

综上,收集如图 6.2 所示的层次结构中第三层的 8 个因素在 2015 年对应的数据。同时,为了计算增长率的数据,还需收集某些因素 2014 年、2015 年连续两年的数值。再将这些数据进行归一化处理,与表 6.1 中所得权重系数相乘,确定辽宁港口群的港口腹地经济综合指数 H_j 系数(东北三省和内蒙古东部的地级及以上城市共计 40 个),如表 6.2 所示。

表6.2 辽宁港口群的港口腹地经济综合指数 H_j 系数

辽宁	H_j 系数	吉林	H_j 系数	黑龙江	H_j 系数	内蒙古东部地区	H_j 系数
沈阳市	0.68	长春市	0.54	哈尔滨市	0.48	赤峰市	0.26
大连市	0.87	吉林市	0.38	齐齐哈尔市	0.22	通辽市	0.26
鞍山市	0.35	四平市	0.23	鸡西市	0.13	呼伦贝尔市	0.30
抚顺市	0.21	辽源市	0.18	鹤岗市	0.08	兴安盟	0.21
本溪市	0.21	通化市	0.21	双鸭山市	0.15	锡林郭勒盟	0.22
丹东市	0.22	白山市	0.18	大庆市	0.37	—	—
锦州市	0.26	松原市	0.23	伊春市	0.14	—	—
营口市	0.29	白城市	0.17	佳木斯市	0.17	—	—
阜新市	0.16	延边朝鲜族自治州	0.19	七台河市	0.09	—	—
辽阳市	0.24	—	—	牡丹江市	0.23	—	—
盘锦市	0.22	—	—	黑河市	0.14	—	—
铁岭市	0.21	—	—	绥化市	0.22	—	—
朝阳市	0.20	—	—	—	—	—	—
葫芦岛市	0.21	—	—	—	—	—	—

2）港口与腹地的集疏运系统阻抗系数 T_{ij}

港口与腹地的集疏运系统阻抗系数受港口 i 和腹地 j 的空间距离 L_{ij}、港口 i 与腹地 j 的水运便利程度 R_{ij}（采用各省的航道里程数指标）和港口本身的水运通达能力 S_i（利用泊位因素数据）的共同影响，具体数据如表6.3所示，公式如下：

$$T_{ij} = \frac{L_{ij}}{R_{ij}S_i} \tag{6.28}$$

表6.3 计算需用的 R 和 S 变量取值

航道里程数指标（R 值）		各港口泊位数（S 值）	
腹地	航道里程数/km	港口	泊位数/个
辽宁	413	大连港	217
吉林	1456	营口港	80
黑龙江	4723	锦州港	23
蒙东地区	2403	丹东港	41

数据来源：中国港口统计年鉴

另外，综合公路距离与铁路距离（各城市与四个港口的公路距离与铁路距离，具体数值参见表6.7与表6.10），获得 L_{ij} 的值，再根据式（6.28）求得阻抗系数，计入表6.4中的 T_{ij}。

表6.4 港口区位势计算值

序号	腹地	大连港		营口港		锦州港		丹东港	
		T_{ij}	V_{ij}^p	T_{ij}	V_{ij}^p	T_{ij}	V_{ij}^p	T_{ij}	V_{ij}^p
1	沈阳市	0.0088	0.680	0.0111	0.679	0.0482	0.648	0.0304	0.667
2	大连市	0.0000	0.869	0.0131	0.866	0.0836	0.796	0.0251	0.853
3	鞍山市	0.0067	0.345	0.0056	0.345	0.0442	0.330	0.0357	0.337
4	抚顺市	0.0096	0.212	0.0139	0.212	0.0558	0.200	0.0476	0.205
5	本溪市	0.0087	0.209	0.0114	0.208	0.0620	0.196	0.0214	0.206
6	丹东市	0.0111	0.215	0.0173	0.215	0.0958	0.195	0.0000	0.216
7	锦州市	0.0114	0.259	0.0082	0.259	0.0000	0.260	0.0538	0.250
8	营口市	0.0052	0.285	0.0000	0.285	0.0288	0.277	0.0337	0.278
9	阜新市	0.0529	0.154	0.0231	0.155	0.0252	0.152	0.0485	0.151
10	辽阳市	0.0073	0.237	0.0133	0.237	0.0465	0.226	0.0282	0.233
11	盘锦市	0.0073	0.219	0.0052	0.219	0.0204	0.215	0.0446	0.213
12	铁岭市	0.0104	0.208	0.0149	0.208	0.0615	0.196	0.0343	0.203
13	朝阳市	0.0135	0.195	0.0208	0.195	0.0243	0.191	0.0666	0.187
14	葫芦岛市	0.0102	0.211	0.0130	0.211	0.0109	0.210	0.0599	0.203
15	长春市	0.0044	0.536	0.0083	0.536	0.0315	0.519	0.0188	0.530

续表

序号	腹地	大连港 T_{ij}	V_{ij}^p	营口港 T_{ij}	V_{ij}^p	锦州港 T_{ij}	V_{ij}^p	丹东港 T_{ij}	V_{ij}^p
16	吉林市	0.0052	0.380	0.0104	0.379	0.0383	0.366	0.0223	0.374
17	四平市	0.0037	0.230	0.0055	0.230	0.0245	0.225	0.0121	0.228
18	辽源市	0.0034	0.185	0.0056	0.184	0.0217	0.181	0.0123	0.183
19	通化市	0.0042	0.206	0.0084	0.205	0.0329	0.199	0.0098	0.205
20	白山市	0.0049	0.179	0.0084	0.179	0.0345	0.173	0.0199	0.177
21	松原市	0.0054	0.231	0.0110	0.231	0.0371	0.223	0.0228	0.228
22	白城市	0.0058	0.175	0.0101	0.174	0.0382	0.168	0.0291	0.171
23	延边朝鲜族自治州	0.0072	0.192	0.0161	0.191	0.0575	0.181	0.0297	0.188
24	哈尔滨市	0.0018	0.480	0.0038	0.480	0.0142	0.25	0.0083	0.477
25	齐齐哈尔市	0.0023	0.218	0.0050	0.218	0.0185	0.473	0.0106	0.216
26	鸡西市	0.0022	0.125	0.0030	0.125	0.0226	0.214	0.0121	0.124
27	鹤岗市	0.0020	0.078	0.0031	0.078	0.0232	0.122	0.0134	0.077
28	双鸭山市	0.0020	0.149	0.0031	0.149	0.0234	0.076	0.0135	0.148
29	大庆市	0.0015	0.367	0.0044	0.367	0.0144	0.146	0.0090	0.365
30	伊春市	0.0018	0.139	0.0059	0.138	0.0213	0.362	0.0124	0.137
31	佳木斯市	0.0019	0.173	0.0061	0.173	0.0222	0.136	0.0124	0.172
32	七台河市	0.0018	0.093	0.0030	0.093	0.0160	0.169	0.0091	0.093
33	牡丹江市	0.0024	0.234	0.0054	0.233	0.0195	0.092	0.0102	0.232
34	黑河市	0.0017	0.144	0.0035	0.144	0.0252	0.229	0.0146	0.143
35	绥化市	0.0012	0.224	0.0045	0.224	0.0164	0.141	0.0095	0.222
36	赤峰市	0.0290	0.254	0.0060	0.255	0.0112	0.252	0.0155	0.253
37	通辽市	0.0242	0.256	0.0041	0.258	0.0133	0.254	0.0112	0.256
38	呼伦贝尔市	0.0586	0.293	0.0158	0.295	0.0523	0.281	0.0312	0.290
39	兴安盟	0.0403	0.211	0.0089	0.212	0.0282	0.206	0.0182	0.210
40	锡林郭勒盟	0.0400	0.221	0.0067	0.223	0.0356	0.215	0.0250	0.220
	V_i^p	10.27332557		10.26934773		9.914067951		10.12085071	
	排名	1		2		4		3	

3）港口区位势结果

得到 H_j 系数和 T_{ij} 系数计算结果，再根据式（6.25）进行计算港口区位势最终计算结果，如表6.4所示。

前文论述的"港口区位势"反映的是港口竞争力强弱大小，其绝对数值并无实际意义，因此，对原数值取 e^x 的指数函数数值，并将数值归一化处理，最终设定大连港、营口港、锦州港、丹东港等四个港口竞争力系数约为1、0.9、0.7、0.85。

3. 港口腹地的逻辑性划分

根据地理学知识以及相关行政等级划分规定，辽宁港口群腹地主要为东三省以及内蒙古东部地区副省级城市以及部分地级市。在近洋运输系统的背景下根据中国地图板块划分以及结合本书第 2 部分关于辽宁省港口腹地划分的相关研究，融合第 4.2 节"具有交叉腹地的多港口陆向物流网络"相关研究结论，得到辽宁港口群腹地与港口之间的地理分布，并进一步形成辽宁港口群腹地的逻辑图，参见图 6.3，具体的城市名称参见表 6.5。

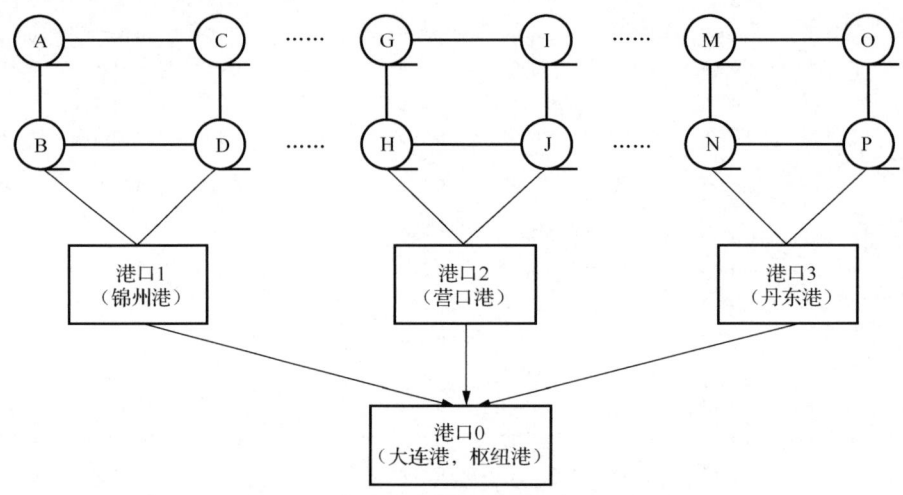

图 6.3　辽宁港口群腹地关系逻辑图

表 6.5　辽宁港口群的经济腹地逻辑划分

经济腹地编号	经济腹地字母	包含的主要腹地
P_1	A—B—C—D	锦州、通辽、赤峰、阜新、朝阳
P_2	G—H—I—J	营口、长春、吉林、沈阳、抚顺、辽阳、鞍山、大庆、绥化、哈尔滨、辽源、四平
P_3	M—N—O—P	丹东、白山、本溪、通化
P_4	A—B—G—H	锦州、通辽、赤峰、阜新、朝阳、兴安、白城、松原、呼伦贝尔、大兴安岭、黑河、齐齐哈尔
P_5	C—D—I—J	营口、长春、吉林、沈阳、抚顺、辽阳、鞍山、大庆、绥化、哈尔滨、辽源、四平、兴安、白城、松原、呼伦贝尔、大兴安岭、黑河、齐齐哈尔
P_6	G—H—M—N	营口、长春、吉林、沈阳、抚顺、辽阳、鞍山、大庆、绥化、哈尔滨、辽源、四平、伊春、佳木斯、鹤岗、双鸭山、鸡西、牡丹江、延边
P_7	C—D—M—N	营口、长春、吉林、沈阳、抚顺、辽阳、鞍山、大庆、绥化、哈尔滨、辽源、四平、兴安、白城、松原、呼伦贝尔、大兴安岭、黑河、齐齐哈尔、伊春、佳木斯、鹤岗、双鸭山、鸡西、牡丹江、延边
P_8	I—J—O—P	丹东、白山、本溪、通化、伊春、佳木斯、鹤岗、双鸭山、鸡西、牡丹江、延边

具体说明如下：

港口 0 指大连港为枢纽港。港口 1 所服务的经济腹地的范围是 A—B—C—D (P_1)；港口 2 所服务的经济腹地的范围是 G—H—I—J (P_2)；港口 3 所服务的经济腹地的范围是 M—N—O—P (P_3)。

港口 1 集疏运能力过剩时，港口 1 的集疏运范围可拓展为 A—B—G—H (P_4)，港口 2 集疏运能力过剩时，港口 2 的集疏运范围可拓展为 C—D—I—J (P_5) 或者 G—H—M—N (P_6) 或者 C—D—M—N (P_7)，港口 3 集疏运能力过剩时，港口 3 的集疏运范围可拓展为 I—J—O—P (P_8)。

根据图 6.3 的逻辑关系，经济腹地范围为 $I_R=\{P_1,P_2,P_3,P_4,P_5,P_6,P_7,P_8\}$，其中，相互存在交替关系的是 P_1 与 P_4、P_2 与 P_5、P_6、P_7、P_3 与 P_8；相互存在排斥关系的是 P_1 与 P_2、P_2 与 P_3、P_3 与 P_5、P_4 与 P_5、P_4 与 P_7、P_1 与 P_2、P_2 与 P_3。综上分析，腹地可能解为有限多个，分别是（1,5,8）、（1,7,3）、（4,2,8）、（4,6,3）。

4. 运输车辆、船舶最大约束力的设定

根据我国国家标准《货运挂车系列型谱》（GB/T 6420—2017）中的规定，要求集装箱卡车在公路上最大载重量不超过 45t，单轴最大载重量不超过 12t。故第一类车辆最大运输能力取中间值约为 30t，而公路运输的集装箱载重量最大约为 27.5t。

根据目前我国铁路集装箱运输的发展，普通单列火车能装载 60~80 个 20ft（1ft=3.048×10^{-1}m）的集装箱，单个 20ft 中一般约 22t。故第二类车辆最大运载力为 1320t。区域港口群之间的运输船型普遍为两种：第一类船舶（最大运输能力为 5000t）和第二类船舶（最大运输能力为 8000t）。

5. 公路单位运输成本（第一类单位运输车辆成本）

关于公路单位运输成本的核算，首先收集 2014 年 8 月~2015 年 2 月公路运输业相关数据（表 6.6）。

表 6.6 道路集装箱运输价格与成本监测试点测算结果

变量	2014.08	2014.09	2014.10	2014.11	2014.12	2015.01	2015.02
平均运价/元	8.29	8.284	8.351	8.349	8.408	8.227	8.783
平均指数	100	100	99.94	99.94	99.94	97.83	91.93
平均成本/元	5.737	5.541	5.302	5.286	5.194	5.498	5.323
油价/元	6.98	6.45	6.25	6.10	5.74	5.93	5.39

数据来源：全国道路运输价格指数网

根据表 6.6 相关数值可以发现，运输成本约为运价的 70%，公路上的货物运输大多依靠集装箱运输，则公路运输的单位运输成本 C 可以表示为

$$C = (0.7F \times W)/w_{单箱} \tag{6.29}$$

式中，C 为公路运输的单位运输成本；F 为公路集装箱运输的单箱收费；W 为公路卡车最大约束力限制，$w_{单箱}$ 为公路集装箱的限重，根据相关数据单箱收费以每公里 8 元计算，则 $F=8L$，其中 L 为集装箱货物的公路运输距离，km。综上可知，公路单位运输成本：

$$C=6.1\times L \tag{6.30}$$

式中，L 为公路运输距离，km；各省数值见表 6.7，公路运输单位成本见表 6.8。

表 6.7 辽宁港口群腹地城市与主要港口之间公路距离   单位：km

省份	城市	大连港	营口港	锦州港	丹东港
辽宁	沈阳	388.6	189.05	224.99	237.28
	大连	0	225.63	384.39	317.66
	鞍山	296	96.45	211.55	237.83
	抚顺	439.38	239.83	278.58	286.36
	本溪	385.79	186.24	271.72	202.52
	丹东	317.06	276.2	391.04	0
	锦州	383.4	165.1	0	391.8
	营口	225.46	0	166.18	275.21
	阜新	416.66	198.37	119.94	425.15
	辽阳	323.06	123.51	209.13	219.22
	盘锦	289.1	125.2	86.8	296.3
	铁岭	487.7	301.4	292.3	216.7
	朝阳	472.94	254.65	93.7	481.42
	葫芦岛	443.4	257.0	52.5	417.8
吉林	长春	691.78	492.23	510.85	539.16
	吉林	788.48	588.93	620.46	607.63
	四平	575.87	376.32	391.74	423.24
	辽源	611.27	411.72	444.47	458.65
	通化	558.81	443.67	482.43	294.98
	白山	621.05	505.91	544.66	357.22
	松原	856.54	656.99	611.9	703.91
	白城	900.36	700.81	647.88	874.17
	延边	1097.48	897.93	916.54	925.28
黑龙江	哈尔滨	931.59	732.04	750.65	778.96
	齐齐哈尔	1173.61	974.06	936.72	1020.98
	鸡西	1323.55	1124	1142.62	972.78
	鹤岗	1352.88	1153.33	1171.95	1200.26
	双鸭山	1363.9	1164.35	1182.97	1211.27
	大庆	1020.67	821.12	783.78	868.05
	伊春	1266.72	1067.17	1085.78	1114.09
	佳木斯	1297.63	1098.08	1116.7	1145
	七台河	1295.0	1149.2	1136.8	971.4
	牡丹江	1156.09	956.54	975.15	805.31
	黑河	1510	1310.45	1329.07	1357.37
	绥化	1050.48	850.93	869.54	897.85

续表

省份	城市	大连港	营口港	锦州港	丹东港
蒙东地区	赤峰	631.91	413.62	252.67	640.39
	通辽	624.14	424.59	371.66	514.79
	呼伦贝尔	1620.38	1420.83	1383.49	1467.76
	兴安	1112.31	912.76	729	959.69
	锡林郭勒	1533.5	1286.3	1142.6	1485.2

数据来源：全国公路里程查询网，距离以最短距离统计

表 6.8 公路运输车辆从经济腹地到港口的单位成本　　单位：万元

腹地编号	大连港	营口港	锦州港	丹东港
P_1	0.77	0.20	0.13	0.30
P_2	0.37	0.28	0.28	0.30
P_3	0.29	0.22	0.26	0.17
P_4	0.75	0.42	0.40	0.49
P_5	0.49	0.40	0.38	0.41
P_6	0.52	0.43	0.42	0.42
P_7	0.57	0.47	0.46	0.48
P_8	0.60	0.49	0.52	0.49

6. 铁路单位运输成本（第二类单位运输车辆成本）

关于铁路单位运输成本的核算，研究对象选择为 20 ft 的集装箱，因此只考虑 20 ft 集装箱的铁路费用。一般火车货车的车皮长度是 15 m 左右，装箱限重 22 t，实际装货体积为 28 m³ 左右。铁路货物运价见表 6.9。

表 6.9 铁路货物运价表

办理类别	运价号	基价 1		基价 2	
		单位	标准	单位	标准
整车	1	元/t	8.5	元/(t·km)	0.071
	2	元/t	9.1	元/(t·km)	0.080
	3	元/t	11.8	元/(t·km)	0.084
	4	元/t	15.5	元/(t·km)	0.089
	5	元/t	17.3	元/(t·km)	0.096
	6	元/t	24.2	元/(t·km)	0.129
	7	—	—	元/(t·km)	0.483
	机械冷藏车	元/t	18.7	元/(t·km)	0.131
零担	21	元/10kg	0.188	元/(10kg·km)	0.0010
	22	元/10kg	0.263	元/(10kg·km)	0.0014
集装箱	20 英尺箱	元/箱	449	元/(箱·km)	1.98
	40 英尺箱	元/箱	610	元/(箱·km)	2.7

数据来源：中国铁路火车网（http://www.huoche.net/show_321512）

集装箱每箱运价=基价 1（发到基价）+基价 2（运行基价）×公里数，因此，铁路单位运输成本可由以下公式计算：

铁路单位运输成本=（集装箱每箱运价×最大约束力限制）/单箱载重　（6.31）

各省铁路距离数值见表 6.10，需要说明：由于各市之间车站、高铁与普速以及铁路局线路安排等因素，部分城市之间无直达车，故表中数值为平均值。单车运输成本见表 6.11。

表 6.10　辽宁港口群腹地城市与主要港口之间铁路距离　　　单位：km

腹地	城市	大连港	营口港	锦州港	丹东港
辽宁	沈阳	397	179	233	277
	大连	0	226	384	318
	鞍山	308	90	208	366
	抚顺	424	218	251	520
	本溪	397	191	317	193
	丹东	674	295	519	0
	锦州	639	107	0	519
	营口	240	0	107	295
	阜新	579	345	119	396
	辽阳	333	115	233	258
	盘锦	349	89	95	393
	铁岭	450	231	312	282
	朝阳	739	434	137	647
	葫芦岛	494	230	50	534
吉林	长春	702	472	545	582
	吉林	843	625	661	723
	四平	585	262	430	299
	辽源	462	236	282	273
	通化	773	530	618	321
	白山	938	477	611	663
	松原	849	623	632	660
	白城	938	477	632	863
	延边	1177	974	1010	848
黑龙江	哈尔滨	944	701	791	824
	齐齐哈尔	1157	930	1070	1037
	鸡西	913	1285	1307	1364
	鹤岗	700	1315	1344	1401
	双鸭山	711	1326	1354	1412
	大庆	535	837	783	874
	伊春	583	1186	1226	1284
	佳木斯	632	1223	1298	1264
	七台河	1299	1075	1146	1179
	牡丹江	1315	1022	1146	1142
	黑河	1582	1364	1405	1462
	绥化	1071	820	916	951

续表

腹地	城市	大连港	营口港	锦州港	丹东港
蒙东地区	赤峰	971	737	369	889
	通辽	713	372	362	593
	呼伦贝尔	1619	1393	1508	1606
	兴安	1116	796	715	832
	锡林郭勒	2529	2402	2374	2487

数据来源：全国铁路主要里程表及火车票网。由于部分城市之间无直达火车，需要多次中转

表 6.11　铁路运输车辆从经济腹地到港口的单车运输成本　　　　单位：万元

腹地编号	大连港	营口港	锦州港	丹东港
P_1	11.35	7.43	5.63	9.80
P_2	8.61	7.64	8.08	8.87
P_3	10.96	7.13	8.83	7.35
P_4	13.03	10.34	11.19	12.90
P_5	10.55	9.39	10.30	11.08
P_6	10.19	9.83	11.53	12.07
P_7	11.21	10.69	12.38	12.89
P_8	12.19	11.50	14.30	14.49

7. 各类运输车辆从经济腹地到港口的单车运输成本总结

通过整理表 6.8 与表 6.11，可得两类运输车辆到各港口的单车运输成本，如表 6.12 所示。

表 6.12　各类运输车辆从经济腹地到港口的单车运输成本　　　　单位：万元

经济腹地编号	大连港		营口港		锦州港		丹东港	
	1类	2类	1类	2类	1类	2类	1类	2类
P_1	0.77	11.35	0.20	7.43	0.13	5.63	0.30	9.80
P_2	0.37	8.61	0.28	7.64	0.28	8.08	0.30	8.87
P_3	0.29	10.96	0.22	7.13	0.26	8.83	0.17	7.35
P_4	0.75	13.03	0.42	10.34	0.40	11.19	0.49	12.90
P_5	0.49	10.55	0.40	9.39	0.38	10.30	0.41	11.08
P_6	0.52	10.19	0.43	9.83	0.42	11.53	0.42	12.07
P_7	0.57	11.21	0.47	10.69	0.46	12.38	0.48	12.89
P_8	0.60	12.19	0.49	11.50	0.52	14.30	0.49	14.49

8. 各类船舶的单船运输成本

单船运输成本是指在一定时期内，每艘船为完成规定的运输任务所发生的运输成本，即

$$单船运输成本 = (船舶费用 + 分摊的营运间接费)/周转量 \quad (6.32)$$

单船运输成本由于受船型、航线、贸易种类等因素的影响，公式中的船舶费用与分摊的营运间接费数据很难核算，尤其是营运间接费数据涉及人员工资、折旧费、水电费等资料收集困难，故考虑港口综合排名与周转量排名，并着重根据阅读其他学者关于单船运输成本的研究，结合根据所发现的数值相关规律及其研究结果，数值设定见表 6.13。

表 6.13　各类船舶在各航线上的单船运输成本　　　　　　　　单位：万元

出发港	目的港							
	大连港		营口港		锦州港		丹东港	
	1类	2类	1类	2类	1类	2类	1类	2类
大连港	0	0	0.6	0.7	0.8	1	0.75	0.9
营口港	0.6	0.7	0	0	0.9	1.5	1.2	1.5
锦州港	0.8	1	1.3	1.8	0	0	1.5	2
丹东港	0.75	0.9	1.5	2	2	2.5	0	0

注：表中数值根据其他参考文献研究而定，主要参考文献[149]

9. 东北经济区总体货物需求量预测

由于腹地内货物需求量涉及因素众多，并且与各港口货物吞吐量息息相关，故本节针对东北经济区在辽宁省港口运输量，选取 Logistic 生长模型对东北经济区总体货物需求量（指辽宁省港口）进行预测。

根据 Logistic 生长模型曲线原理，同时结合相关需要预测货物需求量的历史数据，可以发现东北经济区总体货物量的历史数据趋势和 Logistic 生长模型曲线走势较为吻合。

Logistic 生长模型公式为

$$Y_t = \frac{k}{1+me^{-bt}} \tag{6.33}$$

式中，Y_t 为货物需求量；m, b, k 为模型的参数；t 为时间参数。

k 的确定：通过查阅资料发现，2014 年全国货物总吞吐量为 124.52 亿万 t，模型中 k 为 t（时间参数）趋于无穷时所研究对象的集装箱吞吐量的极限值，故 k 值影响不大，k 值设定为全国货物吞吐量的 1/4，设定最大极限为 30。

m, b 的确定可通过一元线性回归得到，因此预测模型为

$$Y_t = \frac{30}{1+e^{272.505-0.135t}} \tag{6.34}$$

相关系数 R^2 为 0.988，拟合效果非常好，因此可以利用式（6.34）计算腹地对辽宁港口群的货物需求预测量。

10. 腹地货物运输量 Q_p 最大约束的确定

本节中确定各个经济腹地货物运输量最大约束时主要借助于 GDP 相关数值，以及前文提到的东北经济区总体货物量的数值综合得到。根据各省（区、市）GDP 相关数值，算出各腹地与 GDP 总和之间的比值，最后再与前文预测的东北经济区腹地总量相乘，得到各腹地的货物运输量，如表 6.14 所示。

表 6.14 确定各腹地货物运输量值　　　　　　　　　　　　单位：亿 t

腹地编号	P_1	P_2	P_3	P_4	P_5	P_6	P_7	P_8
GDP	7663	39284.2	4757	14560.8	46182.1	43860.4	50411.6	8986.5
GDP 比例	0.1	0.51	0.062	0.189	0.6	0.570	0.655	0.117
Q_p	1.24	6.35	0.77	2.35	7.46	7.09	8.15	1.45

6.4.2 双层规划模型的计算

1. 结合辽宁港口群的实际背景重述模型假设

（1）设大连港为区域枢纽港。在辽宁港口群内的营口港实例也较为雄厚，但针对 2018 开始组建"辽宁港口集团"的战略需要，假设该区域内只有一个区域枢纽港，作为区域港口群的核心港口。

（2）C_i 为港口单位处理成本，由于成本核算涉及众多部分，故该数值假设各港口一致，均设为 2。

（3）腹地内运输方式分为公路、铁路两类，即形成"公水"和"铁水"两种主要形式的集装箱中转运输。

（4）本模型研究的是近洋运输，故枢纽港侧重研究更能节约成本的中转运输方式，即结合第 5 章的相关研究结论，形成以区域枢纽港为核心的"水水中转"。

2. 上层规划进行 z_p 决策

根据本章逻辑腹地的相关叙述，逻辑腹地的解为有限多个，其可能最优解为（1,5,8）、（1,7,3）、（4,2,8）、（4,6,3），故下文计算将分为四种情况。

3. 下层规划采用遗传算法求帕累托最优解

由于下层规划涉及四个港口效益最大，四个目标函数属于并列关系，故不能求出"最优唯一解"，只能求出帕累托最优解。帕累托最优是指在不伤害一方利益的前提下，使其共同达到最优，符合本模型论述的下层模型。

根据上层规划的四个可能最优解（1,5,8）、（1,7,3）、（4,2,8）、（4,6,3），求下层规划的帕累托解，并将单位改为万 t。

遗传算法求解问题，每次运行结果不尽相同，本节只以单次举例说明模型的有效性。解集形式如表 6.15 所示。

表 6.15 各经济腹地与港口之间的货运量解集形式

港口名称	经济腹地编号	大连港	锦州港	营口港	丹东港
锦州港	$P(1,4)$	X_1	—	X_6	X_8
营口港	$P(2,5,6,7)$	X_2	X_4	—	X_9
丹东港	$P(3,8)$	X_3	X_5	X_7	—

注：如图 6.3 所示，由于形成区域港口群水水中转，因此除"大连港"之外其他三个港口需中转运输。

4. 上层线性规划计算结果

编制求解港口群物流网络下层规划模型的遗传算法程序，在经过相应次迭代后，已寻到最优值。选用 LINGO11.0 工具计算线性规划问题，由于帕累托解不唯一，故进行逐一计算。将上层线性规划的目标函数值列入表 6.16 的最后一列。

表 6.16 下层变量解集的帕累托解集   单位：t

	X_1	X_2	X_3	X_4	X_5	X_6	X_7	X_8	X_9	目标函数值
腹地为 (1,5,8)	7041	43874	8100	15621	6532	3553	7000	1231	30656	519.64
	8879	44367	8100	14944	5767	3553	7035	515	30656	507.76
	8879	46704	8100	13393	6532	2693	7000	221	30656	496.69
腹地为 (1,7,3)	6029	16326	21709	4389	15349	4377	17508	2231	12390	358.65
	7389	16326	19258	10910	15349	4377	17473	2231	14280	425.9
	7548	14360	19194	5246	15349	4377	17934	2231	13738	379.78
	7548	18361	17485	8359	15349	4377	15683	2231	15274	404.46
腹地为 (4,2,8)	4289	16530	55233	5954	6732	4164	14546	3992	9756	405.94
	4289	17523	55233	5142	5595	4164	14546	1916	12064	386.75
	7281	17523	52239	5142	7653	6489	14546	3992	5368	404.97
	7281	17523	54097	3989	4389	6702	14546	3992	9756	393.38
	7281	**17523**	**55233**	**3989**	**6732**	**4164**	**8513**	**3992**	**11138**	**341.05**
	7281	17523	55233	5142	5595	4410	14546	3992	9756	393.93
	7281	17523	57736	3989	4116	6904	14546	3992	7438	377.76
	7281	17523	57736	3989	8723	4410	14546	3992	5368	395.91
	7281	17569	55233	5142	5595	4410	13408	4049	9756	382.72
	7281	17706	55233	2839	6732	6904	9416	6641	9756	382.54
	7281	17814	55233	165	7521	6904	13828	3992	9756	399.52
	7281	17814	55841	3989	6732	4410	14368	3992	9756	396.7
	7376	22013	55233	3989	6732	6904	9416	6641	6081	365.68
	7898	17523	55233	3989	6732	6904	14546	3992	6664	399.58
	8334	17523	55233	3989	5595	4164	19140	3992	6081	414.67
	10246	14794	55233	5142	3882	6489	14546	2702	9756	377.77

续表

	X_1	X_2	X_3	X_4	X_5	X_6	X_7	X_8	X_9	目标函数值
	3028	20393	39602	3511	18660	2741	22224	2157	11101	390.22
	3028	21397	36828	2606	18405	2745	22148	2157	14120	407.69
	3028	22086	36828	2606	19774	2745	20707	2157	14120	407.35
	3028	22086	36828	2606	19891	2745	20707	2157	13691	403.88
	3028	22086	36828	2606	20408	2745	23255	565	9849	379.18
	3028	22086	37859	2606	18660	2745	23430	2157	11087	392.35
	3028	22086	39602	2606	18660	2745	22859	1451	11087	381.13
	3028	22305	36828	2606	19774	2745	20566	2157	14120	406.5
	3028	22305	39602	2606	18660	2741	22187	2157	11087	385.81
腹地为 (4,6,3)	4254	19403	39602	2606	17527	4243	22148	2157	9994	382.96
	4375	18795	36914	2606	18660	3249	22148	2157	14120	411.62
	4375	19993	38058	2606	17290	2741	23693	2157	10813	382.36
	4375	22086	36673	2606	14191	2745	25074	1272	9994	358.73
	4375	22086	38058	2606	17290	2741	23693	139	10813	363.18
	4375	22086	39602	2606	13763	2861	23564	2157	11101	366.58
	4375	22086	39602	2606	14542	2741	24589	2157	11087	376.25
	4375	22086	39602	2606	17527	2741	22187	2157	11101	379.35
	4375	22086	39602	2606	17527	2745	24091	2157	8255	367.36
	4375	22086	39602	4537	17527	2741	22268	2157	8309	372.05

5. 计算结果总结

1）上层线性规划最优解及解集

综合上述模型求解过程，目标函数最小出现在情况三的解集 5 中，为 341.05（表 6.16 黑色斜体显示），得到在此最优解情况下各个变量的取值，如表 6.17 所示。需要说明：港口利益具体数值由于系数设定问题绝对数值并无实际意义，但编程思想已保证其利益最大化。

表 6.17　上层线性规划的决策变量最优解　　运输量单位：t

决策变量	解释	最优值
z_p	经济腹地的划分	$z_4, z_2, z_8 = 1$，其余为 0
x_{ij}^k	从港口 i 到 j 的运输量	$x_{10}^* = 8156$，$x_{20}^* = 11138$，$x_{21}^* = 3989$，$x_{31}^* = 6732$，$x_{32}^* = 8513$，$x_{02}^* = 4164$，$x_{03}^* = 15130$
y_{ij}^k	港口 i 到 j 第 k 类船舶的配备数量	$y_{10}^{1*} = 2$，$y_{20}^{1*} = 1$，$y_{20}^{2*} = 1$，$y_{30}^{2*} = 2$（取整数），$y_{21}^{1*} = 0.7978$，$y_{31}^{1*} = 1.3464$，$y_{32}^{1*} = 1.7026$
x_p^k	腹地 p 第 k 类运输车辆的配置数量	$x_4^{1*} = 8$，$x_4^{2*} = 6$，$x_2^{1*} = 21$，$x_2^{2*} = 11$，$x_8^{1*} = 25$，$x_8^{2*} = 11$

2）分配方案

根据表 6.17 的各个最优值，可得到如下结论。

（1）港口经济腹地分配方案。

港口 1、2、3 所划分的经济腹地分别为 4、2、8，结合表 6.5 可知 4、2、8 编号的腹地包含的主要城市。

（2）港口之间的运输量分配方案。

港口 1（锦州港）的货物经由枢纽港 0（大连港）中转的运输量为 8156t，即港口 1 向其他港口的运输全部由枢纽港 0 中转；港口 2（营口港），即经由枢纽港 0 中转的运输量为 11138t，直接运往港口 1 的运输量为 2606t，即港口 2 向其他港口的运输量经由枢纽港中转量占比为 73.62%。本段文字说明：从港口 1、2、3 出口货物角度看，经由枢纽港中转运输量达 50.08%。

从枢纽港 0 到港口 2、3 的运输量为 4164 万 t、15130t，而港口 1 的进口货物量分别从港口 2 和港口 3 运输，运输量分别为 3989t、6732t，港口 2 除了经由枢纽港 0 进行进口运输，还从港口 3 进行 8513t 货物。本段文字说明：从港口 1、2、3 进口货物的角度看，经由枢纽港中转运输量约为 50%。

4 个港口具体运输量之间的运输关系，如图 6.4 所示。

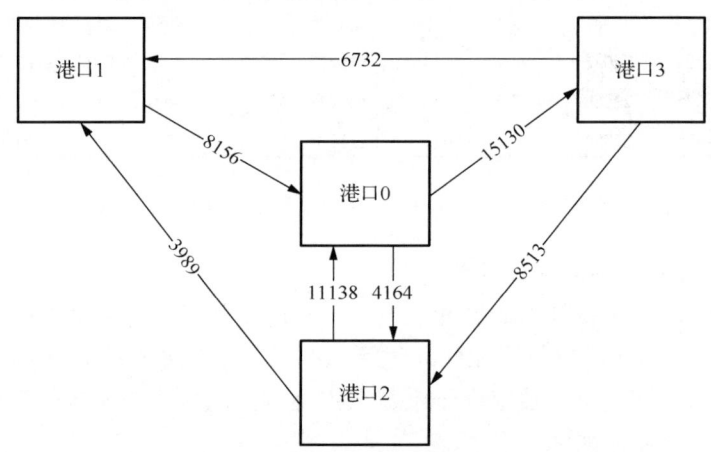

图 6.4　各港口形成物流网络运输量之间的关系

对于如何根据中转运输比例界定枢纽港，虽然没有严格的数值标准，但是可以根据文献资料大致界定，鹿特丹港作为复合型枢纽港（具备中转型与腹地型）其中转比例达到 43.7%；腹地型港口中转份额基本在 15% 以内，如深圳约为 13%。而本章根据计算，港口 0 的进出口中转比例数值约为 50%，接近复合型枢纽港的相关数值，符合客观情况，故此结果合理有效。

综上可知，枢纽港对区域港口的运输占很大比重，中转运输模式能够降低物流成本。

(3) 港口之间货物运输量合理性比较分析。

港口1（锦州港）：锦州港出口货物全部经由大连港转运，进口货物则大部分从营口港、丹东港进口。这符合大连港出口货物的区位优势的特点，而进口则由于营口港紧邻锦州港且综合物流成本最低，故结果合理。

港口2（营口港）：本例中营口港进口货物量高达12677t，出口货物15127t。进出口货物量相对平衡，这也符合营口港的地理位置。随着经济发展，近几年营口港虽然总货物运输量不及大连港，然而由于物流成本低，区位优势靠近腹地，越来越多的内贸货物运输选择营口港，营口港俨然成为辽宁省港口群的第二大枢纽港。

港口3（丹东港）：本例中丹东港进口货物15130t，出口货物15245t。丹东港出口货物主要面向锦州港和营口港，进口则全部依靠大连港进行转运。本结果客观上也是可以接受的。

(4) "水水中转"港口之间运输能力配置。

根据表6.4各港口之间的货物运输量，可推算所需配备的船型以及船舶数量，如图6.5所示。

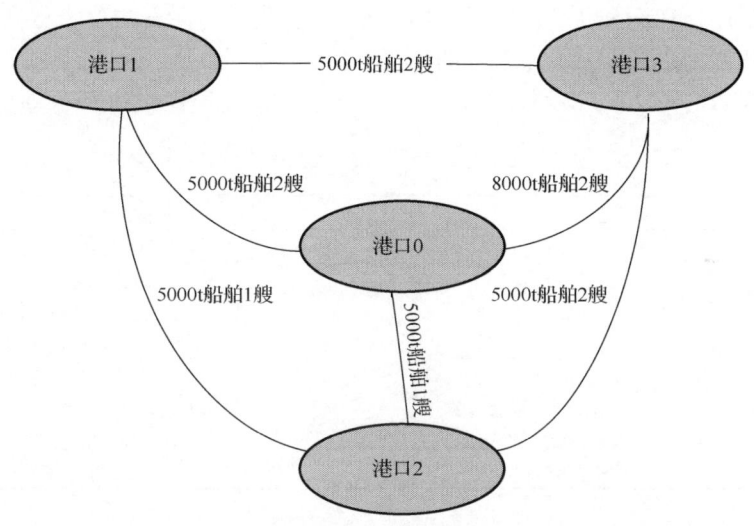

图6.5 水水中转的运输能力配置

(5) 实现公水和铁水联运，港口经济腹地运输车辆配备方案。

港口1所服务的腹地4至少应配备6列1320t运输能力的火车，8辆30t的卡车。港口2所服务的腹地2至少应配备11列1320t运输能力的火车，21辆30t的卡车。港口3所服务的腹地8至少应配备11列1320t运输能力的火车，25列30t的卡车。

综上，对于6.3.2节中所建立"港口群物流网络的双层规划模型"，通过本章验证是基本有效可行的。同时也应注意：辽宁港口群内已经不单是大连港单一的枢纽港，营口港目前正在承担部分枢纽港的职责，同时也看到东北经济区铁路运输的重要性。故今后应该加强营口港和大连港的区位合作，充分利用资源，加强海铁联运，达到港口物流网络资源的优化配置。

6.4.3 基于优化模型的对策建议

根据上述双层网络规划建模所得到的结论，结合基于内外部竞争环境和竞争条件下的态势（strength, weakness, opportunity, threat，SWOT）分析，提出辽宁港口群物流网络建设的四种战略性建议。

1. 辽宁港口群物流网络资源 SWOT 分析

根据相关资料显示，目前辽宁港口群已经初步形成了以大连港和营口港为主导（2017年大连港和营口港分列中国沿海港口货物吞吐量排名的第七位和第八位）、锦州港和丹东港为辅助、葫芦岛港和盘锦港为补充的整体发展格局。辽宁省各港口货物吞吐量增幅连年攀升，呈利好趋势。辽宁港口群货物和集装箱吞吐量庞大，据统计，辽宁省沿海港口群服务于中国东北经济区八成以上的货物量。辽宁港口群被称为"东北经济状况的晴雨表"。

利用 SWOT 分析（参见表 6.18）对辽宁港口群发展情况进行梳理总结。

表 6.18 辽宁港口群物流网络发展 SWOT 分析

		内部因素		外部因素
有利	优势	港口资源丰富 经济腹地辽阔 人文环境丰富 综合科技水平较高	机会	国家政策大力支持 振兴东北老工业基地 东北亚国际航运中心建设 多港联动、组建港口集团
有害	劣势	港口群内部不合理竞争 信息化整合程度不高 缺乏信息资源共享 产业集聚程度不高	威胁	环渤海港口竞争 东北亚（日本、韩国）港口竞争 与公路运输方式的竞争 与铁路运输方式的竞争

（1）优势（strength, S）。

辽宁港口群地处辽东半岛与环渤海地区，拥有广阔的东三省及蒙东腹地，港口资源丰富，人文环境良好。东北经济区原油产量占全国原油产量的40%，木材、商品粮及钢铁产量均在全国占有一定比例；辽宁省海岸线长度约2000km，居于全国前列。从人文科技角度看，根据全国科技进步统计监测结果显示，辽、吉、黑的综合科技进步水平分别排在8、18、14，整体水平位于全国中上游。

(2)劣势(weakness, W)。

辽宁港口群密集着大连港、营口港、丹东港、锦州港、盘锦港、葫芦岛港等港口,劣势主要表现在港口群内部分工不明确、资源竞争不合理、信息化技术不完善等方面。决策部门过于追求港口建设规模的庞大,导致了港口内部非常不科学、不合理;从港口信息化程度的角度看,各个港口之间的信息数据库不能实现信息共享,产生信息孤岛。

(3)机会(opportunity, O)。

摆在辽宁港口群面前的机会众多,主要体现在国家多方面的政策支持,如国家"一带一路"倡议以及振兴老东北工业基地等政策的推行颁布,同时大连作为东北亚的航运中心,承担着与日本、韩国,乃至朝鲜、欧洲的外贸运输的责任。并且振兴老东北政策带来的经济利好也在逐渐刺激着港口发展。此外,区域内众多的港口未来可开展多港合作,尤其是可以利用保税区、开发区的进出口贸易进行多港联动,积极配合国家自贸区新概念的提出,更好地促进辽宁港口群的发展。

(4)威胁(threat, T)。

辽宁港口群也面临着巨大的挑战。首先,东北亚港口面临着激烈的竞争,内有天津港及青岛港等,外有日本东京、横滨、名古屋等。其次,其他运输方式也有着激烈竞争,面对东北高速铁路和高速公路的大规模建设,水运的低成本优势逐渐减弱。

因此,对辽宁省港口群海陆物流网络进行优化是非常重要的。

2. 发展辽宁港口群物流网络的战略建议

(1)SO战略(增长型战略)。

辽宁省港口群需要充分认识自身优势,并及时利用各种优势,凭借振兴东北老工业基地等各种机会,开拓市场,积极向供应链上下游发展,做好长远战略规划,明确各港口之间的分工与合作,积极开展多式联运,来提高港口群内物流运输之间的和谐共处。

(2)WO战略(弥补性战略)。

使港口群中各港口之间保持一定的竞争,作为港口发展的动力。结合港口和城市的发展定位,科学配置沿海岸线资源,做好信息化建设、提升服务水平,优化港口运输作业操作流程等,最大限度地发挥港口区位优势与物流资源优势,带动地区经济的快速发展。逐步实现港区资源整合,合理调度港口物流资源。推进辽宁沿海经济带扩大开放,促进辽宁港口群的良性成长。

(3)ST战略(拓展型战略)。

实现港口资源的整合需要发挥港口企业的主动性和创新能力,加强人力、资本、组织结构等方面的建设。与其他港口形成战略联盟,扩大辽宁港口经营的话语权与主导权。辽宁港口群在保持目前的经营管理水平的同时还应审时度势，适应外部竞争的新形势，化威胁为潜在的机会，充分发挥港口联动效应，防范港口资源浪费、自然灾害、管理不当等危机情况，提升自身竞争力，尽早实现港口的协调发展。

（4）WT 战略（防御型战略）。

加快港口集疏运通道整合，建设内陆物流基础设施是保障港口群物流网络高效运转的有效措施之一。应重点建设铁路、内河航道等物流基础设施，如环渤海高速公路等，形成连接大连、营口等沿海城市的重要通道，同时利用先进技术创新交通运输方式，应对国家产业发展和转移的需要。

综上，辽宁沿海港口群内各个港口应紧密合作，推进港口业务重组和架构优化调整，同时配合国家产业发展战略，开展海铁联运与货物中转，扩大港口腹地，加强内陆基础交通建设与多式联运方式，全面提升港口协作发展，提升国际竞争力，从而形成具有鲜明特色和显著优势的辽宁港口群物流网络体系。

■ 本章小结

本章通过综述港口群物流网络资源调度与运输决策等方面的学术文献，发现在港口群物流网络优化方面存在可深化研究的内容。

本章构建港口物流网络双层规划模型来对港口群内的集疏运系统进行优化。基于港口与陆向腹地物流布局以及港口群之间的水水中转等综合运输网络成本最优，建立港口区域化海运网络的双层规划模型。实现港口资源的优化配置及各港口的相互合作，建立完善的港口群物流网络结构。

将辽宁港口群作为案例背景对双层规划模型进行有效性验证，在模型解决过程中收集了大量数据，利用了层次分析法、回归预测模型等来对初始量进行确定，并利用遗传算法以及线性规划的知识对模型进行优化求解。结合模型的相关研究结论，对辽宁港口群发展现状展开 SWOT 分析，并提出四种针对性的战略措施。

第 4 部分　港口群物流系统协同机制

本书前面章节对区域港口群物流网络的相关研究均是首先解决若干港口形成的水运物流网络，然后再研究港口群与辐射腹地之间的陆向物流网络。因此，本章对于协同管理机制的研究也将解决这两个问题。

第 7 章，基于利益分配的港口合作联盟博弈与协同管理机制研究。

横向——港口群合作联盟。将利益协同作为港口群内多港口合作的驱动力，运用合作博弈理论中经典方法 Shapley 值法对港口间横向合作联盟的利益分配进行了计算，以环渤海地区港口群为例，测算了港口群内多个港口的利益协同方式。

第 8 章，基于委托代理理论的港口物流服务供应链协同机制设计。

纵向——港口物流服务供应链。分析港口供应链上的若干参与者纵向协同管理问题，采用信息经济学中的委托-代理理论设计防范道德风险的激励与监督机制，保障港口物流服务供应链的利益协同。根据委托代理模型，推导证明四个主要的协同管理机制，包括：显性激励机制、风险控制机制、市场竞争机制及参与保障机制等。

第 7 章

港口联盟合作博弈与协同管理机制

■ 7.1 相关文献综述

7.1.1 国内外研究现状

国内外学者对港口合作机制和联盟博弈模型展开相关研究。

赵旭等[152]指出海上丝绸之路实施的先导条件为基础设施的互联互通，而又以港口的互联互通尤为重要，因此必须构建完善的港口合作机制，主要是"利益分配"与"补偿机制"，将因港口联盟合作产生的网络外部性增值利润按照公平合理的机制在合作主体之间进行分配，同时对收支不匹配的某些合作主体需合理补偿其受损部分。如此可对合作主体起到激励作用，体现合作的公平性。

通过计算区域港口之间合作的联盟博弈模型，孙雪娟等[153]得出结论：在帕累托改进下，区域港口间合作的收益高于双方独自行动，这一研究成果可作为促进港口间合作的有利动因。其还在文中提出了若干实现港口群长期稳定合作的机制，主要包括激励相容约束、风险分担、利益合理分配、信息集成共享、约束监督反馈等。

初良勇等[154]在研究区域港口群交叉腹地范围的问题时，通过综合考虑货主方成本和港口方收益的多种因素，提出了划分港口经济腹地范围的效用模型。

强新星[155]从港口作为重要战略资源的角度探讨了港口资源整合的必然性。为了通过港口资源整合实现港口经济效益的充分发挥，避免行政区划造成的阻力，需要进行港口管理机制的创新，可将港口资源整合的效益提升作为突破口，更新价值观念以平衡各方利益，提高各方参与改革的积极性，真正实现港口资源整合的最大效益。

沈寅安[156]分析了长江三角洲港口群进行资源整合的现状并研究了整合的主要对策，指出通过与国外先进港口群进行比较，可借鉴和吸收美国纽约-新泽西港口群、日本东京湾港口群、德国不来梅港与汉堡港资源整合的先进经验，制定切实有效的长江三角洲港口群资源整合策略和整合目标。整合过程需要政府等相关部门对港口群的合作进行推动，合理分配各港口的利益，使长江三角洲港口群整体上发挥出"1+1>2"的功效。

王雁凤[157]指出在全球经济一体化的大背景下，上海港要想成为真正意义上的国际航运中心与国际金融中心，应不断加强与长江三角洲港口群以及东亚港口群内其他港口的横向合作。其运用合作博弈理论，建立港口横向合作博弈模型，计算了东亚港口群（上海港、深圳港、高雄港、釜山港）、长江三角洲港口群（上海港、宁波港、南京港三个主要港口）联盟博弈的利益分配机制，测算利益分配比例，并得出了针对发展上海港的合作与竞合策略建议。

Asadabadi 等[158]研究指出港口是全球供应链的关键要素，提供陆上和海上运输模式之间的联系。考虑到港口之间的竞合可以采用双层多人博弈的方法，通过改变港口的服务能力和港口货物装卸时间将每个港口的投资决策与运输网络的整体优化相结合。文中提出的竞合方法将增加港口服务的总需求。

Cui 等[159]分析了港口当局的目标定位和服务差异化程度对竞争港口或合作港口的能力、服务价格、利润和社会福利等的影响，指出促进港口合作才是有效的解决方案；运用博弈论分析了港口管理者合作的意愿，对港口移交和合作提供了政策层面上的理论指导。

Guo 等[160]从外部运输系统社会福利最大化的视角，研究了多港口区域内实现港口一体化的方法。首先，分析了外部运输系统社会福利最大化的经济原理，提出了计算外部运输系统总国内运输成本的方法。然后，通过比较港口群不同规模的内部总成本，确定了港口群的最优规模。同时提出多港口区域（multi-port regions，MPRs）港口资源整合是一个多阶段投资和资源利用的集成方法。最后，选择中国东北的主要门户港口进行实证研究，根据研究结果提出了关于保护港口资源整合与协同运作的建议。

Huo 等[161]指出中国在中央和省级政府两级均制定了许多鼓励港口合作的方案。"一带一路"倡议带来了港口合作，对"一带一路"沿线地区国家是新的机遇与挑战。文中分析了中国制定和实施港口合作的策略，总结了国内港口合作的发展趋势，对我国港口和码头运营商在港口动态合作发展方面提供有益启示，对中国港口合作的激励机制和发展趋势进行了系统研究，提出中国的国际港口合作战略模式。

Inoue[162]研究了日本港口联盟问题。日本港口发挥了独特的双重作用，即管理海运码头，同时发展港口城市。由于这种双重性的作用，港口被认为与城市的整体管理密不可分，导致港口一般由地方政府管理。然而，与东亚其他国家的港口竞争日益激烈，迫使日本国家政府敦促各大港口提高其码头的效率和竞争力。

文章研究了神户大阪港口联盟，以评估其在现实中如何运作，并讨论了挑战和商机，指出为了充分发挥港口联盟的协同作用，加强港口企业的自主性，要实施一系列重要的物流发展战略。

7.1.2 国内外研究现状评述

无论欧洲、东南亚还是我国港口群的发展都已进入港口区域一体化的演化阶段，关于港口资源整合、港口联盟等相关研究已经被国内外学者提升为港口发展进程中必须面对和解决的重要问题之一。

而如何实现港口整合机制，发挥港口联盟的效用，博弈论成为主要的研究方法。将博弈论作为主要研究方法，制定利益共享、风险共担、风险补偿等协同机制，并对这些机制进行量化分析，对实现港口群整合，发挥港口联盟的效用，具有重要的研究意义。

7.2 相关基础理论

7.2.1 竞合理论

1. 合作竞争理论

合作竞争理论简称"竞合"，强调合作的重要性[163]，可以有效避免企业间过分竞争的弊端与出现的种种问题。

合作竞争成功的三要素包括：贡献、亲密和远景。贡献指形成竞合关系之后各方付出的努力与取得的成果。亲密指竞合关系中参与主体之间关系的亲密程度。远景是指竞合伙伴的发展导向，也是合作主体的奋斗目标。

竞合是高层次的竞争，不否定更不会打消竞争意识的存在。竞合是合作主体从有效配置资源、发挥共赢效果的角度出发，对自身发展战略的调整。

2. 港口群内竞合

区域内港口之间的同质化恶性竞争，对港口行业的向上发展毫无益处。我国港口正在由单纯的竞争逐步向竞合转变，竞合战略可以发挥合作竞争双方各自优势，实现优势互补。因此，从单纯竞争转变为合作竞争、从资源浪费转变为资源整合、从同质化发展转变为错位发展，才能增强港口群的整体竞争能力。群内港口之间只有通过合作，才能实现共赢。

为了提升我国港口的整体竞争力，有必要研究群内港口间的协同合作，增强港口群的综合实力，提高我国港口的整体发展水平。

7.2.2 博弈论

1. 博弈论的定义

博弈论（game theory）又称为对策论或赛局理论。在某个场景中，如果有多个参与者在追逐各自目标或收益的前提下，根据某些规则或标准，共同做出决策、制订方案的情况就可称为博弈。而所做出的决策方案是每一个参与者的最优策略[164]，也就是指在不影响其他参与者收益的前提下，自身的行动无法使其收益再增加的局面，也称为达到"均衡"。

本书以博弈论中的"合作博弈"为理论基础研究港口群内多港口之间的竞合问题。

2. 合作博弈论

纳什界定合作博弈和非合作博弈的条件是"是否具有有约束力的协议"。如果某个博弈中的参与者能够做出具有约束力的协议，便是合作博弈；否则，则是非合作博弈。

合作博弈的优势非常明显，在有约束力的协议下，签订协议的各方参与者会将实现合作整体的利益最优与保障自身利益最优两个目标同等对待。因此，所结成的合作联盟是有效的、有约束力的密切关系，具有共同远景。

合作博弈可分为支付可转移的合作博弈和支付不可转移的合作博弈。如果合作收益是可以被参与者合理分配的，则称为"支付可转移的合作博弈"。在本书中，港口群内港口的竞合博弈问题应属于支付可转移的合作博弈，也即联盟型博弈。

7.3 基于利益协同的港口合作联盟博弈

7.3.1 港口合作联盟博弈模型

1. 港口群合作联盟的形成

群内港口间的合作是多方面的，包括货源上的合作、制度上的合作、资金上的合作等。在港口群内通过有效竞合实现资源配置，合理分工、优势互补、共同行动、协同调度、深度融合，达到港口群多港口共赢的效果。

2. 港口群合作联盟博弈模型基础

在港口现有资源和结构能力基础上，港口横向合作联盟将进一步推动港口群的可持续发展，保护生态环境，实现低碳绿色现代化港口。这些远期目标可以细化为多期的动态博弈。因此，港口群合作联盟博弈模型可以表示为 n 个港口之间在 $t(t=1,2,\cdots,T)$ 时期内的动态合作博弈模型。

将合作联盟博弈模型统一定义如下：

$$B=\{t,N,(v_i)_{i\in N},p_i(s)\} \tag{7.1}$$

式中，N 为 t 时期所有港口的集合；v_i 为第 i 港口在 t 时期所有可行纯策略的有限集；s 为 N 的任意子集；$p_i(s)$ 为港口横向联盟 s 在 t 时期的总效用。

3. 合作博弈的目标函数

港口群合作联盟博弈的最优目标是要实现所有合作港口效用（收益、支付）函数总和的最大化。合作联盟的目标函数可表示为

$$f(p_i)=\max\sum_{i=1}^{T}p_i,\quad t=1,2,\cdots,T;i=1,2,\cdots,N \tag{7.2}$$

根据式（7.2）确定港口合作联盟目标函数的关键问题就是如何理解和定义 p_i，并根据一定的计算过程实现对 p_i 的度量，进一步才能获得 $f(p_i)$ 的取值。

4. 合作博弈的解法

1）基于 Shapley 值的利益分配比例 ζ_i

合作博弈的解法包括 Shapley 值、核心、稳定集、谈判集等，最常用的一般是前两种。

1953 年，学者 Shapley 提出了 Shapley 值方法，可用于分析支付可转移的合作联盟博弈情况[165-166]。Shapley 值方法的核心是：在多人合作博弈中，可以将每位参与者在博弈中的每个可能联盟的平均边际贡献值，作为合理分配收益的依据。公式如下：

$$\zeta_i=\frac{\varphi_i[v]}{\sum_{j=1}^{N}\varphi_j[v]} \tag{7.3}$$

式中，ζ_i 为参与者 i 的边际贡献值；$\varphi_i[v]$ 为 Shapley 值；N 为合作联盟成员数量。

本节将主要基于 Shapley 值法计算区域港口群利益分配比例。

2）确定 Shapley 值 $\varphi_i[v]$

在一个合作博弈中，其 Shapley 值法应满足以下三个公理。

【公理 7.1】 如果集合 N 是一个载形，那么

$$\sum_{i\in N}\varphi_j[v]=v(N) \tag{7.4}$$

该定理又称为效率公理，要求的是整体理性。

【公理 7.2】 如果参与者 i 和 j 是可以互换的，那么，
$$\varphi_i[v]<N,v>=\varphi_j[v]<N,v> \tag{7.5}$$

该公理又称为对称公理，要求的是参与者的顺序并不会对博弈产生任何作用。

【公理 7.3】 如果 $<N,u>$ 和 $<N,v>$ 是两个博弈，那么
$$\varphi_i[u+v]=\varphi_i[u]+\varphi_i[v] \tag{7.6}$$

又称集成公理、可加性公理，要求任何两个独立的博弈联盟在一起，那么新博弈的值是原来两个博弈值之和。

【定理 7.1】 函数 φ 是唯一能够满足以上三个公理的函数，表达式为
$$\varphi_i[v]=\sum_{s\in n}r_n(s)\left[p(s)-p(s-\{i\})\right] \tag{7.7}$$

式中，$r_n(s)=\sum_{i\in s}\dfrac{(|s|-1)!(n-|s|)!}{n!}$，$|s|$ 为联盟成员的数目；$\varphi_i[v]$ 为 Shapley 值；$p(s)$ 为港口横向联盟 s 的效用；$\left[p(s)-p(s-\{i\})\right]$ 可以理解为每个港口企业 i 对港口联盟 s 的边际贡献；$r_n(s)$ 则是每个港口联盟 s 的加权因子。

3) 计算港口合作联盟的效用 $p(s)$

（1）港口群合作博弈模型的假设。

在建立港口合作博弈模型之前，结合区域港口群问题的实际背景，做出如下基本假设：单一港口不属于港口联盟的特殊形式，也就是说，如果是独立的港口，将没有合作产出，其联盟效用 p_i 计为零。根据 Shapley 值法的公理 7.3，港口合作效用函数要满足超可加性原理。

（2）建立港口横向合作博弈模型。

港口集合 N。基于合作博弈均衡，港口群内若干港口之间可以构成不同形式的港口集合，用 N 表示港口集合，$N=\{1,2,\cdots,n\}$，其中，n 是按某种方法划分的港口集合数目。可知，n 值会随着港口群内港口间不同的合作而取得不同的值。

港口联盟构成博弈策略 s。在港口集合中，集合中若干港口合作，会构成不同的合作联盟形式，而每一个港口合作联盟就会构成一个合作博弈策略。

港口集合与港口联盟的关系为："港口集合包含港口联盟，港口联盟是港口集合的非空子集。"

以环渤海地区港口群为例说明，港口集合是环渤海地区港口群，而港口联盟可以是大连港与锦州港合作形成的两港参与的港口联盟，或是大连港、营口港与锦州港合作形成的三港参与的港口联盟，等等。

港口横向合作博弈效用函数 p_i。应以港口联盟创造的联盟收益或者联盟价值为依据，综合考虑多方因素，建立科学的效用函数。

从内部来看，形成港口联盟可提升港口竞争力，增加货物运输量，实现港口资源配置和资源结构的协同优化；从外部来看，实现港口群整体协同对于维持港口的可持续发展，建设资源集约化、绿色生态港口与低碳航运等长期战略性目标也具有积极作用。

综合多方面的联盟价值创造，港口群合作博弈模型的设计也应有针对性，因此，将港口的资源状况、港口的运营结构、港口的可持续发展前景、港口发展对港口周边生态环境影响程度，作为影响港口效用的四个主要方面。

以上四个主要因素用来描述港口效用函数，建立的港口效用函数为

$$p_i = \frac{R_i S_i L_i}{\theta_i} \tag{7.8}$$

式中，R_i 为港口的资源状况评估值；S_i 为港口运营结构合理度；L_i 为港口可持续发展能力；θ_i 为港口对生态环境影响程度。

港口效用函数的四个因素。港口的资源状况评估值 R_i。港口资源包括港口的自然资源（水深、码头数量等）、经济资源（腹地经济发展水平等）、基础装备资源（港口作业机械数量、后方堆场条件等）、服务软环境资源（航线数量、班轮数量、港口配套服务等）。因此，可知港口合作的决定性因素就是港口的资源状况，该因素也是港口竞合的基础条件。

为了能够综合反映港口资源状况，分别选用港口生产性码头数量（R_{i1}）、港口腹地经济 GDP 产值（R_{i2}）、堆场装卸机械数量（R_{i3}）、港口具有的航线数量（R_{i4}）等四个定量指标代表港口的自然资源、经济资源、基础装备资源以及服务软环境资源。因此，某港口 i 的资源状况评估值 R_i 可表示为

$$R_i = \sum_{j=1}^{4} R_{ij} \tag{7.9}$$

在具体计算过程中，应注意四个指标的量纲不一致，无法简单加和的问题。因此，需要进行数据的标准化预处理，可以将某港口 i 具体资源 j 的实际值 R_{ij} 转换为其在港口联盟中该种资源 j 总量中所占的比例。

港口运营结构合理度 S_i。港口运营结构越合理、货种结构优势越强，也越容易吸引其他港口与其合作，构建港口联盟。

集装箱运输是一种高效集约的货种形式，现代港口建设非常重视集装箱港口建设，有利于提升港口的竞争能力。同时，生产性泊位数量的多少也决定了港口

的吞吐能力和发展水平。集装箱货物在港口全部货物中所占的比重越大,港口生产性泊位数量越多,就会创造更多的港口效益与价值。因此,将集装箱吞吐量、港口生产性泊位数量作为测算港口运营结构合理度 S_i 的两个方面,可用式(7.10)表示:

$$S_i = \frac{C_i}{G_i} + \frac{D_i}{B_i} \qquad (7.10)$$

式中,C_i/G_i 表示某港口 i 的集装箱吞吐量 C_i 占该港口全体货物吞吐量 G_i 的比例;D_i/B_i 表示某港口 i 的生产性泊位数量占该港口全部泊位数量的比例。

港口可持续发展能力 L_i。远景是港口合作的重要因素之一,在选择港口伙伴结合港口联盟时,不仅需要考察港口的资源状况和港口运营结构,还应用发展的眼光考察港口的可持续发展能力。这个因素是维系港口联盟稳定的重要保障和动力源泉。因此,测算港口关键指标的增长能力可作为分析港口可持续发展能力的一个角度。从港口内部选取集装箱吞吐量的增长能力,从港口外部选用港口辐射腹地的经济增长能力等两个关键指标定量计算港口可持续发展能力 L_i,即

$$L_i = \sum_{j=1}^{2} L_{ij} \qquad (7.11)$$

式中,某 i 港口的可持续发展能力由 L_i 代表;L_{i1} 代表 i 港口的集装箱吞吐量增长率;L_{i2} 代表 i 港口所在腹地城市的 GDP 增长率。

港口对生态环境影响程度 θ_i。由于临港产业聚集,各类生产制造类企业的大规模生产将排放废水、废气和废弃物。同时,船舶运输对近岸水域与生态环境也会产生影响。各类专业化码头,如石油、化工码头作业会引发港口突发安全事件。因此,建设绿色生态港口,是港口联盟创造环保价值的体现。而为了定量计算,将港口 i 所在省份或者城市用于节能环保所支出的成本 θ_i 表示该港口 i 对生态环境的影响程度。

7.3.2 港口合作联盟博弈算例

从第 1 章中关于环渤海港口群竞争合作情况描述来看,由于环渤海港口群中若干大型港口处于不同的地理子群内(辽宁、天津、河北和山东地区),竞争异常激烈,现实中组建港口联盟的难度较大。因此,按照边际贡献度的方式合理分配港口收益,定量测算港口合作的利益共享机制将是有益尝试,对未来组建区域港口集团的资本运作方面具有一定的理论支持。

第 7 章 港口联盟合作博弈与协同管理机制

基于研究对象具有代表性的原则，选取环渤海港口群中进入 2017 年中国沿海港口货物吞吐量前十位的四大港口展开研究。假设以这四个港口能够结成合作联盟为例，采用 Shapley 值方法计算各港口的贡献度，以此为依据来合理分配港口合作联盟中各港口创造的效益。

需要说明的是，这一研究具有一定的前瞻性，但由于目前还处于理论研究阶段，各港口未真正整合，为避免冲突和引发不必要的讨论，隐去港口的真实名称，用港口 1、港口 2、港口 3、港口 4 代替。

本算例中港口集合 N 包含四个港口，$N=\{1,2,3,4\}$。从国家统计局年鉴、辽宁省统计局、天津市统计局、山东省统计局选取数据，还有部分数据是从中国知网的相关文献中摘取的。相关指标的原始数据参见表 7.1。

表 7.1 环渤海港口群四个大型港口指标原始数据

总体变量	具体变量	代表变量	港口 1	港口 2	港口 3	港口 4
港口资源状况评估值 R_i	自然资源	百万级泊位数	93	49	101	56
	经济资源	所在城市经济 GDP/亿元	7002.80	1381.2	12893.88	5281.38
	基础设施	堆场装卸机械数量	1056	682	1367	817
	服务软环境	开辟航线数目	57	24	115	27
港口运营结构合理度 S_i	货种结构	集装箱吞吐量/万 TEU	800	485.1	1230	185
		货物吞吐量/万 t	41000	30107.3	47697	20297.6
		集装箱吞吐量比例/%	1.96	1.61	2.58	0.91
	泊位结构	生产性泊位数/个	206	75	148	85
		港口泊位数/个	231	82	159	95
		生产性泊位比例/%	89.18	91.46	93.08	89.47
港口可持续发展能力 L_i	集装箱吞吐量增长能力	集装箱吞吐量增长率/%	26	20.3	6.2	16.2
	经济发展能力	所在城市 GDP 增长率/%	35.9	10.8	14.0	10.3
港口对生态环境影响程度 θ_i	节能环保成本	港口所在省市节能环保支出/亿元	93.27	93.27	38.49	154.42

为进行后续计算，某些指标数据需转换为各港口所占比例值，因此对原始数据处理后的结果如表 7.2 所示。

表 7.2　港口指标数据标准化处理后的结果

总体变量	具体变量	代表变量	港口1	港口2	港口3	港口4
港口资源状况评估值 R_i	自然资源	万吨级泊位数比例/%	31.1	16.39	33.78	18.73
	经济资源	所在城市经济 GDP 比例/%	26.37	5.20	48.55	19.88
	基础设施	堆场装卸机械数量比例/%	26.93	17.39	34.85	20.83
	服务软环境	开辟航线数目比例/%	25.56	10.76	51.57	12.11
		总资源发展力/%	109.96	49.74	168.75	71.56
港口运营结构合理度 S_i	货种结构	集装箱吞吐量/万 TEU	800	485.1	1230	185
		货物吞吐量/万 t	41000	30107.3	47697	20297.6
		集装箱吞吐量比例/%	1.96	1.61	2.58	0.91
	泊位结构	集装箱泊位数/个	206	75	148	85
		港口泊位数/个	231	82	159	95
		集装箱泊位比例/%	89.18	91.46	93.08	89.47
		港口结构系数/%	91.14	93.07	95.66	90.38
港口可持续发展能力 L_i	集装箱吞吐量增长能力	集装箱吞吐量增长率/%	26	20.3	6.2	16.2
	经济发展能力	所在城市 GDP 增长率/%	35.9	10.8	14.0	10.3
		可持续发展总能力	61.9	31.1	20.2	26.5
港口对生态环境影响程度 θ_i	节能环保成本	港口所在省市节能环保支出比例/%	24.58	24.58	10.14	40.70

利用表 7.2 中的数据，根据式（7.8）计算各港口的效用函数 p_i，$i=1,2,3,4$，列入表 7.3 中。

表 7.3　各港口的效用函数值

	港口1	港口2	港口3	港口4
效用函数公式	$p_1=\dfrac{R_1 S_1 L_1}{\theta_1}$	$p_2=\dfrac{R_2 S_2 L_2}{\theta_2}$	$p_3=\dfrac{R_3 S_3 L_3}{\theta_3}$	$p_4=\dfrac{R_4 S_4 L_4}{\theta_4}$
港口效用函数 p_i	25237.86	5857.25	32157.89	4211.09

根据表 7.3 中的 p_i 值计算各港口合作联盟创造的效益，用 Shapley 值方法计算这四个港口利益分配过程如下。

第一步，计算各港口合作联盟创造的效益。

港口集合 N={1,2,3,4}，它的所有非空子集：

1 项集：$p(\{1\}), p(\{2\}), p(\{3\}), p(\{4\})$。

2 项集：$p(\{1,2\}), p(\{1,3\}), p(\{1,4\}), p(\{2,3\}), p(\{2,4\}), p(\{3,4\})$。

3 项集：$p(\{1,2,3\}), p(\{1,2,4\}), p(\{1,3,4\}), p(\{2,3,4\})$。

4 项集：$p(\{1,2,3,4\})$。

因此可计算不同港口联盟的效用函数值。

（1）各港口独立时的合作效用为 0。

$$p(\{1\}) = p(\{2\}) = p(\{3\}) = p(\{4\}) = 0 \tag{7.12}$$

（2）两个港口参与的港口联盟。① 港口 1 与港口 2 合作所能产生的效用为

$$p(\{1,2\}) = p_1 + p_2 = 25237.86 + 5857.25 = 31095.11 \tag{7.13}$$

② 港口 1 与港口 3 合作所能产生的效用为

$$p(\{1,3\}) = p_1 + p_3 = 25237.86 + 32157.89 = 57395.75 \tag{7.14}$$

③ 港口 1 与港口 4 合作所能产生的效用为

$$p(\{1,4\}) = p_1 + p_4 = 25237.86 + 4211.09 = 29448.95 \tag{7.15}$$

④ 港口 2 与港口 3 合作所能产生的效用为

$$p(\{2,3\}) = p_2 + p_3 = 5857.25 + 32157.89 = 38015.14 \tag{7.16}$$

⑤ 港口 2 与港口 4 合作所能产生的效用为

$$p(\{2,4\}) = p_2 + p_4 = 5857.25 + 4211.09 = 10068.34 \tag{7.17}$$

⑥ 港口 3 与港口 4 合作所能产生的效用为

$$p(\{3,4\}) = p_3 + p_4 = 32157.89 + 4211.09 = 36368.98 \tag{7.18}$$

（3）三个港口参与的港口联盟。① 港口 1、港口 2 和港口 3 合作所能产生的效用为

$$p(\{1,2,3\}) = p_1 + p_2 + p_3 = 25237.86 + 5857.25 + 32157.89 = 63253 \tag{7.19}$$

② 港口 1、港口 2 和港口 4 合作所能产生的效用为

$$p(\{1,2,4\}) = p_1 + p_2 + p_4 = 25237.86 + 5857.25 + 4211.09 = 35306.2 \tag{7.20}$$

③ 港口 1、港口 3 和港口 4 合作所能产生的效用为

$$p(\{1,3,4\}) = p_1 + p_3 + p_4 = 25237.86 + 32157.89 + 4211.09 = 61606.84 \tag{7.21}$$

④ 港口 2、港口 3 和港口 4 合作所能产生的效用为

$$p(\{2,3,4\}) = p_2 + p_3 + p_4 = 5857.25 + 32157.89 + 4211.09 = 42226.23 \tag{7.22}$$

（4）四个港口参与的港口联盟。

四个港口合作所产生的效用为

$$p(\{1,2,3,4\}) = p_1 + p_2 + p_3 + p_4 = 25237.86 + 5857.25 + 32157.89 + 4211.09 = 67464.09 \tag{7.23}$$

第二步，计算 Shapley 值。

根据式（7.7）可采用 Shapley 值方法来确定唯一的一组分配向量。

$$\varphi_1 = \frac{0!3!}{4!}\Big[p(\{1\})-p(\{\varPhi\})\Big] + \frac{1!2!}{4!}\Big[p(\{1,2\})-p(\{2\})\Big] + \frac{1!2!}{4!}\Big[p(\{1,3\})-p(\{3\})\Big]$$

$$+ \frac{1!2!}{4!}\Big[p(\{1,4\})-p(\{4\})\Big] + \frac{2!1!}{4!}\Big[p(\{1,2,3\})-p(\{2,3\})\Big]$$

$$+ \frac{2!1!}{4!}\Big[p(\{1,2,4\})-p(\{2,4\})\Big] + \frac{2!1!}{4!}\Big[p(\{1,3,4\})-p(\{3,4\})\Big]$$

$$+ \frac{3!0!}{4!}\Big[p(\{1,2,3,4\})-p(\{2,3,4\})\Big] = \frac{1}{12}(31095.11-0) + \frac{1}{12}(57395.75-0)$$

$$+ \frac{1}{12}(29448.95-0) + \frac{1}{12}(63253-32743.14) + \frac{1}{12}(31306.2-10068.34)$$

$$+ \frac{1}{12}(61606.84-36368.98) + \frac{1}{4}(67464.09-42226.23) = 22553.25 \qquad (7.24)$$

同理，可求得 φ_2、φ_3、φ_4，即 φ_1=22553.25；φ_2=8754.17；φ_3=27621.27；φ_4=8535.40，因此 $\sum \varphi_i$ =67464.09。

第三步，计算各港口在港口群合作联盟中的贡献值。

根据式（7.3）计算每个港口 i 对港口联盟的平均边际贡献值结果 ζ_i 如下：
ζ_1=33.43%，ζ_2=12.98%，ζ_3=40.94%，ζ_4=12.65%。

第四步，计算结论的使用与分析。

由第三步计算结果可知这四个港口合作构成的港口联盟中的利益分配分别为 33.43%、12.98%、40.94%、12.65%。基于 Shapley 值方法的港口群联盟的利益分配研究，可有以下思考和结论。

（1）关于港口效用函数的组成。

由于不同港口在港口资源条件、货种与基础结构、可持续发展能力、生态绿色环保等四个因素表现不同，因此港口的效用函数存在一定差别。一般规律为港口规模越大伴随着越大的效用函数。

（2）关于港口间的合作联盟的价值创造。

从式（7.23）可知，四个港口合作创造的联盟效用是最大的，而单一港口是无法享有联盟收益的。港口联盟所创造的港口资源整合、货种结构优化、增强可持续发展、建设绿色生态港口等方面，只有合作才能共赢，只有合作才能发展。

（3）关于合作利益分配与合作损失补偿。

通过求得 Shapley 值作为各港口在港口联盟中因合作而产生的利益分配比例，使联盟中的港口成员在各时间段都可以得到公正合理的收益分配。但在实际应用中，Shapley 值方法的 3 个公理可能很难被同时满足，使得 Shapley 值方法的应用范围受到一定限制。比较突出的问题是，可能在港口联盟中存在一个或多个成员有能力拒绝按 Shapley 值确定的利益进行分配，对具有约束力的协议抗拒，反对支付可转移的合作博弈。而由于利润没有得到合理分配，将导致港口合作联盟的失效。因此，可采用两种解决办法，一种是可在合作联盟博弈中建立协调金制度和损失补偿制度，作为对各成员的有效约束激励机制；另一种是建立更高层级的区域港口集团或者港口群规划组织机构，例如有些省份将国资委作为港口股权的实际控制人，统筹协调港口群内的各项工作。

（4）港口合作收益定量分配。

建立港口合作博弈模型是有益的研究与尝试，为定量测定港口群中各港口合作收益份额提供理论依据。但现实是各港口目前处于激烈竞争状态，还需要有效的股份运营机制或者政府主导推动才能够促成港口联盟的形成。因此，7.4 节将重点分析区域港口群内各港口的协同管理策略。

7.4 区域港口群协同管理策略

1. 区域港口群协同管理的主要目标

区域港口群协同管理是我国沿海经济带开发的重要组成部分，是加快建设海洋强国的重要举措。统筹开发陆海资源，整合沿海港口资源，拓展港口服务功能，形成错位发展、优势互补、资源集聚的现代港口集群[167]，尽快从单纯的竞争走向竞合，实现整个港口群的统一规划、统一建设、统一经营，增强港口群对经济社会发展的辐射带动和支撑作用[168]。

2. 区域港口群协同管理的主要方式

将组建港口联盟、港口集团、组合港作为港口横向集成的发展模式，本质都是要在港口之间形成"协同竞争"的良性发展关系。以合作联盟的价值创造为基础，协同竞争相对于纯粹完全竞争的零和甚至负和博弈，协同竞争在其作用范围内是正和博弈（合作博弈）。

3. 区域港口群协同管理的主要策略

（1）兼顾国家战略导向，与国家总体发展规划相一致。

十九大精神和交通强国战略下的沿海港口将开启新的发展征程。如何在规划、运营、体制改革、服务、绿色、安全、智能、创新等方面提升港口转型升级水平，是关系到交通强国建设的重要内容。例如，辽宁港口资源整合，应与"东北老工业基地振兴"战略、"一带一路"倡议、国家重大规划深度融合，兼顾港口整合产生的经济效益与国家战略的落地实施。

（2）加强跨区域整合中各级政府的协调。

区域内多港口之间的协同合作将超越现有的行政区划，即跨区域整合将逐渐增多。例如，津冀沿海港口群的协同可以适当借鉴京津冀协同发展规划中关于跨区政府之间利益协调机制的有关经验方法。再者，2017年的政府工作报告[169]提出建设"粤港澳大湾区城市群规划"，粤港澳大湾区内包括香港港、广州港、深圳港、中山港和惠州港等港口，将共建世界级港口群作为重点发展目标，在建设过程中，跨区域合作更加重要，需要解决好港口资源整合中地方政府利益不一致的核心矛盾。

（3）为区域港口群建设做好制度保障。

做好有关港口资源整合重组、港口企业正当竞争等方面的法律法规的健全完善工作。必须要在依法治国的大框架下开展港口群建设。在确保港口国有资产不流失的前提下，通过资产划拨、股权投资、合资合作等方式，推动不同管理层级的国有资产重组。商务部、交通运输部、国有资产监督管理委员会等相关政府管理部门应通过政策环境的改善，提高港口经营集约化水平，避免垄断低效和同质化恶性竞争。

（4）学习和借鉴国外港口群协同竞争的宝贵经验。

全球已经形成几大较为成熟的港口群体系，例如日本东京湾港口群、美国纽约-新泽西港口群、德国汉堡-不来梅港等，这些港口群采用了不同的港口合作联盟形式，其协同竞争的成功经验值得我国港口借鉴[170-171]，主要包括：①成立管控组织机构，统一规划与协调港口群建设；②港口发展同临港产业发展紧密结合；③群内各港口开展广泛而深入的合作；④融入国家交通运输发展整体战略；⑤与腹地集疏运体系建设相结合。

（5）优化配置港口资源，有效利用岸线资源。

各个港口的自然禀赋、发展基础、功能定位及发展历程可能存在较大差异。因此，在港口资源整合过程中，应以市场化和股东利益最大化为指导原则，同时兼顾港口作为重要公共资源的本质特征，重新配置港口的腹地资源，改变无序竞争、重复投入的低水平竞争格局，实现多方共赢的发展态势[172-173]。

共同的投资方是促成同一区域内的港口间合作的重要因素和推动力量。例如，和记黄埔港口集团是世界排名第一的码头投资运营商，该集团基本投资于中国一线枢纽港口，参股少量的二、三线港口，以达到维护共同腹地，保护所控股港口的枢纽港地位。同时，例如中远海运、招商局集团等综合产业主体，将逐渐加大与港口行业的合作和整合力度。在资本的联动下，港口企业内部的改革和运营机制重构将赋予港口发展新的动能。

■ 本章小结

整合区域港口群内多港口的资源,是发展进程中必须面对和解决的重要问题,利用博弈模型设计利益共享、风险共担、损失补偿等协同机制,并对这些机制进行量化分析,对形成港口合作联盟具有重要的研究意义。

本章建立港口群内各港口横向合作的联盟博弈模型,用 Shapley 值方法计算港口的贡献度,作为共享利益分配的依据,阐述了区域港口群协同管理的主要目标、主要方式与主要策略。

第 8 章

港口物流服务供应链协同机制设计

■ 8.1 相关文献综述

8.1.1 国内外研究现状

将港口及港口群作为核心主体,形成港口物流服务供应链,再进一步拓展为区域港口群物流网络。国内外学者针对港口供应链相关问题展开研究工作。

陆永明[174]针对由港口业务服务商与港口企业组成的二级港口供应链建立了博弈模型,并将利益共享契约作为供应链的协调机制。通过数据分析表明,无论港口的物流服务需求是否具有价格敏感性,该协调机制均可实现港口供应链的利益优化。

基于合作博弈思想,杨丛璐[175]提出了港口供应链的理性合作机制、利益转移机制、沟通协商机制;并以宁波港集装箱供应链企业协同为例,制定了港口供应链企业协同方案,在动态环境下的企业协同策略,以及保证协同行为持续、稳定的协同保障机制。

杨波峰[176]构建了由港口、航运承运人及陆运承运人组成的三级港口供应链模型,指出这三者之间存在 Stackelberg 博弈。在多式联运背景下这三者的努力程度均将影响其参与集装箱运输所产生的利润,但利润的比例却不相同,需要解决供应链参与者之间的公平问题。因此,其引入了基于政府补贴的供应链协调机制弥补不公平,使得港口供应链中的三方参与者获得各自的利润最优值。

王晶等[177]以云环境为背景建立港口供应链利益协调模型,通过数学验证得到如下结论:云环境下的港口供应链成员所得利润比非云环境下更优,通过对供应链利润的合理分配可达到促进港口供应链稳定的目的。

陈靖[165]通过实地调研分析得到港口供应链应属于混合型供应链,提炼了港口供应链的特征与核心功能,建立了激励机制引入前后的供应链收益模型,运用计算机仿真方法验证了不同的激励支付函数对供应链成员收益分配的影响,从而归纳出港口供应链激励机制的基本模式,对港口运营发展具有一定的实践指导意义。

刘萌等[178]通过整理大量文献,综述了港口供应链的相关概念及基本结构,提炼了港口供应链产生的背景,归纳了多位专家对港口供应链概念的阐释,描述了港口供应链的合理结构,并提出了关于港口供应链未来的研究方向。

Song 等[179]考虑两个港口之间的竞争涉及腹地运输和转运,从运输链(transport chain)的角度,包括深海、港口、中转和内陆运输,提出了一个静态成本模型来检验港口的相对竞争力,并证明了港口之间的博弈发展过程;然后建立了包括两个港口和一个远洋运输承运人的海洋运输系统的非合作博弈模型,推导出最优的港口和承运人定价的港口决策;并将博弈模型进一步扩展到不确定需求情况下,以南安普敦港和利物浦港为例进行了实证分析。

Talley 等[180]提出了一种新颖独特的方法对港口的个性化服务有效性做出评估,利用港口服务链(port service chains)的概念描述一个港口服务提供者在提供港口服务时使用的服务网络或服务质量关系。如果忽略这样的服务关系,为提高其港口服务的质量,港口服务提供商可能会高估或低估所需的资源分配量。港口服务链的协同运作总是比非协同港口服务链更加有效。

Ascencio 等[181]提出了一种基于供应链管理(supply chain management,SCM)原则的港口物流链(port logistics chain, PLC)协同物流框架,它依赖于利益相关者的集成和协作,为 PLC 的内部协调提供了参考模型;同时,对相关文献进行了全面回顾,分析了 SCM 实践实施的几个案例,以及与港口发展、治理、协调相关的最佳实践,以此作为对 PLC 过程进行重新设计和配置新合作方案的指导方针。

Cheng 等[182]研究了物流和运输数据交换平台对于衡量枢纽港供应链利益相关者不同阶段绩效的潜在贡献。案例研究表明,物流和运输数据交换平台的综合特征可以被用来衡量各方参与者在港口供应链上的不同表现。其提出一系列新的供应链性能指标,对港口供应链上的企业、基础设施和机构利益相关者进行综合的绩效测量,形成基于平台的供应链绩效测量(supply chain performance measurement, SCPM)系统。

Clott 等[183]指出海港历来是海上物流供应链的焦点并提出在组织运输资源和设计物流网络时,应进一步改变港口的运营模式,使港口与关键的内陆腹地联系的更加紧密。在海运物流链上利益相关者众多,往往对港口的腹地物流网络效率具有重要影响。因此,其提出了供应链整合(supply chain integration, SCI)的思想。以芝加哥大都市地区为案例,表明合作方式对 SCI 改进起到了促进作用。而帕累托分析表明,供应链整合后,区域运输网络中的货运规划更加优化,可以缓解港口集疏运系统的拥挤和堵塞状况。

8.1.2 国内外研究现状评述

综上所述,国内外学者对港口物流服务供应链相关问题开展了多种研究,主要集中在供应链结构优化、供应链绩效评价、供应链整合等方面。研究方法以博弈论和信息经济学为主。其中,基于委托代理理论解决供应链协同管理问题已经成为一个热点研究方向[184],但还存在一些局限性。

(1)对于服务提供商运作能力的评价和评估研究较多,但根据信息不对称发生的时间,运作能力是客观能力属于事前的不对称信息,是逆向选择研究的范畴;对于解决签署委托代理契约后,服务提供商努力水平难以监管的道德风险问题研究较少。

(2)大多研究都是基于双边委托代理(单一委托人、单一代理人)关系的研究。但是在港口服务供应链中,港口群中的核心枢纽港作为单委托人,而存在多个支线港和喂给港口以及其他众多港口服务提供商,协同完成港口物流服务产出,是多代理的委托代理(单委托人、多代理人)问题。

(3)大多研究仅是考虑服务提供商的努力水平对服务集成商收益的影响,但不同于一般的服务集成商,港口自身所提供的服务将会有所产出。因此,应该考虑港口的努力水平与服务提供商的努力水平之间相互影响情况下的港口服务供应链利益协同问题。

因此,本章将基于单委托(一个核心枢纽港口)多代理(多个相关服务提供商)关系,同时考虑服务集成商努力水平与服务提供商努力水平共同对服务供应链产出的影响,在实现港口物流服务供应链效用最优化的基础上,设计防范道德风险的激励与监督机制,保障港口物流服务供应链的利益协同。

8.2 相关基础理论

8.2.1 港口物流服务供应链

深入研究与港口群物流网络密切相关的现代港口物流、港口代际、港口服务供应链等理论内涵,为构建集成化的港口群物流网络体系提供理论支撑。

为了使港口在全球综合运输网络中发挥重要作用,港口发展需要适应现代物流的要求,形成现代化的港口物流综合服务体系。

按照港口功能的进化,如图 8.1 所示,目前世界港口发展一般存在五个演化阶段。当今,全球大型港口基本进入到第三代港口发展阶段,并以继续发展成为第四代甚至第五代港口为奋斗目标。部分学者也将第四代港口称为:柔性化港口、绿色港口、科技港口、协同竞争港口和服务供应链港口。第五代港口是以大型枢纽港为"母港",以支线港和内陆干港为"子港",形成区域港口群共同发展的"母子港群的合作联盟"。

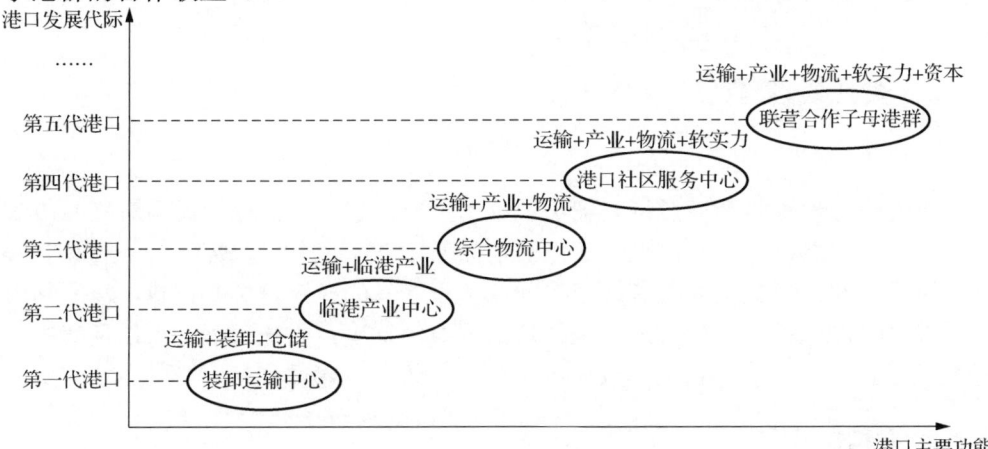

图 8.1 港口代际发展趋势演化与核心特征

本书关于区域港口群物流网络协同的研究,主要融合了第四代港口与第五代港口的主要特征。

第四代港口具有以下特征:①港口作为全球供应链的要素,力求与港口物流供应链上其他物流服务提供商相互协调合作,差异化、精益化是基础阶段,敏捷化是过渡阶段,而第四代港口的发展目标是实现柔性化。②港口划分的区域化、网络化趋势明显,第四代港口的港口范围划分不再局限于地理位置和行政区划,而是会形成多个跨行政区划的港口群组合。③港口具有主动决策的能力,港口的角色上升为供应链的组织者、策划者、发展动力和运行基地。港口作为核心物流服务提供商,为港口服务需求方提供更多更好的物流增值服务。

第五代港口具有以下特征:①第五代港口兼容了前四代港口的功能,是在原有基础上的重新整合与拓展。②组织特性。枢纽港—支线港—内陆干港无缝衔接,共享资源与信息,密切合作。③生产特性。共生子母港形成联盟,合力争夺直接、间接腹地的货源,具有统一的规划与协调。④经营特性。联营港口性质不同,合作关系复杂,经营模式难以统一,因此根据合作特点,需融入多种经营模式。

港口现代物流、港口代际演化、港口服务供应链等理论中都包含:物流、供应链、服务、现代化等内涵,因此将三个术语整合为"港口物流服务供应链"。港口物流服务供应链(port logistics service supply chain, PLSSC)是一种以集成港口物流服务为主导的物流服务供应链模式,它以核心枢纽港的港口企业(或者区域港口群联盟形成的港务集团公司)作为物流服务集成商,成为链上的核心节点,集成链中的物流服务供应方和需求方的优势资源,以顾客的服务需求为动力快速整合各种物流资源,所形成的从物流服务分包方到物流服务需求方的链条结构。同时其中伴随着服务流、资金流和信息流的流动。根本目的是降低港口服务总成本,提高港口群的整体物流服务水平。

8.2.2 委托代理理论

1. 委托代理关系

委托代理理论是制度经济学契约理论的主要内容之一。在信息不对称的市场环境中以及信息不完全及决策分散化的条件下,如何设计一套机制(规则或制度)使经济活动和市场活动参与者的个人利益和设计者的既定目标相一致,需要利用信息经济学的"机制设计方法"来处理,主要包括确定委托代理关系以及解决委托代理问题(principal agency problem)的信号理论与激励机制[185-186]。

2. 委托代理问题的分类与防范机制

委托代理问题是建立在不对称信息博弈论基础上的,因此按照不对称发生的时间,可分为逆向选择与道德风险[187-188]。出现在签订委托代理协议之前的信息不对称称为"逆向选择",而签订契约之后代理人出现的问题称为"道德风险"[189]。

(1)逆向选择与信号理论。

逆向选择是指在建立委托代理关系前,代理人就已经掌握某些委托人不了解而又可能对其不利的信息,即私人信息,所以代理人利用于己有利的信息鉴定对自己有利的合同,而委托人则由于信息劣势而处于对其不利的选择位置上,也称不利选择[186]。

解决逆向选择的方法称为"信号理论",根据信号发出者不同,分为两个途径:①信号传递,是指通过可观察的行为传递商品价值或传递该信息商品质量的确切信息。代理人知道自己的类型,委托人不知道。为了显示自己的类型,代理人选择某种市场信号,主动"显示"出自己的特征,以减少信息不对称的程度,进而达到提高自己效用的目的,委托人在观测到这种市场信号之后将与代理人签订合同。②信息甄别,是指委托人通过制订一套策略或不同的合同甄别代理人的真实信息。两者的主要差别在于,前者是信息优势方先行动,后者是信息劣势方先行动。

(2)道德风险与激励机制。

道德风险是指在签订委托代理合同后,代理人利用自身拥有而不被委托人所观察到的隐蔽行动,从中获取更大的预期收益,同时损害委托人或其他代理人效用的行为,也称作败德行为[186]。

建立有效的激励机制与监督制度是解决道德风险问题的首要途径和有效方法。激励机制是诱导和驱使那些追求自己个人利益的代理人能够为委托人所要实现的目标投入足够努力的机制,包括显性激励与隐性激励。

8.3 基于利益分配的港口供应链协同机制

8.3.1 港口物流服务供应链的委托代理关系

供应链上的成员通过建立供应链契约(contract)关系来协同卖方和买方的利益。委托代理理论可以用来设计合理的供应链契约，用以监督和激励服务提供商，防范信息不对称引发的逆向选择和道德风险。

在港口服务供应链中，信息不对称将对港口服务供应链利益协同产生重要影响，逆向选择和道德风险并存[189]。

港口服务供应链中的逆向选择是指港口服务集成商（核心的港口企业，委托人）与港口服务提供商（参与港口物流服务供应链的其他上下游成员，代理人）在签订港口服务合约之前，港口服务提供商拥有自己的完全信息（清楚自身的服务能力是高还是低），而港口服务集成商却不掌握港口服务提供商的信息，很可能会选择服务能力较差的服务提供商，引发"逆向选择"问题。解决逆向选择问题需要选择一个最优的合同来获取服务提供商的私人信息。

而港口服务供应链中的道德风险是签订合约后，由于港口服务集成商观测不到服务提供商的具体运作情况，服务提供商出于对自身效用最大化的追求而可能采取的有损于港口服务集成商利益的行动，例如，简化应有的服务过程和降低应有的服务质量等。由于港口联盟以及港口供应链的形成都是港口的战略性长期决策，因此对于解决签署委托代理契约后，服务提供商努力水平难以监管的道德风险问题应是研究的重点和难点。

8.3.2 委托代理相关角色和参数定义

1. 相关角色

将港口服务集成商（委托人）和港口服务功能提供商（代理人）分别抽象为对象 A 和 B，研究为了防范代理人 B（与港口核心企业协作的供应链上下游企业）的道德风险，委托人 A（港口核心企业或者港口集团）合理设计利益分配系数的激励机制。在以后章节的扩展研究中，对象 B 将会是完成多项任务的港口服务提供商或者是由多个服务提供商组成的服务团队。

2. 努力水平

港口服务集成商 A 的努力水平为 e_A；港口服务提供商 B 的努力水平为 e_B。但是由于供应链中的信息不对称，使得 e_A 和 e_B 具有不可证实性，需要将可观测信息向量作为努力水平的替代，用来作为制订防范道德风险的激励与监督机制，即确定供应链的利润分配策略。将使用基于服务水平的产出函数作为可观测信息，并且服务集成商和服务提供商的努力水平共同影响两者的产出函数大小。

如果在某个港口物流服务供应链上有 n 个港口服务提供商，则每个港口服务提供商用 B_i 表示，其努力水平为 e_{Bi}，为表明是有效的合作，要求 $e_{Bi}>0$（$i=1,2,\cdots,n$）。为了简化，在不必考虑单一供应商独立的努力水平情况下，统一用 e_B 表示。

3. 产出函数

（1）委托人——港口服务集成商 A 的产出函数：

$$R_A = f_A(e_A, e_B) + \theta_A \tag{8.1}$$

式中，R_A 为港口集成商 A 的努力水平 e_A 和港口功能型服务提供商 B 的努力水平 e_B 的联合函数，单调递增，且满足边际报酬递减规律。其中，θ_A 为随机干扰变量，代表外生不确定因素，服从正态分布 $\theta_A \sim N(0, \sigma_A^2)$；$f_A(e_A, e_B)$ 为严格递增的可微凹函数，$f'_A(e_A, e_B)>0; f''_A(e_A, e_B)<0$，表示服务集成商 A 的产出随 A 的努力水平和 B 的努力水平的增加而增加，但增速不断减缓。

（2）代理人——港口服务提供商 B 的产出函数：

$$R_B = f_B(e_A, e_B) + \theta_B \tag{8.2}$$

式中，R_B 为港口集成商 A 的努力水平 e_A 和功能型服务提供商 B 的努力水平 e_B 的联合函数，且满足边际报酬递减的规律。其中，θ_B 为随机扰动变量，代表外生不确定因素，服从正态分布 $\theta_B \sim N(0, \sigma_B^2)$；$f_B(e_A, e_B)$ 为严格递增的可微凹函数，$f'_B(e_A, e_B)>0; f''_B(e_A, e_B)<0$ 表示服务提供商 B 的产出随集成商 A 的努力水平和功能型服务提供商 B 的努力水平的增加而增加，但增速不断减缓。

4. 固定成本与变动努力成本

港口服务集成商的固定成本为 C_A；港口服务集成商变动的努力成本为 $C_A(e_A)$，与港口服务集成商的服务能力负相关，集成商能力越强，$C_A(e_A)$ 越小，$C_A(e_A)$ 是严格递增的可微凸函数，$C'_A(e_A)>0, C''_A(e_A)>0$，即努力增加则努力成本增加，而且增速加快。为了分析问题的方便而又在不影响结论可靠性的前提下，可以设 $C_A(e_A) = \frac{1}{2} b_A e_A^2$，$b_A$ 为服务集成商的努力成本系数。

港口服务提供商的固定成本为 C_B；港口服务提供商变动的努力成本为 $C_B(e_B)$，与港口服务提供商服务能力负相关。提供商的能力越强，$C_B(e_B)$ 越少；$C_B(e_B)$ 是严格递增的可微凸函数，$C'_B(e_B)>0, C''_B(e_B)>0$，即努力增加则努力成本增加，而且增速加快。为了分析问题方便而又在不影响结论可靠性的前提下，可以设 $C_B(e_B) = \frac{1}{2} b_B e_B^2$，$b_B$ 为服务提供商的努力成本系数。

5. 利润分配模式和报酬函数

假设港口服务集成商支付给港口服务提供商的报酬为

$$S_B = S_0 + b_B(R_B + R_A) \tag{8.3}$$

式中，S_0 为港口服务集成商为提供商提供的生产性成本的固定报酬；b_B 为服务提供商的努力成本系数，而港口服务集成商可将此系数作为激励系数或提成比例，也就是对港口服务提供商的分配系数（$0 \leqslant b_B \leqslant 1$）。

S_0 和 b_B 的不同取值组合产生了三种利润分配模式。

（1）当 $S_0 = 0$ 时，为共享报酬的分配机制，从合作的总产出中按一定的分配比例系数，每个参与合作的成员均分得一定收益。共享报酬是一种利益共享、风险共担的分配模式。

（2）当 $b_B = 0$ 时，为固定报酬的分配机制，是指服务集成商根据其他服务提供商承担的任务按事先协商好的数目支付固定报酬之外，服务集成商将享有其余全部剩余利润。

（3）$S_0 \neq 0$ 且 $0 < b_B \leqslant 1$，为混合报酬模式的分配机制，服务提供商不仅获得固定报酬，同时也从总产出中按一定比例分配，当 $b_B = 1$ 时，集成商把所有的利润都转交给服务提供商，这是一种极限形式。

可以将共享报酬和固定报酬模式看成是混合利润分配模式的特殊情况，因此本章将主要采用混合利润分配模式下的报酬函数：

$$S_B = S_0 + b_B(R_B + R_A) = S_0 + b_B[f_B(e_A, e_B) + f_A(e_A, e_B)] \tag{8.4}$$

6. 委托方和代理方的期望效用

（1）委托方——港口物流服务供应链集成商（核心港口集团）的期望效用。

一般情况下，假设集成商是风险中性的，设 U_A 为集成商的效用函数，其期望效用 EU_A 等于其期望利润。

$$\begin{aligned} EU_A &= E(R_B + R_A - C_A - C_A(e_A) - S_B) \\ &= f_B(e_A, e_B) + f_A(e_A, e_B) - C_A - C_A(e_A) - \{S_0 + b_B[f_B(e_A, e_B) + f_A(e_A, e_B)]\} \end{aligned} \tag{8.5}$$

（2）代理方——港口物流服务提供商的期望效用。

一般情况下，提供商是风险规避的且具有不变风险规避度 ρ_B，则根据 Arrow-Pratt 结论，提供商的风险成本为 $\frac{1}{2}\rho_B b_B^2 \sigma_B^2$。

ϖ_B 为服务提供商的实际货币收入，为服务提供商的工资函数减去其固定成本和变动的服务成本，因此，提供商的实际货币收入为

$$\varpi_B = S_B - C_B - C_B(e_B) \tag{8.6}$$

服务提供商的确定性等价收入为实际收入的均值减去风险成本，则提供商的确定性等价收入为

$$E\varpi_B - \frac{1}{2}\rho_B b_B^2 \sigma_B^2 = E[S_B - C_B - C_B(e_B)] - \frac{1}{2}\rho_B b_B^2 \sigma_B^2$$

$$= S_0 + b_B[f_B(e_A, e_B) + f_A(e_A, e_B)] - C_B - C_B(e_B) - \frac{1}{2}\rho_B b_B^2 \sigma_B^2 \quad (8.7)$$

由于服务提供商最大化期望效用等价于最大化确定当量，故以上述的确定性等价收入替代期望效用 EU_B 为，因此 $EU_B = E\varpi_B$。

8.3.3 港口物流服务供应链的委托代理模型

1. 参与约束 IR

参与约束是指委托方的设计需要满足代理方的个人理性约束。如果要一个理性的代理人有任何兴趣接受委托人设计机制（从而参与博弈）的话，代理人在该机制下得到的期望效用必须不小于他在不接受这个机制时得到的最大期望效用。令 ϖ_{0B} 为服务提供商的保留收入水平，也是代理人接受集成商任务的机会成本。当确定性等价收入小于 ϖ_{0B}，服务提供商将不接受合同[188]。因此，在最优情况下，服务提供商的参与约束即个人理性化约束(IR)为 $EU_B \geq \varpi_{0B}$，结合式（8.7）可以得到 IR：

$$S_0 + b_B[f_B(e_A, e_B) + f_A(e_A, e_B)] - C_B - C_B(e_B) - \frac{1}{2}\rho_B b_B^2 \sigma_B^2 \geq \varpi_{0B} \quad (8.8)$$

2. 激励相容约束 IC

激励相容约束指假设委托人不知道代理人类型的情况下，代理人在所设计的机制下必须有积极性选择委托人希望他选择的行动。显然只有当代理人选择委托人所希望的行动时得到的期望效用不小于他选择其他行动时得到的期望效用，代理人才有积极性选择该行动[188]。因此激励相容条件 IC 为

$$\max\{S_0 + b_B[f_B(e_A, e_B) + f_A(e_A, e_B)] - C_B - C_B(e_B) - \frac{1}{2}\rho_B b_B^2 \sigma_B^2\} \quad (8.9)$$

激励相容约束是港口服务集成商最优的选择，对于服务提供商来说具有完全的约束力，是一个可置信的、有约束力的威胁，保证了服务集成商的利益，也提高了港口合作的整体效用。

3. 委托代理模型

使服务集成商的期望收益最大的委托代理模型一般形式为

$$\max EU_A \quad \text{s.t.} \begin{cases} \text{IR} \\ \text{IC} \end{cases} \quad (8.10)$$

即在同时满足参与约束 IR 和激励相容约束 IC 两个约束情况下，使得服务集成商获得最大的期望收益。而在港口物流服务供应链中，港口和供应链中的上下游企业均是提供生产性运营操作，因此，应考虑的是服务集成商和服务提供商都将有生产性产出，同时两方的努力水平对对方的产出都有影响的最优激励机制设计模型。因此，将式（8.5）、式（8.8）、式（8.9）分别代入式（8.10），将有如下具体形式：

$$\max_{e_A, e_B} f_B(e_A, e_B) + f_A(e_A, e_B) - C_A - C_A(e_A) - \{S_0 + b_B[f_B(e_A, e_B) + f_A(e_A, e_B)]\} \quad (8.11)$$

$$\text{s.t.} \begin{cases} S_0 + b_B[f_B(e_A, e_B) + f_A(e_A, e_B)] - C_B - C_B(e_B) - \dfrac{1}{2}\rho_B b_B^2 \sigma_B^2 \geqslant \varpi_{0B} & (8.12) \\ \max\{S_0 + b_B[f_B(e_A, e_B) + f_A(e_A, e_B)] - C_B - C_B(e_B) - \dfrac{1}{2}\rho_B b_B^2 \sigma_B^2\} & (8.13) \end{cases}$$

根据激励相容约束 IC 的一阶条件，对（8.13）求 e_B 的偏导，且偏导等于 0，得

$$b_B\left[\frac{\partial f_B(e_A, e_B)}{\partial e_B} + \frac{\partial f_A(e_A, e_B)}{\partial e_B}\right] = \frac{\partial C_B(e_B)}{\partial e_B} \quad (8.14)$$

由于集成商不会支付提供商更多的利益，所以参与约束 IR 在最优的情形下取等式，将其通过 S_0 代入式（8.11），即

$$\max_{e_A, e_B}\{f_B(e_A, e_B) + f_A(e_A, e_B) - C_A - C_A(e_A) - C_B - C_B(e_B) - \frac{1}{2}\rho_B b_B^2 \sigma_B^2 - \varpi_{0B}\} \quad (8.15)$$

对式（8.15）求 b_B 的偏导，等于 0，得

$$\frac{\partial f_B(e_A, e_B)}{\partial e_B}\frac{\partial e_B}{\partial b_B} + \frac{\partial f_A(e_A, e_B)}{\partial e_B}\frac{\partial e_B}{\partial b_B} - \frac{\partial C_B(e_B)}{\partial e_B}\frac{\partial e_B}{\partial b_B} - \rho_B b_B \sigma_B^2 = 0 \quad (8.16)$$

再将式（8.14）代入式（8.16），求得 b_B 为

$$b_B = \left[1 + \frac{\rho_B \sigma_B^2}{(f_B'(e_A, e_B)_{e_B} + f_A'(e_A, e_B)_{e_B})\dfrac{\partial e_B}{\partial b_B}}\right]^{-1} \quad (8.17)$$

基于上述模型的参数设置和最优结论，将为研究港口物流服务供应链的协同管理机制提供理论依据。

8.3.4 港口物流服务供应链协同机制

港口群物流网络的协同是以港口群内各港口所在的港口物流服务供应链的协同运作为基础。因此，以区域港口群内的枢纽港或者港口集团为供应链的集成商，

主导港口物流网络的协同管控。根据 8.3.3 节推导所得到的委托代理模型，证明了四个主要的协同管理机制，主要包括：显性激励机制、风险控制机制、市场竞争机制及参与保障机制。

1. 显性激励机制

【定理 8.1】 如果在港口物流服务供应链的合作契约中，服务提供商拥有的利润份额越高，即分成的激励系数 b_B 越大，则在合作中服务提供商愿意付出的努力也越多。

【证明过程】

对式（8.14）求关于 b_B 的 1 次偏导，得

$$\frac{\partial f_B(e_A,e_B)}{\partial e_B}+\frac{\partial f_A(e_A,e_B)}{\partial e_B}+b_B[f_B''(e_A,e_B)\frac{\partial e_B}{\partial b_B}+f_A''(e_A,e_B)\frac{\partial e_B}{\partial b_B}]=C_B''(e_B)\frac{\partial e_B}{\partial b_B} \quad (8.18)$$

根据式（8.18）得

$$\begin{aligned}\frac{\partial e_B}{\partial b_B}&=\frac{\dfrac{\partial f_B(e_A,e_B)}{\partial e_B}+\dfrac{\partial f_A(e_A,e_B)}{\partial e_B}}{C_B''(e_B)-b_B[f_B''(e_A,e_B)+f_A''(e_A,e_B)]}\\&=\frac{f_B'(e_A,e_B)+f_A'(e_A,e_B)}{C_B''(e_B)-b_B[f_B''(e_A,e_B)+f_A''(e_A,e_B)]}\end{aligned} \quad (8.19)$$

因为 $b_B>0, f_B'(e_A,e_B)_{e_B}>0, f_A'(e_A,e_B)_{e_B}>0, C_B''(e_B)>0, f_A''(e_A,e_B)_{e_B}<0, f_B''(e_A,e_B)_{e_B}<0$，所以 $\dfrac{\partial e_B}{\partial b_B}>0$，即服务提供商的努力水平随着 b_B 的增大而增大。

因此，根据推导结论可知，在港口物流服务供应链上，核心港口组织为了使更多的腹地物流服务提供商参与区域港口群物流网络的构建与运营中，应设计有效的显性激励机制，通过提高分成比例 b_B，使得物流网络中的成员提高努力水平，降低由道德风险带来的潜在危害或者经济损失。

2. 风险控制机制

【定理 8.2】 当某服务提供商的风险规避程度越大，市场风险和不确定因素越大时，港口集成商可通过动态调整，降低对该服务提供商的利润分成，是防控由于该服务提供商规避风险所造成的不良影响。

【证明过程】

由式（8.17）可知，当服务提供商的风险规避程度 ρ_B 越大，市场风险和不确定因素 σ_B^2 越大时，则 b_B 越小，即物流服务提供商的利润分成比例应该越小。

这是因为市场风险 σ_B^2 越大，服务提供商风险规避程度 ρ_B 越高，则服务提供商偷懒的可能性越大，对服务的努力越不可靠。服务提供商的努力 e_B 对 b_B 的反映越

小，即 $\dfrac{\partial e_B}{\partial b_B}$ 越小，也意味着增加利润分成比例对服务提供商创新性努力的激励作用越小。

此时，港口服务集成商最好减少对服务提供商所做努力的依赖，给予其利润分成的比例应该越小。

3. 市场竞争机制

【定理8.3】港口服务集成商应引入适当的竞争激励政策，采取差异化分成制，根据不同服务提供商的努力对供应链总收益的贡献，决定不同的利润分成比例。

【证明过程】

当某服务提供商 i 的努力对包括服务提供商自身和服务集成商在内的整个供应链总收益所产生的作用越小时，即 $f'_B(e_A, e_{Bi})_{e_{Bi}}$，$f'_A(e_A, e_{Bi})_{e_{Bi}}$ 越小，意味着该服务提供商创新性的努力对供应链收益的正向贡献作用越小，由式（8.17）可知，则服务集成商给予其收益分成的比例 b_{Bi} 应越小越合理。

通过竞争机制的引入，刺激港口群物流网络中各参与方提高工作努力程度以获取更好的收益分成。

4. 参与保障机制

【定理8.4】港口物流服务提供商数量众多，但性质各不相同，核心港口企业（集团）需结合服务提供商的风险偏好采用多样化的报酬模式，使得供应链的参与者获得合理的收益，以保障港口物流服务供应链的稳定与可持续发展。

【证明过程】

根据式（8.3）可知，可供选择的主要报酬模式包括：共享报酬、固定报酬模式和混合利润分配等三类，同时前2类是最后1类的特殊情况。关于港口集成商如何选择对服务提供商的报酬模式，有以下四个基本准则：

（1）如果服务提供商非常害怕风险 $\rho_B \to \infty$，则应该采取固定报酬模式。

对式（8.17）求关于 ρ_B 的极限，得

$$\lim_{\rho_B \to \infty} b_B = \lim_{\rho_B \to \infty} \left[1 + \dfrac{\rho_B \sigma_B^2}{(f'_B(e_A, e_B)_{e_B} + f'_A(e_A, e_B)_{e_B}) \dfrac{\partial e_B}{\partial b_B}} \right]^{-1} = 0 \quad （8.20）$$

表明如果服务提供商非常害怕风险，即 $\rho_B \to \infty$ 时，激励系数为 $b_B=0$，混合利润分配变为了固定报酬模式。

（2）如果服务提供商风险为中性时，服务提供商的固定报酬小于风险害怕时的固定报酬。因此，当服务提供商风险为中性时，集成商应提高其变动报酬，使服务提供商获取预期收益。

由式（8.12）得服务集成商给服务提供商的固定支付 S_0 为

$$S_0 \geq \varpi_{0B} + C_B + C_B(e_B) + \frac{1}{2}\rho_B b_B^2 \sigma_B^2 - b_B[f_B(e_A,e_B) + f_A(e_A,e_B)] \qquad (8.21)$$

如果服务提供商非常害怕风险 $\rho_B \to \infty$ 时，对式（8.21）求关于 ρ_B 的极限，得

$$\begin{aligned}S_0 &\geq \lim_{\rho_B \to \infty}[\varpi_{0B} + C_B + C_B(e_B) + \frac{1}{2}\rho_B b_B^2 \sigma_B^2 - b_B(f_B(e_A,e_B) + f_A(e_A,e_B))]\\ &= \varpi_{0B} + C_B + C_B(e_B)\end{aligned} \qquad (8.22)$$

而如果服务提供商风险为中性 $\rho_B=0$ 时，代入式（8.17）得 $b_B=1$，再将结果代入式（8.12）得

$$S_0 \geq \varpi_{0B} + C_B + C_B(e_B) - [f_B(e_A,e_B) + f_A(e_A,e_B)] \qquad (8.23)$$

比较式（8.22）和式（8.23），显然如果服务提供商风险为中性时，其所获得的固定报酬小于风险害怕时的固定报酬。

（3）如果服务提供商非常害怕风险，那么共享报酬模式是不稳定的，最终必将不存在这种合作形式，也就是说如果服务提供商非常害怕风险，则必定不可能实施共享报酬模式。

在共享报酬模式下 $S_0=0$。在服务提供商非常害怕风险 $\rho_B \to \infty$ 时，只有式（8.22）等于 0 时才可能使得 $S_0=0$，即 $S_0 = \varpi_{0B} + C_B + C_B(e_B) = 0$。显然，这种极端情况是不会出现的，上述假设不可能成立。因此，在共享报酬模式下，如果服务提供商非常害怕风险，那么共享分配模式是不稳定的，最终必将不存在这种合作形式而是采取其他的利益分配方式。

（4）服务集成商应根据收集的可观察和可量化的各参数值，确定给予各服务提供商的最优固定支付。

根据式（8.21）可知，服务集成商给服务提供商的固定支付 S_0 不仅与服务提供商的保留效用 ϖ_{0B} 正相关，而且与服务提供商的固定成本 C_B、努力成本 $C_B(e_B)$、风险规避程度 ρ_B、外生不确定性 σ_B^2、集成商和服务商的努力水平 $f_B(e_A,e_B)$、$f_A(e_A,e_B)$ 都有关，因此，应结合这些参数，并通过其中可以量化和观察的参数，确定固定支付 S_0。

在港口群物流网络协同管理中，除上述可从委托代理模型中推导求得的显性激励机制、风险控制机制、市场竞争机制、参与保障机制等四类重要的协同管理机制，还应考虑诚信信任机制、组织整合机制、知识共享机制等其他有效的运行管理机制。

■ 本章小结

在港口服务供应链中，信息不对称将对港口服务供应链利益协同产生重要影响，逆向选择和道德风险并存。尤其是在签订合作契约之后，港口物流集成商如何加强对港口物流服务提供商的激励与监督应成为港口供应链协同机制设计的重点问题。

因此，本章在所提出的"港口物流服务供应链的委托代理模型"中同时考虑了提供商与集成商的产出都受到对方努力水平的影响，综合了对供应链参与者的"参与约束和激励相容"两大类约束，建立港口物流服务供应链的委托代理模型。根据所建立的委托代理模型，推导并证明了实现港口物流服务供应链协同管理的四大主要机制，主要包括：显性激励机制、风险控制机制、市场竞争机制及参与保障机制。说明了只有港口物流服务集成商和提供商紧密合作才能达到供应链系统整体效用最大化，真正实现港口群物流服务供应链的协同管理。

参 考 文 献

[1] 习近平. 决胜全面建成小康社会 夺取新时代中国特色社会主义伟大胜利——在中国共产党第十九次全国代表大会上的报告[EB/OL]. (2017-10-18)[2020-01-21]. http://cpc.people.com.cn/n1/2017/1028/c64094-29613660.html.

[2] 中华人民共和国交通部. 全国沿海港口布局规划[J]. 中国港口, 2006(9): 5-7.

[3] Heaver T. The evolution and challenges of port economics [J]. Research in Transportation Economics, 2016, 16(1): 11-41.

[4] Schipper C A, Vreugdenhil H, De Jong M P C. A sustainability assessment of ports and port-city plans: comparing ambitions with achievements [J]. Transportation Research, Part D: Transport and Environment, 2017, 57: 84-111.

[5] 王帆, 黄锦佳, 刘作仪. 港口管理与运营: 新兴研究热点及其进展[J]. 管理科学学报, 2017, 20(5): 111-126.

[6] 中华人民共和国司法部. 中华人民共和国港口法（2018 年修正本）[EB/OL]. (2019-01-17)[2020-01-21]. http://www.moj.gov.cn/Department/content/2019-01/17/592_227072.html.

[7] 李金龙. 中国沿海港口转型升级研究[M]. 上海: 上海交通大学出版社, 2017.

[8] 高洁. 基于第四代港口模式的港口服务供应链集成研究[M]. 上海: 上海交通大学出版社, 2013.

[9] 大连港向"第五代港口"迈进[J]. 中国人大, 2016(10): 56.

[10] 陈洪波. 港口与产业互动发展比较研究[M]. 杭州: 浙江大学出版社, 2015.

[11] 宋向群, 魏群易, 彭云, 等. 基于位序-规模法则的区域港口群发展演化规律[J]. 水运工程, 2018(3): 59-62, 74.

[12] 陈园园. 国外港口城市转型发展经验及对宁波的重要启示[M]. 杭州: 浙江大学出版社, 2017.

[13] 王景敏. "一带一路"倡议下北部湾港口群竞合发展问题研究[J]. 经济研究参考, 2017(47): 101-104.

[14] 陈再齐. 珠江三角洲地区港口发展与港-城关系研究[M]. 北京: 社会科学文献出版社, 2015.

[15] 刘占福, 韩增林, 董晓菲. 辽宁沿海经济带与俄罗斯远东地区经贸联动论析[J]. 辽宁师范大学学报(社会科学版), 2015, 38(3): 328-333.

[16] 尹航, 魏琪嘉. 我国港口物流系统产能竞合发展策略评价研究[J]. 山东社会科学, 2017(9): 109-113.

[17] 李电生, 董培根, 王伟. 港口建设对区域经济技术效率的影响研究[J]. 交通运输系统工程与信息, 2017, 17(4): 27-32.

[18] 高文武, 潘少云. 毛泽东统筹兼顾思想及对当今中国的意义[J]. 武汉大学学报(人文科学版), 2006, 59(6): 692-697.

[19] 周乐萍. 基于海陆统筹的辽宁省海陆经济协调持续发展评价及演进特征分析[J]. 经济与管理评论, 2015, 31(2): 138-145.

[20] 国家发展改革委, 外交部, 商务部. 推动共建丝绸之路经济带和 21 世纪海上丝绸之路的愿景与行动[EB/OL]. (2015-03-28) [2020-01-21]. https://www.yidaiyilu.gov.cn/yw/qwfb/604.htm.

[21] 曾庆成. 21 世纪海上丝绸之路港口发展报告[M]. 大连: 大连海事大学出版社, 2015.

[22] 郑秉文, 李文, 刘铭颐. "一带一路"建设中的港口与港口城市[M]. 北京: 中国社会科学出版社, 2016.

[23] 于子晴, 蔡小曙, 柳婕好. 1990-2010 年中国主要港口与港城发展及其关联度特征研究[J]. 现代城市研究, 2014(5): 116-120.

[24] 郭建科, 杜小飞, 韩增林, 等. 辽宁沿海港口成长的影响因素动态分析[J]. 地理与地理信息科学, 2015(1): 87-90.

[25] 罗永华, 何忠伟. 港口物流与区域经济协调发展——基于广东省的实证研究[M]. 北京: 中国农业出版社, 2016.

[26] 杨乘. 中国港口经济与区域经济互动发展的研究进展[J]. 中国商贸, 2014(11): 151-152.

[27] 王帅尧, 芮稳行. 城市港口物流与宏观经济数据关系研究[J]. 物流技术, 2015, 34(2): 138-140.

[28] Chang Y T, Shin S H, Lee P T W. Economic impact of port sectors on South African economy: an input-output analysis [J] . Transport Policy, 2014, 35: 333-340.

[29] Coto-Millán P, Mateo-Mantecón I, Villaverde J. The economic impact of ports: its importance for the region and also the hinterland[C]//Essays on Port Economics. Heidelberg: Physica-Verlag, 2010: 167-200.

[30] Danielis R, Gregori T. Aninput-output based methodology to estimate the economic role of a port: the case of the port system of the Friuli Venezia Giulia region, Italy [J]. Maritime Economics & Logistics, 2013, 15(2): 222-255.

[31] Lee M K, Yoo S H. The role of the capture fisheries and aquaculture sectors in the Korean national economy: an input-output analysis [J]. Maritime Policy, 2014, 44: 448-456.

[32] 申勇锋, 王志民, 何小明. 基于投入-产出模型的港口经济贡献度研究[J]. 水运工程, 2014(2): 146-150.

[33] 苏永生. 沿海港口经济贡献定量分析方法探讨——以上海港为例[D]. 天津: 天津大学, 2007.

[34] 叶宣丹. 基于投入-产出和环境分析的港口贡献度评估[J]. 经济与法, 2013(10): 121-122.

[35] 吴国付, 程蓉. 港口对地区经济贡献度研究[J]. 武汉理工大学学报(交通科学与工程版), 2006, 30(3): 535-538.

[36] 李健. 港口发展对区域经济的贡献分析——基于江苏省沿海三市港口的比较[J]. 资源开发与市场, 2017, 33(6): 695-698.

[37] 黄佳伟. 宁波-舟山港港口物流与腹地经济协同发展研究[D]. 舟山: 浙江海洋大学, 2017.

[38] 何小明, 王薇. 投入-产出模型在港口对地区经济贡献研究中的应用[J]. 水运管理, 2005, 27(3): 16-18.

[39] 郭秀娟. 基于投入-产出模型的区域内多港口经济贡献测算[J]. 港工技术, 2010, 47(1): 5-29.

[40] 邢帅. 天津港的区域经济贡献研究[D]. 大连: 大连海事大学, 2011.

[41] Deng P, Lu S Q, Xiao H B. Evaluation of the relevance measure between ports and regional economy using structural equation modeling [J]. Transport Policy, 2013, 27: 123-133.

[42] Bottasso A, Conti M, Ferrari C, et al. Ports and regional development: a spatial analysis on a panel of European regions [J]. Transportation Research, Part A: Policy and Practice, 2014, 65(4): 44-55.

[43] 戴金山. 港口物流能力与绩效相关性的实证研究[D]. 武汉: 武汉理工大学, 2012.

[44] 吴明隆. 结构方程模型: AMOS 的操作与应用[M]. 2 版. 重庆: 重庆大学出版社, 2017.

[45] 侯杰泰. 结构方程模型及其应用[M]. 北京: 教育科学出版社, 2004.

[46] 荣泰生. AMOS 与研究方法[M]. 2 版. 重庆: 重庆大学出版社, 2017.

[47] 陈再齐, 曹小曙, 阎小培. 广州港经济发展及其与城市经济的互动关系研究[J]. 经济地理, 2005, 25(3): 373-378.

[48] 徐惠蓉. 试论港口、港口城市和腹地经济之间的联系问题[J]. 南方经济, 1990, 4: 20-23.

[49] 郎宇, 黎鹏. 论港口与腹地经济一体化的几个理论问题[J]. 经济地理, 2005, 25(6): 767-770, 774.

[50] 祝勇, 林徐勋. 泰州市港口物流与区域经济协调发展的协整分析——基于 1995-2015 年的经验数据[J]. 物流工程与管理, 2018, 40(1): 34-37.

[51] 陈志良. 基于 VAR 模型的宁波港口物流与经济增长关系的实证分析[J]. 物流技术, 2015, 34(2): 154-157.

[52] 熊勇清, 许智宏. 海上丝绸之路上港口与港口城市的互动发展机制研究[J]. 财经理论与实践, 2017, 38(1): 128-133.

[53] 郭建科, 杜小飞, 孙才志, 等. 环渤海地区港口与城市关系的动态测度及驱动模式研究[J]. 地理研究, 2015, 34(4): 740-750.

[54] Cho H S. Determinants and effects of logistics costs in container ports: the transaction cost economics perspective[J]. The Asian Journal of Shipping and Logistics, 2014, 30(2): 193-215.

[55] Merkel A. Spatial competition and complementarity in European port regions [J]. Journal of Transport Geography, 2017, 61: 40-47.

[56] Roh S, Thai V V, Wong Y D. Towards sustainable ASEAN port development: challenges and opportunities for vietnamese ports[J]. The Asian Journal of Shipping and Logistics, 2016, 32(2): 107-118.

[57] Akhavan M. Development dynamics of port-cities interface in the Arab Middle Eastern world – The case of Dubai global hub port-city[J]. Cities, 2017, 60(A): 343-352.

[58] Estrada M A R, Jenatabadi H S, Chin A T H. Measuring ports efficiency under the application of PEP-model[J]. Procedia Computer Science, 2017, 104: 205-212.

[59] 孙建平, 李振福, 王金森, 等. 中国港口业发展与经济增长的协调度分析[J]. 华中师范大学学报(自然科学版),

[60] 冯烽, 陈磊, 黄晗. 中国港口上市公司运营效率的测度与提升路径——基于 SBM-DEA 模型[J]. 中国流通经济, 2017, 31(6): 106-112.
[61] 黄晗, 莫东序, 程婉静. 基于 ANP 模型的绿色港口竞争力评价[J]. 技术经济, 2017, 36(2): 117-122.
[62] 李振波, 张明斗. 基于关联度模型的港口经济与港口城市关系研究——以宁波港为例[J]. 科技与经济, 2016, 29(4): 106-110.
[63] 王燕, 吴蒙. 我国港口上市公司效率研究——基于两阶段网络数据包络分析模型[J]. 中国流通经济, 2016, 30(5): 53-61.
[64] 冯晖. 长江港口与城市互动发展研究——以泰州为例[J]. 城市发展研究, 2015, 22(12): 84-91.
[65] 陈继红, 孟威, 陈飞儿, 等. 基于灰色关联的沿海铁矿石港口物流发展绩效评估与应用[J]. 数学的实践与认识, 2015, 45(23): 120-128.
[66] 邓聚龙. 灰色控制系统[M]. 2 版. 武汉: 华中科技大学出版社, 1993.
[67] Ashby W R. An introduction to cybernetics, chapter 6: the black box[M]. London: Chapman & Hall, 1956: 86-117.
[68] Monios J, Bergqvist R, Woxenius J. Port-centric cities: the role of freight distribution in defining the port-city relationship [J]. Journal of Transport Geography, 2018, 66: 53-64.
[69] Chen D X, Yang Z Z. Systematic optimization of port clusters along the Maritime Silk Road in the context of industry transfer and production capacity constraints [J]. Transportation Research, Part E: Logistics and Transportation Review, 2018, 109: 174-189.
[70] Zhang Y, Lam J S L. Estimating economic losses of industry clusters due to port disruptions [J]. Transportation Research, Part A: Policy and Practice, 2016, 91: 17-33.
[71] Zhang W, Lam J S L. An empirical analysis of maritime cluster evolution from the port development perspective-cases of London and Hong Kong [J]. Transportation Research, Part A: Policy and Practice, 2017, 105: 219-232.
[72] 付义, 代雯强. 基于腹地划分的港口规划研究——以蒙格拉港改扩建为例[J]. 交通科技, 2017(6): 91-94.
[73] 陈梦. 基于聚类分析的港口上市企业财务绩效结果研究[J]. 物流科技, 2017, 40(3): 23-25.
[74] 叶潇潇, 赵一飞. 基于聚类分析的长江三角洲港口群可持续发展水平评价[J]. 长江流域资源与环境, 2016, 25(21): 17-24.
[75] 韩时琳, 慈庆玲, 王超, 等. 城市群港口结构研究——以环长株潭城市群为例[J]. 长沙理工大学学报, 2015, 12(1): 69-78.
[76] 蔡静颖. 模糊聚类算法及应用[M]. 北京: 冶金工业出版社, 2015.
[77] Bezdek J C. Pattern recognition with fuzzy objective function algorithms [M]. New York: Plenum Press, 1981.
[78] 陈祖军. 基于伪近邻及区间距离的不完备数据聚类方法[D]. 大连: 大连理工大学, 2016.
[79] Hou L J, Geerlings H. Dynamics in sustainable port and hinterland operations: a conceptual framework and simulation of sustainability measures and their effectiveness, based on an application to the port of Shanghai [J]. Journal of Cleaner Production, 2016, 135: 449-456
[80] 张萍. 港城互动的系统动力学模型研究[D]. 南京: 河海大学, 2006.
[81] 刘丽娜, 郭子坚, 宋向群. 基于系统动力学的港口经济分析[J]. 水运工程, 2006(5): 18-21.
[82] 袁旭梅, 杨敬欢, 张旭. 津冀港口群物流系统协同发展建模与仿真[J]. 物流工程与管理, 2017, 39(9): 3-6, 14.
[83] 刘沛. 港口干散货陆路集疏运系统可持续发展研究[D]. 北京: 北京交通大学, 2017.
[84] 郭振峰, 范厚明, 崔文罡, 等. 港城互动构建绿色低碳港口城市系统仿真[J]. 生态经济, 2016, 32(6): 98-102.
[85] 张倩. 河北沿海港口群资源整合系统动力学仿真研究[D]. 秦皇岛: 燕山大学, 2015.
[86] 赵黎明, 肖丽丽. 基于系统动力学的港口对区域经济发展的影响研究[J]. 重庆理工大学学报(自然科学), 2014, 28(7): 116-122.
[87] 傅海威, 闫淼. 基于系统动力学的港口与临港产业互动发展比较研究[J]. 港口经济, 2013(10): 5-8.
[88] 王健龙. 珠三角港口群的演化机理与协调发展研究[D]. 广州: 华南理工大学, 2013.
[89] 俞海宏, 刘南. 基于系统动力学的长三角港口群效率模型研究[J]. 中国航海, 2012, 35(1): 98-104.

[90] Forrester J W. Industrial dynamics[M]. Waltham, MA: Peyasus Communications, 1961.
[91] 季则舟, 杨兴宴, 尤再进, 等. 中国沿海港口建设状况及发展趋势[J]. 中国科学院院刊, 2016, 31(10): 1211-1217.
[92] 董影. 港口物流服务供应链的构建及协调问题研究[D]. 大连: 大连海事大学, 2017.
[93] 高飞. 长江港口物流服务供应链柔性构建问题研究[M]. 合肥: 合肥工业大学出版社, 2015.
[94] 屈莉莉. 集成化的港口物流服务供应链体系研究[J]. 物流工程与管理, 2014, 36(3): 83-84.
[95] 黄顺泉, 曲林迟, 余思勤. 中国港口功能的聚类和判别[J]. 交通运输工程学报, 2011, 11(4): 76-83.
[96] 陈继红, 郑师禹, 罗萍, 等. 基于模糊聚类的长三角港口物流服务功能归类与对策[J]. 北京交通大学学报(社会科学版), 2015, 14(4): 89-98.
[97] 赵宇哲, 刘芳. 生态港口评价指标体系的构建——基于R聚类、变异系数与专家经验的分析[J]. 科研管理, 2015, 36(2): 124-132.
[98] Sutrisnowati R A, Bae H, Song M. Bayesian network construction from event log for lateness analysis in port logistics[J]. Computers & Industrial Engineering, 2015, 89: 53-66.
[99] 李电生, 张圣泽, 员丽芬. 港口物流综合效率测度研究[J]. 交通运输系统工程与信息, 2013, 13(5): 107-113.
[100] 王爱虎, 匡桂华. 中国沿海集装箱港口群体系结构演化与竞争态势[J]. 经济地理, 2014, 34(6): 92-99.
[101] 初良勇, 许小卫, 李淑娟. 基于水面溢油理论的港口腹地划分模型[J]. 物流技术, 2015, 34(22): 105-108.
[102] Álvarez-SanJaime Ó, Cantos-Sánchez P, Moner-Colonques R, et al. The impact on port competition of the integration of port and inland transport services [J]. Transportation Research, Part B: Methodological, 2015, 80: 291-302.
[103] Laxe F G, Seoane M J F, Montes C P. Maritime degree, centrality and vulnerability: port hierarchies and emerging areas in containerized transport (2008–2010)[J]. Journal of Transport Geography, 2012, 24: 33-44.
[104] 李国平, 赵永超. 梯度理论综述[J]. 人文地理, 2008, 23(1): 61-64, 47.
[105] 屈莉莉. 基于主成分分析与系统聚类的港口群能级梯度测算方法[J]. 科学技术与工程, 2017, 17(18): 105-110.
[106] 吕拉昌, 谢媛媛, 黄茹. 我国三大都市圈城市创新能级体系比较[J]. 人文地理, 2013, 28(3): 91-95.
[107] Lv L C, Xie Y Y, Huang R. The comparison of innovation ability hierarchy of three megalopolises in China [J]. Human Geography, 2013, 28(3): 91-95.
[108] 刘沛, 穆东. 港口陆路集疏运系统的演化机理——基于基础设施投资政策[J]. 软科学, 2016, 30(6): 119-123.
[109] Cabral A M R, Ramos F S. Cluster analysis of the competitiveness of container ports in Brazil [J]. Transportation Research, Part A: Policy and Practice, 2014, 69(5): 423-431.
[110] 郑丽娟. 我国"一带一路"沿途港口城市区域物流竞争力聚类分析[J]. 商业经济研究, 2016(24): 88-90.
[111] 丁雪丽. 基于TEI@I方法论的集装箱港口聚类研究[D]. 北京: 北京交通大学, 2017.
[112] Gianfranco F, Claudia P, Patrizia S, et al. Port cooperation policies in the mediterranean basin: an experimental approach using cluster analysis [J]. Transportation Research Procedia, 2014, 3: 700-709.
[113] 何丹, 高鹏. 长江中游港口腹地演变及港口-腹地经济协调发展研究[J]. 地理科学, 2016, 36(12): 1811-1821.
[114] 石淼. 重庆市忠县港口腹地划分研究[D]. 重庆: 重庆交通大学, 2017.
[115] 张璐, 殷焕焕. 21世纪海上丝绸之路战略下港口腹地划分研究[J]. 交通运输研究, 2017, 3(1): 17-22.
[116] 耿艳培, 单良. 关于港口腹地划分问题的研究综述[J]. 国土与自然资源研究, 2016(6): 18-20.
[117] 王晓斌. GIS实现下的港口腹地划分方法研究[D]. 大连: 大连海事大学, 2015.
[118] Portman M E, Esteves L S, Le X Q, et al. Improving integration for integrated coastal zone management: an eight countries study [J]. Science of the Total Environment, 2012, 439(22): 194-201.
[119] Notterboom T E, Rodrigue J P. Port regionalization: towards a new phase in port development [J]. Maritime Policy & Management, 2005, 32(3): 297-313.
[120] 刘琳, 邵俊岗. 我国沿海港口物流现状分析及发展模式研究[J]. 特区经济, 2016(3): 148-150.
[121] 董晓菲, 韩增林. 东北沿海港口群腹地空间格局及驱动机理[J]. 经济地理, 2016, 36(5): 33-39.
[122] 曹琳霞, 陆玉麒, 马颖忆. 基于模型的江苏港口腹地范围划分[J]. 地域研究与开发, 2016, 35(5): 41-46.
[123] 李振福, 汤晓雯. 港口腹地划分的腹地烟羽模型研究[J]. 地理科学, 2014 (10): 1169-1175.

[124] 赵蕾. 主成分分析方法综述[J]. 软件工程, 2016, 19(6): 1-7.

[125] 陈静锋, 柴瑞瑞, 闫浩, 等. 基于高斯烟羽模型的 PM2.5 污染源扩散规律模拟分析[J]. 系统工程, 2015, 33(9): 153-158.

[126] Ji M J, Chu Y L. Optimization for hub-and-spoke port logistics network of dynamic hinterland [J]. Physics Procedia, 2012, 33: 827-832.

[127] Asgari N, Farahani R Z, Goh M. Network design approach for hub ports-shipping companies competition and cooperation [J]. Transportation Research, Part A: Policy and Practice, 2013, 48: 1-18.

[128] 黄瑞林. 港口物流系统的功能[J]. 系统工程理论与实践, 2008, 9: 152-158.

[129] 潘坤友, 曹有挥, 魏鸿雁. 长三角地区集装箱航运网络演化与效应[J]. 经济地理, 2018, 38(2): 90-97.

[130] 肖青, 王立珍, 胡豪. 考虑航速的集装箱轴辐式航运网络设计研究[J]. 中国水运, 2017, 17(12): 63-65, 67.

[131] 王列辉, 张圣, 叶斐. 上海宁波两港集装箱航运网络研究(2004~2015 年)[J]. 长江流域资源与环境, 2017, 26(10): 1508-1516.

[132] 王思远, 余思勤, 潘静静. 轴辐式航运网络研究前沿综述[J]. 世界科技研究与发展, 2017, 39(1): 12-16.

[133] 杜超, 王姣娥, 莫辉辉. 中国集装箱航运网络空间格局及复杂性研究[J]. 长江流域资源与环境, 2016, 25(2): 190-198.

[134] 马良. 蚁群优化算法[M]. 北京: 科学出版社, 2010.

[135] 宗德才, 王康康, 丁勇. 蚁群算法求解旅行商问题综述[J]. 计算机与数字工程, 2014, 42(11): 2004-2013.

[136] 夏亚梅, 程渤, 陈俊亮, 等. 基于改进蚁群算法的服务组合优化[J]. 计算机学报, 2012, 35(2): 2270-2281.

[137] Tran N K. Studying port selection on liner routes: an approach from logistics perspective [J]. Research in Transportation Economics, 2011: 39-53.

[138] Hossain N U I, Nur F, Hosseini S, et al. A Bayesian network based approach for modeling and assessing resilience: a case study of a full service deep water port[J]. Reliability Engineering and System Safety, 2019, 189: 378-396.

[139] Wang C X. Optimization of hub-and-spoke two-stage logistics network in regional port cluster[J]. Systems Engineering-Theory & Practice, 2008, 28(9): 152-158.

[140] Wang S A, Zhen L, Zhuge D. Dynamic programming algorithms for selection of waste disposal ports in cruise shipping [J]. Transportation Research, Part B: Methodological, 2018, 108: 235-248.

[141] Sugawara J. Port and hinterland network: a case study of the Crescent Corridor intermodal freight program in the US [J]. Transportation Research Procedia, 2017, 25: 916-927.

[142] Ferretti M, Parola F, Risitano M, et al. Planning and concession management under port cooperation schemes: a multiple case study of Italian port mergers [J]. Research in Transportation Business & Management, 2018, 26: 5-13.

[143] 赵宴林. 基于混合轴式理论的港口物流多式联运网络优化[D]. 杭州: 浙江工业大学, 2013.

[144] 臧白鸽. 集装箱港口内陆集疏运网络优化[D]. 大连: 大连海事大学, 2011.

[145] 高鹏. 港口物流网络系统的建模及作业优化研究[D]. 大连: 大连理工大学, 2011.

[146] 王雁凤, 黄有方. 低碳背景下港口群混合轴辐式运输网络优化[J]. 武汉理工大学学报(交通科学与工程版), 2014, 38(5): 1111-1115.

[147] 刘爽. 集疏运环境下煤炭港口网络优化及运营策略研究[D]. 北京: 华北电力大学, 2014.

[148] 罗月蕾. 低碳视角下集装箱港口内陆集疏运网络优化研究[D]. 大连: 大连海事大学, 2014.

[149] 汪传旭. 区域港口合作竞争及其物流系统[M]. 上海: 上海交通大学出版社, 2010.

[150] 邬珊华, 杨忠振, 董夏丹. 基于双层规划模型的制造业选址布局优化方法研究[J]. 系统工程理论与实践, 2015, 35(11): 2840-2848.

[151] 雷英杰. MATLAB 遗传算法工具箱及应用[M]. 2 版. 西安: 西安电子科技大学出版社, 2014.

[152] 赵旭, 王晓伟, 周巧琳. 海上丝绸之路战略背景下的港口合作机制研究[J]. 中国软科学, 2016(12): 5-14.

[153] 孙雪娟, 安春晓, 何光辉. 基于动态合作博弈的区域港口合作研究[J]. 价值工程, 2016, 35(10): 75-76.

[154] 初良勇, 许小卫. 考虑货-港双方利益的港口经济腹地划分模型[J]. 中国航海, 2015, 38(3): 116-120.

[155] 强新星. 区域资源整合背景下的港口管理机构改革研究[D]. 泉州: 华侨大学, 2014.

[156] 沈寅安. 长三角港口群资源整合评估及对策研究[D]. 宁波: 宁波大学, 2012.

[157] 王雁凤. 上海集装箱港口横向纵向合作博弈策略研究[D]. 青岛: 中国海洋大学, 2012.

[158] Asadabadi A, Miller-Hooks E. Coopetition in enhancing global port network resiliency: a multi-leader, common-follower game theoretic approach [J]. Transportation Research, Part B: Methodological, 2018, 108: 281-298.

[159] Cui H, Notteboom T. A game theoretical approach to the effects of port objective orientation and service differentiation on port authorities' willingness to cooperate [J]. Research in Transportation Business & Management, 2018, 26: 76-86.

[160] Guo L Q, Yang D, Yang Z Z. Port integration method in multi-port regions (MPRs) based on the maximal social welfare of the external transport system [J]. Transportation Research, Part A: Policy and Practice, 2018, 110: 243-257.

[161] Huo W W, Zhang W, Chen P S L. Recent development of Chinese port cooperation strategies [J]. Research in Transportation Business & Management, 2018, 26: 67-75.

[162] Inoue S. Realities and challenges of port alliance in Japan-ports of Kobe and Osaka [J]. Research in Transportation Business & Management, 2018, 26: 45-55

[163] 陈国庆, 赵一飞. 港口供应链竞合研究 [M]. 上海: 上海交通大学出版社, 2012.

[164] 约翰·F·纳什, 劳埃德·S·沙普利, 约翰·海萨尼, 等. 博弈论经典[M]. 韩松, 刘世军, 张倩伟, 等, 译. 北京: 中国人民大学出版社, 2013.

[165] 陈靖. 港口供应链系统结构和激励机制的仿真优化研究 [D]. 宁波: 宁波大学, 2015.

[166] 赖成寿, 吕靖, 高天航, 等. 基于优化 Shapley 值的港口供应链收益协调机制研究[J]. 数学的实践与认识, 2018, 48(2): 49-56.

[167] 郑士源. 转型期中国港口多层级治理模式的构建及路径研究[M]. 上海: 上海交通大学出版社, 2016.

[168] 王柏玲, 朱芳阳, 于婷婷. 我国新一轮港口资源整合的特点、问题和应对[J]. 改革与战略, 2018, 34(2): 142-146.

[169] 李克强. 第十二届全国人民代表大会第五次会议上政府工作报告[EB/OL]. (2017-03-19)[2020-01-21]. http://www.sohu.com/a/129314206_387114.

[170] 李敏. 借鉴国外典型港口群协同发展经验[J]. 中国港口, 2015(8): 22-23.

[171] 高爱颖, 梁晓杰, 徐萍. 国内外港口发展态势与政策研究[M]. 北京: 人民交通出版社, 2017.

[172] 周思悦, 何金廖, 黄贤金. 江苏长江内河港口群竞争格局与一体化发展研究[J]. 长江流域资源与环境, 2018, 27(3): 493-502.

[173] 王柏玲, 李慧, 许欣. 我国港口资源整合的困境及对策[J]. 经济纵横, 2017(4): 64-69.

[174] 陆永明. 港口供应链利益共享契约的协调机制[J]. 上海海事大学学报, 2017, 38(1): 52-56.

[175] 杨丛璐. 基于合作博弈的港口供应链企业协同机制研究[D]. 秦皇岛: 燕山大学, 2017.

[176] 杨振峰. 公平关切下基于政府补贴的港口供应链协调机制研究[J]. 物流技术, 2016, 35(9): 120-124, 159.

[177] 王晶, 王晓君. 云环境下港口供应链利益分配模型与算法[J]. 物流技术, 2015, 34(17): 198-201.

[178] 刘萌, 俞海宏. 港口供应链概念及结构研究综述[J]. 科技与管理, 2015, 17(1): 63-67, 80.

[179] Song D P, Lyons A, Li D, et al. Modeling port competition from a transport chain perspective [J]. Transportation Research, Part E: Logistics and Transportation Review, 2016, 87: 75-96.

[180] Talley W K, Ng M W, Marsillac E. Port service chains and port performance evaluation [J]. Transportation Research, Part E: Logistics and Transportation Review, 2014, 69(3): 236-247.

[181] Ascencio L M, González-Ramírez R G, Bearzotti L A, et al. A collaborative supply chain management system for a maritime port logistics chain [J]. Journal of Applied Research and Technology, 2014, 12(3): 444-458.

[182] Cheng M C B, Wang J J. An integrative approach in measuring hub-port supply chain performance: potential

contributions of a logistics and transport data exchange platform [J]. Case Studies on Transport Policy, 2016, 4(2): 150-160.
[183] Clott C, Hartman B C. Supply chain integration, landside operations and port accessibility in metropolitan Chicago[J]. Journal of Transport Geography, 2016, 51: 130-139.
[184] 邓萍. 港口供应链协同研究[M]. 成都: 西南交通大学出版社, 2016.
[185] 郝颖. 基于委托代理理论的企业投资研究综述[J]. 管理学报, 2010, 7(12): 1863-1872.
[186] 陈燕, 屈莉莉. 信息经济学[M]. 大连: 东北财经大学出版社, 2017.
[187] 郑永彪, 张磊, 张生太, 等. 委托代理问题研究综述[J]. 中国流通经济, 2013, 27(5): 63-69.
[188] 屈莉莉. 基于多任务委托代理的第三方物流激励与监督机制[J]. 商业研究, 2010(7): 185-188.
[189] Zheng S Y, Ge Y E, Fu X W, et al. Modeling collusion-proof port emission regulation of cargo-handling activities under incomplete information [J]. Transportation Research, Part B: Methodological, 2017, 104: 543-567.